# 銀行経営と貸倒償却

中井 稔 著

税務経理協会

本書を
　去る平成18年8月1日に急逝された西村正雄元興銀頭取に
　　　　　　　　　　　　　　　　　　　　　　　捧げる。

　生前に西村氏が、「熟慮を重ねて決断した方針は最後まで貫くべきであり、臨機応変とか柔軟な対応と言い訳して方針を変えるべきではない」と淡々と語られていたことが、強く印象として残るのである。

　筆者にとって西村氏は、優れた先達であり良き上司であった。
　本書は、西村氏から薦められ、励ましに後押しされ執筆にあたったことをここに銘記する次第である。

<序　　論>

　金融機関にとって貸倒れは貸付業務が孕んでいる与信リスクの顕在化であり，金融機関が経営破綻する原因の殆んどは貸倒損失の発生により資本勘定が枯渇して遂に債務超過に至る場合である。しかし，金融機関が貸付業務を営むうえで与信リスクは常時内在するのであり，逆に利息収益（受取利息－支払利息）を生じさせる源泉と与信リスクとは密接な関係にある。したがって，貸付業務を営むうえで与信リスクの把握と適切な債権償却の実行は銀行経営の要諦といっても過言ではない。
　そもそも，金銭債権が回収不能に陥り貸倒れが発生すると当該債権を帳簿から除外し損失に計上することになり，これは確立した会計慣行であるが，特段，企業会計に定義されている訳ではなく，また商法（会社法）・法人税法にも直接的な明文規定が存しない。
　我が国では，法人税法上の解釈通達が逆基準として作用しているのが実情であるが，しかし通達は単なる例示であって，これを過度に重視することは妥当とはいえないのであり，そこで企業会計上の公準や慣行との関係をみる必要があると考えられる。
　具体的には，ある企業が終焉を迎えた場合，当該企業に対する売掛債権や貸付債権が回収不能に至るのは十分に起こり得ることであり，企業会計原則は，バブル崩壊後の平成11年に「金融商品に係る会計基準」を制定し，金銭債権に区分を設けてその毀損の程度に応じて分類することとした。これは画期的な試みと評価されるが，その区分の内容は必ずしも明確であるとはいえない。本書では先ず，この金銭債権に区分を設ける分類について解析し，これには債務者の状況と個別債権の状況とが混在する事情について触れると共に分類の曖昧さが貸倒引当金の繰入におよぼす影響について言及する。

次に，金銭債権が回収不能に陥り貸倒れとして処理することにつき，法人税法固有の認定と評価の問題に関して解析を行い，同時に従来からの貸倒れ通達が内包する問題点について詳らかにする。

このような観点から，貸付金の貸倒れに関して，企業会計における区分の在り方と引当金の基準について見直すべき方向と論点を整理する。また，法人税法上は最終的に貸付金の貸倒れの認定において寄附金規定の趣旨を援用し新たな規範を導き出すべき旨を提唱し，これが貸倒れについて最高裁として初めて判断を示した同平成16年12月24日第二小法廷判決の論旨と符合することを詳らかにするものである。

さらに，貸倒れ判定の上で，事実認定の問題が最も重要な役割を果たすことは多言を要しないが，現実には法的評価に都合の良い事実が重視され，逆の方向を示す事実が顧慮されないことも起こり得るのである。そこで，興銀事件に関する国税不服審判所の平成9年10月27日裁決を題材として事実認定の在り方について触れた上で，事実認定の作用と会計上の数値測定の関係に言及してみる。そして本書では，上記の最高裁平成16年12月24日第二小法廷判決（民集58巻9号2637頁）が対象とした興銀事件を随時取り上げて具体的な事例として引用する。

この事案に関する30点を超える判例評釈のなかには，破棄された本件控訴審・東京高裁平成14年3月14日判決（判時1783号52頁）の方が従来の考え方に沿ったとする見解がみられる。そこで，第6章では本最高裁判決に関する判例評釈のうち，会計上・税務上の条件付債務免除の問題に的を絞ったうえで取り纏めて言及する。

さらに，貸倒れの年度帰属の問題について検討し，日本興業銀行の平成8年3月期決算に係る争点について補足する。これらの考察の結果から企業会計及び法人税法の上で金銭債権の貸倒れに関する規範定立の手掛りを検出して，終章にて筆者の結論を述べる。

なお，末尾に資料（1～6）として，興銀事件に関する基本的な証拠と共に筆者の証人尋問などを踏まえた「経緯と回顧」を添付しているが，これは銀行

経営における債権償却実行の過程を辿ると共に，本事案に係る原資料を開示して今後の検討に資することを望むものである。

　最後に，本書の企画・刊行の過程で税務経理協会の鈴木利美編集長に大変お世話になった。また，本書の校正では京都大学大学院経済学研究科（博士課程）の小川淳平氏を煩わせた。改めて各位に深く感謝申し上げる次第である。

　平成19年1月

京都大学経営管理大学院研究室にて

中井　稔

≪目　　次≫

序　論

# 第1章　債権区分と貸倒れの予防としての引当金 ………… 1

## ＜本章における問題の所在＞……………………………………… 1

### （一）　不良債権の定義と金融商品に係る会計基準 ………………… 2

　　1　不良債権の法的な意味………………………………………… 2
　　2　債務の免除と回収の断念……………………………………… 3
　　3　金融再生法の債権区分………………………………………… 3
　　4　旧来の大蔵省金融検査部の分類……………………………… 4
　　5　金融商品に係る会計基準……………………………………… 5

### （二）　企業会計上の債権区分とその背景 …………………………… 7

　　1　米国の分類基準と債権区分…………………………………… 7
　　2　債権区分と貸付業務の特性…………………………………… 8
　　3　債権保全と担保権設定の意義………………………………… 9
　　4　債権譲渡担保の機能と限界…………………………………… 9
　　5　一般財産に対する請求権の効力………………………………10
　　6　一般財産からの弁済と債務名義………………………………11

### （三）　債権区分と予防としての引当金の設定 ………………………13

　　1　債権区分と対応する引当金の設定……………………………13
　　2　貸倒見積高と割引現在価値の適用……………………………14
　　3　法人税法と個別貸倒引当金の基準……………………………15

4　住専処理における貸倒引当金勘定の活用……………………16
　　5　貸倒れに関する企業会計と法人税法との調整………………17
　　＜この章のまとめ＞………………………………………………19

# 第2章　貸倒引当金の繰入と貸倒損失の計上……………25

## ＜本章における問題の所在＞………………………………………25

## （一）金銭債権が貸倒れに至る過程………………………………26
　　1　回収不能の虞ある債権と回収不能の債権……………………26
　　2　回収不能の虞や回収不能の発生の時期………………………27
　　3　回収不能の虞や回収不能が混在する債権の取扱い…………29

## （二）貸倒引当金の設定と貸倒損失を計上する局面……………31
　　1　貸倒引当金の設定と適正な処理………………………………31
　　2　貸倒損失の計上と適正な処理…………………………………32
　　3　貸倒れと債務者の資産状況……………………………………33
　　4　貸倒れと担保の効力……………………………………………34

## （三）企業の清算価値と貸倒れの判定……………………………36
　　1　会社の解散と清算貸借対照表の機能…………………………36
　　2　債務者の資産状況を巡る争点…………………………………37
　　3　本件担保権を巡る争点…………………………………………39
　　4　本件債権の劣化の始期…………………………………………40
　　5　貸倒れ判定の基準について……………………………………41
　　＜この章のまとめ＞………………………………………………43

## 第3章　貸倒れの判定と寄附金規定との関係 ……47

**＜本章における問題の所在＞** ……47

### （一）　寄附金を別段の定めとした趣旨 ……48

 1　寄附金の法的性質 ……48
 2　利益供与と対価性との関係 ……48
 3　負担の移転と事業関連性 ……49

### （二）　貸倒れの判定と寄附金規定の援用 ……51

 1　金銭債権による与信行為 ……51
 2　利益供与と債権切捨てとの関係 ……51
 3　法人の清算と貸倒れ通達との関係 ……52

### （三）　寄附金規定の適用と判例の動向 ……54

 1　貸倒れの否認と横浜地裁平成5年4月28日判決 ……54
 2　貸倒れの否認と東京地裁平成12年11月30日判決 ……55
 3　寄附金規定と支出の基準 ……56

### （四）　部分貸倒れと寄附金規定の論理 ……59

 1　法人税法の貸倒れの取扱い ……59
 2　部分貸倒れ否定の論理 ……60
 3　寄附金の解釈と通達の射程 ……61
 4　法人税基本通達9－4－1の論理 ……62
 5　寄附金と条件付法律行為 ……62
 **＜この章のまとめ＞** ……64

## 第4章　貸倒れの認定と審査請求の意義……69

＜本章における問題の所在＞……69

### （一）　本件更正処分と本件裁決……70

 1　国税不服審判所の審査手続きと立証……70
 2　納税者の権利救済と争点主義……71
 3　本件裁決の論旨……73
 4　平成8年3月21日連絡文書の目的……75
 5　本連絡文書と興銀事件・控訴審の認定……76
 6　本件裁決と関係者の合意……78
 7　解除条件付債権放棄の読替……79
 8　本件裁決の判断とその波及……80

### （二）　本件裁決と過少申告加算税賦課処分……82

 1　賦課処分の取消請求の概要……82
 2　賦課処分の是認と事実認定……83
 3　貸倒損失の計上と正当な理由……84

### （三）　事実認定と国税不服審判所の在り方……86

 1　不服審査前置主義に対する見解……86
 2　裁決取消し訴訟と事実認定……87
 3　本事案における裁決の不備……88
 4　金額の測定と国税不服審判所の機能……89
 ＜この章のまとめ＞……91

目　　次　5

## 第5章　貸倒損失の計上と興銀事件の論点 …………95

### ＜本章における問題の所在＞……………………………………95

### (一)　債権の貸倒れに係る一般的な問題……………………96

 1　貸金等に係る回収不能の判定……………………………96
 2　発生主義と売掛金の回収不能……………………………96
 3　売掛金に係る貸倒れ認定の在り方………………………97
 4　貸付金の貸倒れと立証責任………………………………98
 5　興銀事件における対象債権の状況………………………99

### (二)　貸倒れと法人税法の各条項との関係 ………………101

 1　法人税法22条4項と貸倒れの認定 ……………………101
 2　損金の計上時期と確定の意義 …………………………102
 3　法人税法33条2項と貸倒れの認定 ……………………103
 4　回収不能部分の分別と特定 ……………………………104
 5　貸倒れの認定と債務免除との関係 ……………………105
 6　法定多数の利益と債務免除の合意 ……………………106

### (三)　興銀事件における論点と貸倒れの判定 ……………107

 1　本事案に係る法人税基本通達9－4－1の適用 ………107
 2　本最高裁判決の事実認定に対する批判 ………………108
 3　興銀事件における貸倒れ否認の根拠 …………………109
 4　一般財産の存在と貸倒れの判定 ………………………110
 5　本件債権に関する弁済請求権の有無 …………………112
 6　優先債権の回収と劣後債権の断念 ……………………113
 7　系統贈与の意味と倒産法の理念 ………………………114

　　　　＜この章のまとめ＞ ……………………………………………………117

## 第6章　条件付債務免除の会計上・税務上の諸問題 ……121

　　＜本章における問題の所在＞ ………………………………………………121

　（一）　興銀事件と条件付債務免除の別意解釈 ………………………………122

　　　1　興銀事件の争点と条件成就の効力 ……………………………………122
　　　2　平成8年8月23日更正通知書の記載 …………………………………123
　　　3　平成9年10月27日裁決と予算・法案の成立 …………………………124
　　　4　平成8年度予算と公的資金の投入 ……………………………………125
　　　5　住専処理法の目的と構成 ………………………………………………126
　　　6　解除条件付と停止条件付の債権放棄 …………………………………128

　（二）　金融取引における解除条件の機能 ……………………………………130

　　　1　金融取引と失権約款 ……………………………………………………130
　　　2　債権放棄に解除条件が付された事例 …………………………………130
　　　3　解除条件付法律行為の税務処理 ………………………………………131
　　　4　権利・義務の確定と管理支配基準 ……………………………………132
　　　5　解除条件付債権放棄と二取引基準 ……………………………………134
　　　6　解除条件付債権放棄の会計処理 ………………………………………134
　　　7　消滅した債権と復活したときの債権 …………………………………136

　（三）　興銀事件に係る学説の動向 ……………………………………………137

　　　1　貸倒れを確定損とみる見解 ……………………………………………137
　　　2　債権の全部放棄と部分的放棄に関する見解 …………………………138
　　　3　本事案の事実認定とこれに対する疑問 ………………………………139
　　　4　法人税基本通達9－4－1の適用と貸倒処理 ………………………139

     5　本件債権放棄と解除条件の付与 ……………………………140
     6　本件債権の回収不能に係る見解 ……………………………142
     7　ＪＨＬ社の資産状況と最高裁判決の論旨 …………………143
     8　解除条件の成就・不成就と会計処理 ………………………145
     9　住専処理と監査法人の適正意見 ……………………………146
    10　法的整理移行の可能性について ……………………………148
    11　解除条件成就の可能性に関する検討 ………………………149
    ＜この章のまとめ＞ …………………………………………………151

# 第7章　貸倒れの年度帰属と更正・再更正 ……………………155

＜本章における問題の所在＞ ………………………………………155

## （一）　更正・再更正に係る具体的な問題 ………………………156

     1　更正・再更正と国税通則法の規定 …………………………156
     2　更正・再更正の具体的な事例 ………………………………156
     3　各事例における再更正の意図と問題点 ……………………158

## （二）　更正権の行使と期間制限 ……………………………………159

     1　通則法70条と期間制限 ………………………………………159
     2　通則法71条の趣旨と「伴い更正」の解釈 …………………160
     3　再更正と法人税法81条との関係 ……………………………161

## （三）　通則法71条の具体的事例とその問題点 …………………163

     1　興銀事件における翌年度の減額更正 ………………………163
     2　本減額更正と最高裁判決後の処分 …………………………164
    ＜この章のまとめ＞ …………………………………………………166

## 第8章　興銀事件における財務決算をめぐる論点 …………171

### ＜本章における問題の所在＞ ………………………………………171

### （一）　不良債権問題をめぐる当時の状況 ………………………172
  1　バブル崩壊後の政府の方針 …………………………172
  2　住専向け債権をめぐる当時の情勢 …………………173
  3　興銀の平成8年3月期の決算見込 …………………173
  4　当時の株式市場と含み益顕現の問題点 ……………175

### （二）　住専向債権と引当金の不備 ………………………………176
  1　住専処理の胎動と護送船団方式 ……………………176
  2　引当金不足とその後の影響 …………………………177

### （三）　財務処理をめぐる訴訟上の論点 …………………………178
  1　引当金不足と解除条件の付与 ………………………178
  2　株式売却益の計上と解除条件の付与 ………………178
  ＜この章のまとめ＞ ……………………………………180

## 終　章　貸倒損失の認識と計上の判定 ……………………183

  1　金銭債権における売掛金と貸付金の区分 …………184
  2　貸倒引当金の本来の在り方 …………………………184
  3　資産区分の活用と主観的判断について ……………185
  4　金融機関の貸付金と貸倒れ …………………………185
  5　一般事業会社の貸付金と貸倒れ ……………………187
  6　興銀事件の最高裁判決とその規範性 ………………188

|   |   |   |
|---|---|---|
| 7 | 事業関連性の濃淡と対価性の検証 | 189 |
| 8 | 貸倒れの事実認定と金額の測定 | 190 |
| 9 | 貸倒れの年度帰属と財務処理上の教訓 | 191 |

参考文献 ……………………………………………………………193

# 興銀事件に関する主たる資料

（資料１）　平成７年12月19日閣議決定 …………………………197
（資料２）　平成８年１月30日閣議了解 ……………………………200
（資料３）　平成８年法律93号（住専処理法）……………………203
（資料４）　平成８年３月29日債権放棄約定書 ……………………220
（資料５）　久保　亘元副総理・大蔵大臣の所見 …………………224
（資料６）　住専向け債権の償却処理を巡る問題の経緯と回顧 …232

----
＜文献の略称＞

判時：『判例時報』　　　　民集：『最高裁民事裁判集』
金法：『金融法務事情』　　訟月：『訟務月報』
判タ：『判例タイムズ』　　税資：『税務訴訟資料』
行裁例集：『行政事件裁判例集』
----

# 第1章

# 債権区分と貸倒れの予防としての引当金

---

＜本章における問題の所在＞

　企業会計審議会は，平成11年1月22日「金融商品に係る会計基準」の制定により売掛債権・貸付債権について，債権区分を創設し貸倒引当金を設定する基準を提示している。この債権区分の新設は，不良債権の処理の現実的な対応として前進が図られたと評価されるが，幾つかの未解決の論点を内包していると考えられる。そこで，先ず不良債権の法律的な側面を切り口とし，担保による債権保全について言及した上で，本会計基準の見直しを要すべき点を明らかにする。

　そして，貸倒れの問題を論ずるに当りその始まりとして，不良債権の定義や法的な意味について要約したうえで，企業会計上および法人税法上の貸倒引当金の現状とその運用の在り方について触れてみる。

## （一） 不良債権の定義と金融商品に係る会計基準

### 1 不良債権の法的な意味

　いわゆる不良債権について，文献には「法律が明確に規定している訳ではないが，一般に，債務者の経営破綻や業績悪化などが原因となって，売掛金や貸付金の回収が困難となっているか或いは回収できない可能性が高い状態を指す」旨が記載されているが[1]，米国では不良債権という用語はなくバッド・デット（Bad Debt）と表現している。このことは古代ローマ法には債権を表す適当な用語はなく，これを継承した欧米の近代法は債権をむしろ債務関係によって表していることと関係があると思われる。
　この債務関係は債権者が債務者に対して一定の給付を請求することを内容とする権利を示し，債務者は給付をなすべき義務を負うもので債権とこれに対する債務とを包括する全法律関係を債務関係と云うとされる[2]。
　そして債権は「理論的に債務者の財産を執行することを最後の保障とするが，それは債務者の財産を執行できるということは債務の本質には含まれず，債務者の給付義務についてその担保となる形である」旨が指摘されている[3]。このことから債務者の事情と個別債務がおかれている個有の状況とは峻別されて然るべきであると考えられる。
　これらの点を踏まえてみると冒頭でみた不良債権の問題は，先ず個別債務が当初の約定通りに履行できない状況にあるかどうかが詮議され，次に当該債務が不履行に陥った背景事情として債務者の事情を考慮するといった二段階的な接近が妥当と考えられる。なお，本来の趣旨からすれば債務関係として用語の統一を図るべきであるが，ここでは慣行に従って債権の用語を便宜用いることにする。

## 2 債務の免除と回収の断念

そもそも同一の債権と債務とは表裏の関係にあるが，民法519条は債権者が回収を断念しその旨の意思表示を債務者になしたときには債権は消滅する旨を規定しており，これを債務免除と定義している。租税法では，相続税法8条，法人税法34条3項，同59条1項において債務免除の用語を用いており，いわゆる債権放棄という表現は慣用的に使われるに過ぎない。その点はともかく，商法の上で貸借対照表に記載される「資産」・「負債」については同一の債権・債務であっても，資産価額については回収可能見込額を計上すべきであるが，負債価額は弁済すべき金額が絶対的な意味を有しており，債務免除の意思表示がなければ「負債」から減額することはできない[4]。しかし，回収不能の判定の上では，債務免除の意思表示の有無は重要ではなく，債権者が"回収を断念"するに至った判断が重要である。若し，債権者が合理的な理由もなく回収を断念した場合には，法人税法の上では同37条を適用して寄附金の問題となり，合理的な理由が明らかな場合には貸倒損失として取扱うことになる。この場合，債権者が回収を断念したときには当該債権は帳簿記載能力を喪失したとして貸借対照表から除外することになる。その上で，債権者が当該債権の弁済を免除する旨の意思表示を債務者になしたときには債務者は当該債務を負債から除外し債務免除益を計上することになるが，これは専ら債務者の利益に帰すものである。

しかし，本章で対象とする貸倒引当金は債権者が"回収を断念"するまでに至っていないが，今後の回収に懸念があり将来的に損失の発生が見込まれる金銭債権が該当することになる[5]。

## 3 金融再生法の債権区分

貸倒引当金の設定・繰入については，貸借対照表に記載された金銭債権を所

定のルールに沿って区分することを起点とすべきである。その点，平成10年10月に施行された金融再生法では，金融機関の貸付債権等を正常債権のほか要管理債権・危険債権・破産更生債権及びこれらに準ずる債権（金融検査マニュアルでは経営破綻先債権及び実質経営破綻先債権としている）に区分している[6]。

このうち，要管理債権は，延滞債権（3ヶ月以上延滞債権を含む）及び貸出条件緩和債権とされている[7]。次に危険債権は債務者が破綻に至っていないが財政状態・経営成績が悪化し当初の約定とおりに元本回収や利払いができない可能性の高い債権と定義されている。さらに破産更生債権及びこれらに準ずる債権とは破産・会社更生・再生手続き等の事由により破綻に陥っている債務者に対する債権およびこれに準ずる債権とされている。

この破産更生債権は債務者が法的手続きを余儀なくされた事象をもって区分するものであり，延滞債権・貸出条件緩和債権は個別契約が約定とおり履行されていない事情に着目したものである。このことから明らかなように金融再生法の区分は債務者の状況と個別債権の状況とを混在したままで分類するものである。この場合，債務者が苦境に陥っていることを把握することが大切であり，債務者に破産法または会社更生法が適用されたかは形式であると考えられる[8]。

## 4　旧来の大蔵省金融検査部の分類

金融監督庁が設立される以前の大蔵省金融検査部では，金融機関の有する貸付債権について第一分類から第四分類までの4段階に区分しており，それぞれ正常債権（第一分類），回収に不安がある債権（第二分類），最終の回収に重大な懸念があり損失の発生が見込まれる債権（第三分類），回収不能若しくは無価値の債権（第四分類）と区分されていた。

また，金融機関の統一経理基準（昭和42年蔵銀1507号）では，第三分類及び第四分類の債権は貸借対照表能力を喪失したものとし直接償却を行うべき旨を定めていた。そして直接償却されて簿外の請求権となった債権から後日に幾許

かの回収が実現した時には償却債権取立益に計上することになり，この処理は金融機関の有価証券報告書から覚知される公知の事実である。このことは長年の金融慣行として定着しており，慣行に即して償却を行ったり取立益を計上したりすることは，商法33条2項に規定する公正なる会計慣行を斟酌したことになるのである。

さらに，金融検査部が第三分類及び第四分類の債権と査定したことによって，金融機関が当該債権を直接償却ないし間接償却（旧債権償却特別勘定の設定）を行う場合には大蔵省金融検査部は「償却証明制度」にて税務上の損金扱いを担保する仕組みとなっており，その「不良債権償却証明制度等実施要領について」（平成5年蔵検439号）には，"国税庁との協議により実施された不良債権償却証明制度により，金融検査官が第四分類及びこれに準ずるものとして証明した不良債権の金額は，原則として法人税法上損金に認められることになる"とされており，平成9年にこの制度は廃止されたが，実態は平成8年当時はもはや機能不全に陥っていたのである[9]。

しかし，金融再生法の下では金融庁が「償却証明制度」にて損金扱いを担保する仕組みが不明確なままであるが，これは先進国では例をみない行政上の不備といわざるを得ず，資産査定の結果について金融監督当局の判断が課税庁から尊重されるべきことは，先進国では当然のこととして採用されているのである[10]。

## 5　金融商品に係る会計基準

企業会計では，その原則の第三・5Cにおいて「債権の貸借対照表価額は，債権金額から正常な貸倒見積額を控除した金額」とするだけであったが，金融再生法の区分と歩調を合わせるように平成11年1月22日に「金融商品に係る会計基準」が制定された。当該金融商品に係る会計基準によれば，金銭債権の貸借対照表価額は，債権金額から貸倒見積高に基づき算定された貸倒引当金を控除した金額であるとされ，債権の区分として，①経営状態に重大な問題が生じ

ていない債務者に対する「一般債権」、②経営破綻に至っていないが債務の弁済に重大な問題が生じているか又は生ずる可能性の高い債務者に対する「貸倒懸念債権」、③破産法や会社更生法が適用され経営破綻に陥っている債務者又は実質的に経営破綻に陥っている債務者に対する「破産更生債権等」の三区分となっている(11)。

　この会計基準の②に属する延滞債権や金利減免債権は、当初の約定が履行されない固有の事象に鑑み貸倒懸念債権として、貸倒見積高を算定し債権金額又は取得価額から控除することになる。また、会計基準の③に属する破産更生債権等は債権額から担保の処分見込額及び保証による回収見込額を減額し残額を貸倒見積高とする、この見積高は原則として貸倒引当金として処理するが債権金額又は取得価額から直接減額もできるとされている。

　しかし、破産会社に対して別除権（破産法92条）を行使し回収を図り得る金額は担保の処分見込額に該当するが、更生会社や再生法適用会社に対するＤＩＰファイナンス（共益債権等）は優先弁済権が確保されており破産更生債権等ではなく一般債権に準ずるとして取扱うことになる。

　上記の会計基準の区分では、③に属する実質的に経営破綻に陥っている債務者に対する破産更生債権等と、②に属する経営破綻に至っていないが債務の弁済に重大な問題が生じている債務者に対する貸倒懸念債権との相違が詳らかではない。もっとも後者について「債務者の財政状態及び経営成績を考慮する」と付言されている外は、夫々の債権に対する貸倒見積高の算定方法は「担保の処分見込額」を差引くだけで共通である。

　本来、債務者が破産に至った場合や更生法が適用された場合にはその債務は元利払いが停止されることになるから、延滞債権や元利凍結債権と変わるところはない。

　この区分の②と③とは表現は異なるが、それを分別する具体性に欠けており、当該債権を取巻く事情を解析した上で新たな線引きを行うべきである。

## （二） 企業会計上の債権区分とその背景

### 1 米国の分類基準と債権区分

米国の財務会計基準や金融監督局の分類基準では，債務者基準ではなく個別債権に絞って区分し4段階分類が定着しており債務者の状況が混在することはない[12]。

米国の債権分類は以下のとおりである。

|  | 米国監督局基準 | 米国財務会計基準 |
|---|---|---|
| 第一分類：正常債権 | Pass | ― |
| 第二分類：要注意債権 | Special Mention | Remote |
|  | Substandard | Reasonably Possible |
| 第三分類：破綻懸念債権 | Doubtful | Probable |
| 第四分類：破綻債権 | Loss | Loss |

この米国財務会計基準（SFAS）によれば，第二分類は貸倒れに陥る蓋然性を考慮し，更に，上記のように二つに区分している。この場合，貸倒れに至る蓋然性について，Special Mention 債権は5％程度，Substandard 債権は15乃至25％程度，Doubtful 債権は50％程度とされるが，これは経験則によるものであり，分類の時点から1年後以内に破綻する確率とされている。

また，米国監督局（FRB）の基準によれば，Special Mention は，不良債権と同様のリスクは認められないが潜在的な欠陥を有し経営者が十分な注意を要するとされ，Substandard は，貸倒れとなるリスクが相当にあり債務者の弁済能力や担保の現在価値により十分には保全されているとはいえない債権と定義

されている。

　さらに，米国監督局の検査基準では，当年度に第三分類と査定された債権は翌年度には再度第三分類に留まることは許されず，必ず第二分類に昇格するか第四分類に降格となるかであり，第三分類は"階段の踊り場"として機能することになり，そのことは資産査定において重要な意味を有するものと考えられる。

## 2　債権区分と貸付業務の特性

　この債権毎の区分が米国で定着した理由として，米国では「プロジェクト・ローン（又はファイナス）ないしノンリコースローンが主体を占めるから」と説明される場合があり[13]，これに対して我が国の貸付業務はコーポレート・ローンが中心であるからとされる。しかし，貸付形態がプロジェクト・ローンかコーポレート・ローンかは不良債権の区分に影響を与えるものではない[14]。

　なぜなら，一般にプロジェクト・ローンでは，そのプロジェクトから発生するキャッシュ・フローに着目しその対象資産に限定して保全を図るのが一般的であるが，コーポレート・ローンであってもその都度に資金使途について検証するものである。そして，プロジェクト・ローンでは，信用保全の技法として特別目的会社の設立のほか，プロジェクトから発生するキャッシュ・フローを分別して信託勘定に預託し当該債権の元利払い相当額を確保する技法を採る場合がみられるが，この点は，我が国においても「売上代金の振込み口座の指定」など同種の技法が存在しており，要は担保多様化の違いと評価される[15]。

　また，我が国の金融機関において，最近急速に貸付ウエートを増加しつつある「個人向け住宅ローン」の場合には[16]，最早プロジェクトとかコーポレートとかの範疇の問題ではなく債務者の「家計の状況」に左右されることになる。そして当初約定の履行に齟齬をきたしたときには回収不能に直結する可能性が高く，四段階分類にそぐわない貸倒れの問題として別途の基準を整備すべきものと考えられる。

## 3　債権保全と担保権設定の意義

　一般に，プロジェクト・ローンは当該事業のキャッシュ・フローを保全の対象とし，コーポレート・ローンは債務者の一般財産についても引当にすると定義される[17]。

　しかし，具体的な保全策として担保権が設定されるのが一般的であり，プロジェクト・ローンの場合にはその対象資産を担保とし，コーポレート・ローンの場合には債務者が保有する個別の固定資産やそれを有機的に結合させた工場財団などに抵当権を設定するのが通常である。このような具体的な物件を対象とする担保権と抽象的な債務者の一般財産に対する請求権との関係について，前者が排他性を有し後者は排他性を有しないのであるから両者の効力は異なるとして認識すべきである[18]。

　証券取引法は有価証券報告書の記載において，法人が負う債務額のうち資産を担保に供している額の開示を義務付けているが[19]，前述の金融商品に係る会計基準は「担保の処分見込額を控除する」とし，平成10年改正前の法人税基本通達は同9－6－4にて「担保処分前」とし同9－6－2では「担保処分後」と例示しており，企業会計・法人税法ともに担保権の行使による回収に着目していることは明らかである。

　結局，貸倒見積高の対象となる金額は，債権金額から具体的に担保権行使による回収見込額のみを控除した金額であり，債務者の一般財産に対する抽象的な請求権行使による見込額は対象外であることは明らかであるが，この点を会計基準で明確に定義すべきであり[20]，このことは債権区分の精度を高め実用性向上につながると思われる。

## 4　債権譲渡担保の機能と限界

　担保権の設定について，近年積極的に活用される技法として債権譲渡がみら

れるが，これは債務者が「現在および将来保有することがある特定の債権」を担保として譲渡し，債権者が根担保の方法をもって取得するか債権者が複数の場合に準共有することになる。この技法では「譲渡された債権」の第三債務者に対する承諾を保留するのが一般的であるが（対抗要件具備留保），仮に厳密を期すとすれば対抗要件具備に止まらず設定された原抵当権に付記登記をなして転抵当権を取得することが考えられ物権化を図ることも理論上可能である。しかし，このような方法は煩雑で且つ費用負担も嵩むことになり，実務に耐え得るかは甚だ疑問である。まして複数の債権者が参加した準共有方式では個別に転抵当権を配分することは困難であり，担保協定の外側で弁済における優先・劣後の順序を定めるのが合理的である。

そして，協定の外側で優先・劣後の順序の定めがされた場合には担保権行使に止まらず全体にも効力を及ぼすことになる。また，特定の債権者が準共有権を放棄した場合には民法255条の規定に準拠して，その持分権は直ちに他の債権者の持分に帰属することになり仮に権利放棄に瑕疵があっても他の持分権者に対抗できないことになる[21]。

## 5 一般財産に対する請求権の効力

蓮井良憲教授は，商法の学説として「取立不能の虞あるときの判定は必ずしも基準が明確でなく相当の困難を伴うが，法律的に可能な回収手段の全てを尽くすことを前提とせず，企業の合理的な活動の範囲内で取立不能の虞があると認められれば足りる」とし「その認定は客観性のあることが要請されることは勿論であるが，それが取立不能見込額の認定である限り，ある程度の主観的判断が入ることは差し支えない」旨を述べた上で，「法人税法では，債権は一般に債務者の総財産を担保とするから部分的な価値減少は考え難いこと，考えたとしても実価の算定が極めて困難であることから，実質基準と形式基準とを併用して回収不能の認定を厳格にしている」旨を補足している[22]。

しかし，回収不能の虞や回収不能の判定は専ら事実認定によるものであるか

ら[23]，商法上の解釈と法人税法上の解釈が次元を異にすべき合理性がなく，また蓮井学説の「主観的判断が入る」との表現を捉えて殊更に論難するのは些かどうかと思われる[24]。尚，蓮井学説が引用する文献[25]には，「債権は一般に債務者の総財産を担保とするから，税法上は回収不能の認定を厳格にしている」旨の記述は見当たらないのであり税務上のみ厳格に解するべき理由がない。また，債権者の主観的判断が介在したとしてもそれが合理的なものであれば強いてこれを排除すべきことにはならないと考えられる。

## 6　一般財産からの弁済と債務名義

　担保権は排他性を有するがこれと異なって，実際に一般財産に対する請求権を行使するには「債務名義」とする必要があり，それには民事執行法22条5項に定める公正証書に切り替えるか若しくは同4項及び民訴法430条以下に規定する裁判所による支払命令を要することになる。そして，債務者から異議申立てがあれば，勝訴判決を経る必要が生ずる[26]。

　しかし，実務書の中には，上記の手続に言及することなく旧債権償却特別勘定（法人税基本通達9－6－4）の設定に関して「債務者の担保物以外の回収可能性として清算バランスからの配当の考慮」を指摘する見解がみられるが[27]，これは徒に引当金の要件を厳しくして納税者に困難を強いるものである。また，債務者の解散手続きを経た後の時点で破産配当や清算配当が実現したときにはその時点で引当金戻入益や雑益（債権が既に引落されている場合）を計上し益金の額に算入することで足りるとみるべきであり，一般財産に対する請求権を担保権と同視する判断には行き過ぎがあると考えられる[28]。

　のみならず金融機関では，貸付を実行するに際して新規事業や当該プロジェクトの妥当性を判断したのであるから，それが失敗に終わった場合に，債務者の一般財産までを追及して回収を図ることには貸し手責任の観点から疑義がある。このような回収行動は「担保さえあれば事業の採算性は二の次」との安易な貸付を誘発する虞があり，権利の濫用に当らないとしても慎むのが社会通念

に沿うものと考えられる。
　また，国税当局においても「些少であっても回収の余地が残るのであれば損金と認めない」との建前から損金認容を厳格にすべきではないと考えられる。

## （三） 債権区分と予防としての引当金の設定

### 1 債権区分と対応する引当金の設定

　商法や会計原則は従前より貸倒引当金の設定について具体的な基準を設けていない，今次「金融商品に係る会計基準」が制定される以前では，会計原則（原則の第三・5C）には「債権の貸借対照表価額は，債権金額から正常な貸倒見積額を控除した金額」とするのみであり，結局，会計上の貸倒引当金設定に係る基準は，専ら法人税法上の取扱いが逆基準として作動していたと考えられる。

　しかし，企業会計の基準に債権区分が設けられた以上，この区分に対応して貸倒引当金の設定について具体的な基準を設けるべきである。この場合，債権の区分は毎年見直すことによって変更となるのであるから「一般債権」について引当金は不要であり，前述の金融再生法及び金融検査マニュアルが過去3年間の倒産確率に基づく引当率[29]を見積ることを求めているのは甚だ疑問がある。即ち，一般債権と分類されたからには今後1年間は回収不能に陥る懸念がないと解するべきであり，万が一，この債権から貸倒れが発生したとすれば，そのことは"資産査定が甘い"と評価すべきであって査定の精度不足を貸倒引当金によって補完する筋合いのものではないと考えられる。

　また，「破産更生債権」については確たる保全部分を除き原則として全額を引当額に繰入れるべきである。

　そうすると，具体的に基準を設けるべきは「貸倒懸念債権」である。この場合，「担保処分見込額」を控除した金額に対し米国基準における第Ⅲ分類と同様に引当率50%を適用するのが最も現実的と考えられ[30]，要は対象資産の評価を肌理細かく見直す（たとえば半年ないし四半期）ことで対応すべきである。

最後に,「破産更生債権に準ずる債権」について,「貸倒懸念債権」とは別に如何なる引当金の基準を設定するかである。もっとも「破産更生債権に準ずる債権」とは破産法や更生法等が適用されていないが実質的に同視できる状態を指すものとみなすこともできるが,現状では破綻した法人において,破産・特別清算などの法的手続が講じられることは少なく,野晒し（休眠）のまま放置される場合が圧倒的に高いのである[31]。そして法的整理を回避する上で「法的手続のために支出する余裕があれば,それらは全て債権者に対する一部弁済に充てるべし」との理由には説得力があり[32],この「準ずる債権」について定義を再度吟味して区分を見直すべきであると考えられる。その際には本章（一）の4で触れた「金融機関の資産査定」で用いられた4段階区分が適切であると考えられ,その方向で見直すべきである。

## 2　貸倒見積高と割引現在価値の適用

一般に,金銭債権に回収不能の虞があるときには「貸倒見積高を算定」し控除することになるが,「金融商品に係る会計基準」では,貸倒見積高の算定方法として,約定減免による毎年のキャッシュ・フロー差額（当初の約定額から減免後の金額を控除した額,金融検査マニュアルではＤＣＦ法と称する）を当初の約定利子率で現在価値に割引きした総額と当該債権の帳簿価額との差額をもって引当てる方法を選択肢として示している。

この方法を数式で表すと次のとおりである。

$$I = \frac{C_1}{(1+r)^1} + \cdots\cdots + \frac{C_n}{(1+r)^n}$$

　　Iは現在価値に割引した総額,Cは毎年のキャッシュ・フロー差額,
　　nは減免期間,rは当初の約定利率（割引率）

これを貸倒見積高の算定として肯定し貸倒引当金の算定方法として引用する文献も多々みられるところである[33]。

この考え方は，平成6年当時，破綻した旧兵庫銀行の直系ノンバンクの金融支援策を受けて大蔵省銀行局の主導の下で具体的に検討され一部実行されたものである[34]。しかし，この方法は数年後に元本全額が確実に弁済されることを前提としており，これを採用することに大部分の金融機関は消極的で国税庁もこれを損金に認容することに難色を示したのである。なお敷衍すると，この方法は債務者に対して債権者が利払いを譲許することにより，最終年度における債権元本の全額回収を何よりも優先させるものである。この利払いの譲許を行うべき必要があることは元本毀損の発生を裏付けることになるが，金利差をもって現在価値に割引した額の範囲内に将来の貸倒見込額が収まるかどうか不明である。そして，現在価値に割引した総額と回収不能見込額の間に具体的な脈絡が見当たらないのである。

## 3　法人税法と個別貸倒引当金の基準

　法人税法52条に基づく同施行令96条1項2号には，旧法人税基本通達9－6－4を踏襲して，「当該金銭債権に係る債務者につき，債務超過の状態が継続しその営む事業に好転の見通しがないこと，…その他の事由が生じていることにより，当該金銭債権の一部の金額につきその取立て等の見込みがないと認められるときにおける当該一部の金額に相当する金額」と規定されている。
　この規定は旧法人税基本通達9－6－4の担保処分前とか概ね5割（または4割以上）などの例示が省かれているが[35]，仮に「当該債権の全部の金額」の場合は法人税基本通達9－6－2の貸倒損失に該当することになる。しかし，債務超過の状態が継続している債務者に対する一部の金額か全部の金額かは担保の処分前か処分後かで峻別されるべきである[36]。逆に，無担保の場合のみならず担保付であっても劣後する場合や担保権行使が困難な場合にはその事由を考慮すべきである。さらに，旧通達を踏襲した法人税法施行令96条1項3号は「債務者につき更生法の申立てや破産・特別清算の申立て等がなされた事実」を要件とし，同2号は「債務者につき債務超過の状態が継続し事業好転の見通

しがないこと」を要件としているが，何れの場合も当初の約定が履行できない状態が先行すると思われる。

また，前述の「個人向け住宅ローン」では再建型の法的手続や債務超過の状態が継続することは有り得ずこれらを要件としても意味が無いと思われる。

## 4 住専処理における貸倒引当金勘定の活用

貸倒引当金の活用に関する実例として，国税庁の主導の下で平成8年3月期に旧債権償却特別勘定が設定された住専七社の場合を取上げてみる。

政府の住専処理策では平成7年12月19日閣議決定にて住専七社の母体行・一般行に対して総額7兆2,000億円の債権放棄を斡旋し，関係者の合意が成立した。これを受けて平成8年2月に国税庁は，住専七社に対して期末に同額の債権償却特別勘定の設定を促していた（興銀事件の第一審である平成13年3月2日東京地裁判決文116頁）。これは，母体行・一般行の債権放棄により住専七社に債務免除益が生じ，各社に免除益を上回る税務上の欠損金が存在せず課税を回避するためとの理由によるものである。しかし，住専七社は大蔵省直轄の準金融機関であり，この対象金額は平成7年6月末を基準日として大蔵省金融検査部の第二次立入調査によって第四分類と査定された金額であるから，本来，回収不能として損金経理がなされていれば十分であり債権償却特別勘定の設定を東京国税局に申請すべき必然性が乏しい。しかも，住専七社は関係者の合意に沿って事業閉鎖を明らかにし，平成8年1月30日閣議了解は「住専七社は全資産を新たに設立される住専処理機構に一括して営業譲渡し解散する」旨を明示し，各社は期末までに「営業譲渡と解散」の方針を機関決定していた[37]。

したがって，法人税法81条の一時停止を定めた租税特別措置法66条の14但し書は解散法人については翌年度に発生した欠損金は1年遡及する旨を定め，住専各社の営業譲渡によって実現損が確定するから，この営業譲渡が仮に4月以降にズレ込んでも4月以降に確定した実現損は今年度の期末に遡及して債務免除益と相殺され課税は実質的に発生しないのである。しかるに国税庁は，住専

七社に債権償却特別勘定の設定を強制し，全母体行・一般行に対しては債権償却特別勘定の設定を封じたのであるが，これは不要な先に強要し真に必要な先に対して禁ずるもので[38]，チグハグの感が否めない。

また，法人税法上の貸倒引当金勘定の活用が課税当局の裁量で左右されることは望ましいことではなく[39]，会計的事実に基づき整然と設定されるべきである。

## 5　貸倒れに関する企業会計と法人税法との調整

貸倒れに関する企業会計と税法の調整について，昭和41年企業会計審議会の意見書は，「個々の債権についてその回収不能を認定するに当っては，税務官庁と企業との間で争いが絶えない。貸倒れに関する税務上の認定は，企業の貸倒れの実態に必ずしも即応していないので，企業の合理的な判断による貸倒処理の余地を認めることとすることが望ましい」旨の見解を公表している（「税法と企業会計との調整に関する意見書」各論四（「事実認定の自主性」）の２）。この見解は，税務上の画一的な取扱いによって，貸倒れ認定のハードルが徒に高まることに強い警告を発したものと受け取れる。

これに対し平成11年「金融商品に係る会計基準」では，貸倒引当金の設定に当り，税務上の取扱いに関しなんら触れるところがない。仮に税務上の取扱いとの調整は新たに制定された「税効果会計基準」に委ねる意図であるとしても，そもそも税効果会計は平成10年に金融機関に対する"セーフティネット"として制定されたものであった（税効果会計基準の制定に関与した旧大蔵省幹部の証言：東京地裁平成17年５月19日判決「旧長銀経営陣に対する違法配当損害賠償事件」判時1900号３頁）。したがって，この基準は完備したものではなく税金繰延資産に計上するに当り，有税扱いとなった貸倒引当金繰入額について企業側や監査法人は慎重を期し，一律に「企業会計と税務会計との一時差異」と認識すべきではなかった[40]。

このことは，今後５年間の課税所得額の発生見積りに慎重を欠いたことが，

その後に会計処理上のトラブルとして顕現した足利銀行・りそな銀行・ＵＦＪ銀行等の事例は記憶に新しいのである。

　税効果会計基準の要諦は，①課税上の欠損金を繰延べる制度と②遡っての欠損金繰戻し制度（法人税法81条）が両輪の役割を果たすが，将来の不確実な所得予想額に依拠する繰延べ制度に比し，過去に発生した所得額を対象とする繰戻し制度が効果的であることは論を俟たない。然るに"セーフティネット"として制定された我が国の税効果会計は平成4年4月より繰戻し制度が凍結されたままの状況で発足しており，付け刃の感が否めないのである。

## ＜この章のまとめ＞

　長年に亘って我が国経済の足枷となってきた不良債権問題は漸く終息するに至ったと評価されるが，しかるに，我が国経済が再び従前の高度成長の軌道に乗るとは考えられない。したがって，将来の不測の事態に備えて不良債権の処理基準を整備し，且つその内容の充実を図ることが肝要である。その場合，既に制定された「金融商品に係る会計基準」について間断を置くことなく見直すことによって，更なるレベルアップを図ることが肝要である。同時に企業会計の上で"正常と分類された債権"については今後1年以内に回収不能に陥る懸念がないと査定されたのであるから，一般貸倒引当金の対象とすることは論理矛盾と考えられ，整合性のある論理や基準の構築が必要である。

　そしてまた，この「金融商品に係る会計基準」に示された資産区分は外形事実を重視するものと考えられるが，従前に金融機関で採られていた4段階分類がシンプルで望ましいと考えられ，今後の見直しの素材として活用すべきである。

　さらに，企業会計上の貸倒引当金の繰入基準は法人税法上の貸倒引当金の基準と調和を図るべきであり，本来は，企業会計の上で適正に計上された貸倒引当金の繰入額は課税上も損金の額に算入されるのが原則であるが，税が逆基準として作用している現状に鑑みて両者の調整には相互に努力が払われるべきであり，そのことが今後の優先的な課題として残されていると考えられる。

　貸倒損失の計上は，金融機関にとって製造業における原価償却費の問題と比肩する業務の根幹に係る問題である。また，貸倒れ発生に備える貸倒引当金は，将来の支出に対応する負債性引当金と異なって，対象となる資産が明確な評価性引当金であり且つ実際に損失が発生した場合には戻入益が計上され消滅するものであるから，機動的な対応を可能とすべく弾力的な基準整備が必要と思われる。

　銀行経営にとって債権の貸倒れは，透明性と継続性をもって資産区分を適用

し機動的に引当金を設定して常時監視され処理されるべき問題である。

&lt;注&gt;
（1） 王国文敏『不良債権処理の法的手法と損金性認定基準』租税法研究32号1頁。
（2） 於保不二雄『法律学全集20債権総論（新版）』（昭和62年，有斐閣）3頁。本文献によれば「ローマ法では債権は訴権によって表され，これを継承したヨーロッパの法制では債権という用語自体は存在するが，訴権に従った請求権・人権が通常用いられている」とされている（同書4頁）。
（3） 我妻栄＝有泉享『民法Ⅱ債権法（3版）』（昭和41年，一粒社）45～53頁。この文献によれば，「古代の法律では債務を履行しない債務者を奴隷として売却することも許されたが，近代法では債務者は財産をもって債務の責に任ずるに止まる」とされている（同書52頁）。
（4） 田中耕太郎『貸借対照表法の論理』（昭和19年，有斐閣）252～254頁。
（5） 貸倒引当金について総括的に分析するものとして，石倉文雄「貸倒引当金，債権償却特別勘定」日税研論集31巻97～135頁を参照。
（6） 金融機能の再生のための緊急措置に関する法律及び同施行規則4条。
（7） 高月昭和『ビジュアル金融の基本』（平成17年，日本経済新聞社）150～151頁。
（8） 金融再生法と金融検査マニュアルとの関係を検討するものとして，野口浩「金融再生法に基づく不良債権の会計処理」会計169巻3号87～94頁を参照。
（9） 横内龍三「課税要件の事実認定と社会通念」税務弘報49巻10号148頁。
（10） たとえば米国では，金融監督局（FRB）の査定結果は内国歳入庁（IRS）も当然に尊重する，この点につき中井稔「金融機関の不良債権と適切な処理」企業会計58巻3号119頁を参照。
　　 我が国では税効果会計にて調整されるとの趣旨かもしれないが，米国を始め先進国では税効果会計は以前から導入されており，金融行政とは別問題である。
（11） 平成11年1月22日企業会計審議会「金融商品に係る会計基準」第四・貸倒見積高の算定。
（12） 米国の基準についての詳細は中井・前出注(10)117頁を参照。
（13） ノンリコースローンないしプロジェクト・ファイナスに関して，貝塚啓明ほか編『金融用語辞典』（平成17年，東洋経済新報社）208頁，229頁を参照。
（14） 最近ビル事業について，ノンリコースローン活用による再構築が盛んに提唱され（たとえば『WEDGE』18巻7号38頁），東京を中心に特別目的会社によるビル購入ではノンリコースローンが積極的に活用されている。
（15） 木下信行「経済教室　流動資産担保の活用を」（日経新聞平成18年3月2日31面）では，売掛金などの流動資産担保の活用を提唱しているが，これは究極的には振込み指定によりキャッシュ・フローを押さえれば所期の目的を達成できると思われる。
（16） バブル崩壊後の住宅金融専門会社の破綻や住宅金融公庫の業務縮小によって，

一般金融機関の住宅ローンの貸付総額に占める割合は20～30％に達している。
(17) 貝塚・前出注(13)229頁。
(18) 我妻栄＝水本浩『民法案内5－1（債権法総論・上）』（昭和56年，一粒社）19～21頁及び我妻栄『新訂債権総論（民法講義Ⅳ）』（昭和50年，岩波書店）5頁。
(19) 財務諸表等規則（最終改正平成15年3月31日内閣府令8号）第二章（貸借対照表）43条。
(20) たとえば法人税法は，更生法の適用など合理的な計画に基づく場合であっても「5年以内に弁済が見込まれない金額」（法人税施行令96条1項3号）は実質的に回収不能とみており，仮に一部弁済が可能と評価されてもその実現に要する期間が5年を超えるなど長期の場合には，その回収可能性を捨象すべきとする。
(21) 最高裁昭和41年3月18日第二小法廷判決（民集20巻3号451頁）を参照（同旨の判決として最高裁昭和42年6月22日第一小法廷判決：民集21巻6号1479頁及び最高裁昭和45年4月16日第二小法廷判決：民集24巻4号266頁が挙げられる）。
(22) 蓮井良憲『新版注釈会社法(8)』（昭和62年，有斐閣）164～167頁。
(23) 金子宏「部分貸倒れの損金算入」ジュリスト1219号116頁。また，佐藤英明「金銭債権の貸倒れを損金に算入するための要件」ジュリスト1310号183頁には「平成16年12月24日最高裁判決（民集58巻9号2637頁）は貸倒損失の発生について，これを事実認定という形で解決したものと評価できる」としている。
(24) 青柳達郎「住専向け債権放棄と貸倒損失の計上時期（下）」税理44巻15号179～180頁には「主観が入り込む商法の解釈を法人税法に持ち込むことは一般に公正妥当な会計処理の基準に反する」とするが，別段の定めなく商法の定説を法人税法は排除できない。
(25) 吉国二郎『法人税法・実務篇』（財経詳報社，昭和45年）416～418頁。
(26) この点の要約として清水誠＝高木多喜男＝南川和茂『担保・保証の法律相談』（昭和63年，有斐閣）3頁を参照。
(27) 高橋洋一『ケース・スタディによる金融機関の債権償却』（平成6年，金融財政事情研究会）114頁。
(28) 東京高裁昭和58年4月20日判決（税資130号70頁及び週刊税務通信2473号11～13頁）は，「本件債権は係争年度中に客観的に回収不能であったとは認められない」とし「債務者は僅かに債務超過の状態にあったが，優先債権者に担保付債権などを弁済してもなお，残余の一般債権者は相当の配当が期待できる状態にあった」としている。しかし，債務者が事業の継続を前提にする場合の資産価額は，事業を閉鎖して競売手続きなどを経た後に実現する換価額とは著しく異なるのが通例であるから，高判が「債務者は再建を断念していない」とし，事業継続を前提にした数値にて「残余の一般債権者は配当が期待できる」とするのは短絡的である。本来，残余財産の配当は解散・清算の手続きを経る要があるから，本高判は無担保債権に関し回収不能か否かを判定する理由として薄弱の感が否めない。
(29) 野口・前出注(8)の89頁と93頁とを対比して参照のこと。
(30) 中井・前出注(10)にて述べたとおり，米国基準では破綻懸念債権（第三分類）

について5割を目処としており，また，法人税法52条および同施行令96条1項3号では，破産法・更生法等の申立てを行った債務者に対して原則として債権の5割を貸倒引当金に繰入れるとしている。

(31) 帝国データバンクが発行する『全国企業倒産集計』(2006年5月報) 8頁及び40頁から，筆者が推計したところによると，任意整理が3／4を占め法的整理が1／4と見込まれる。しかし，『本集計』は社会的影響が軽微な倒産は省かれているから，実際の企業倒産が任意整理にて決着する割合は圧倒的に高いものと考えられる。

(32) 複数債権者の間で利害が対立する場合はともかく債権者と債務者との個別和解契約で実質的に決着するような事案が多々みられる。なお，普通清算と個別和解の意義について，才口千晴ほか『特別清算手続の実務』(昭和63年，商事法務研究会)191頁，山口和男『特別清算の理論と裁判実務』(平成4年，新日本法規出版社) 317頁を参照。

(33) 加古宜士『財務会計概論（五版）』(平成17年，中央経済社) 330頁。武田隆二『財務会計論』(平成17年，中央経済社) 335～336頁。

(34) 河野正道「金融機関の不良債権問題についての行政上の指針」金法1380号6頁。
平成6年に大蔵省は，「金利減免債権について，減免前の元本と減免後の債権を市場実勢利率で現在価値に割戻した価額との差額をロスカットする」との方針を示し，現に兵庫銀行の直系ノンバンクで一部試みられたが，この方法は元本と現在価値に割戻した価額との差額をもって減免債権の貸倒引当金の繰入額とする。この件は，数年間に亘って元利払いが凍結された兵銀系ノンバンク向け債権に対して，当初約定利率5％と減免金利との乖離幅を債権元本に乗じて毎年のロス額を算定し，これを現在価値に割戻した金額と債権元本との差額を貸倒見積高とするものであった。しかし，直後に兵庫銀行が破綻し直系ノンバンクが法的整理に移行して，この措置は不首尾に終わった。

(35) 高橋・前出注(27)109～114頁。

(36) 法人税基本通達9－6－2は担保処分後と例示し，法人税施行令96条1項2号には規定はないが同3号には「担保権実行による取立見込額を除く」とされ担保処分前を対象とする。

(37) 営業の全部譲渡や解散は株主総会の特別決議を要することになり，各社は平成8年6月の定時株主総会に付議する方針であった。ちなみに，七社の中で最大規模を要する「JHL社」では出資母体五社グループで払込資本金の8割を占めており，出資母体五社が期末に協定書を締結し同社の営業譲渡と解散の方針を承認していたから特別決議の可決は確実であった。このように個別の住専毎に事情は異なるから，国税庁が一律の方針を適用するのは妥当ではないであろう。

(38) 国税庁が「住専七社における免除益に対する課税」を気にするのであれば，母体行債権の全額償却を損金に認容するのが先であろう。また，一般行については幹事母体行からの通知によって画定した額を目処として債権償却特別勘定の設定を認めるべきであった。

(39) 国税庁が無税償却を回避した事情としては，一部世論や政界実力者から「債権

償却特別勘定の繰り入れを認めることは実質的に"税の免除"に等しい」との誤った見解（たとえば，加藤紘一自民党幹事長（当時）が執筆した平成8年1月30日朝日新聞の論壇記事）が影響したとも考えられる。
(40) この点について，中井・前出注(10)120頁を参照。

# 第2章

# 貸倒引当金の繰入と
## 　　　　貸倒損失の計上

### ＜本章における問題の所在＞

　前述の平成16年12月24日最高裁判決（平成14年（行ヒ）147号）は，「貸倒損失が法人税法22条3項3号の損金に算入されるためには，債権全額の回収不能が客観的に明らかであることを要するが，それは社会通念に従って総合的に判断される」と判示し初めて最高裁として貸倒れに関して判断を示した。これを受けて国税庁は各国税局に事前照会の窓口を設けて対応を図っている[41]。税法・税務会計の分野では，従前から貸倒れについて下級審の諸判例を集約して幾度となく規範の定立が試みられてきたが，未だ達成されたとは到底いえない状況にある[42]。

　本章では，これらの状況を踏まえた上で，先ず，債権が滅失に至る過程において貸倒引当金の設定が先行し後に貸倒損失が計上されることについて要約する。次に，法人税法の貸倒れ通達や諸判例が内包する問題点を検出しそれに言及する。更に，本最高裁判決に沿って貸倒れに関する規範の定立について触れながら，この引当金繰入損と貸倒れ損失との関係について所見を述べることにする。

## （一）　金銭債権が貸倒れに至る過程

### 1　回収不能の虞ある債権と回収不能の債権

　前章で述べたとおり，企業会計原則は「貸借対照表価額は債権金額から正常な貸倒見積額を控除した金額」とし，商法285条ノ4第2項は「金銭債権に取立不能の虞あるときには不能見込額の控除を要する」と定めているが，この会計原則の「貸倒見積額」と商法の「取立不能の虞のある額」とは同義と解され，既に無価値に帰した債権を指すものではないと考えられる。

　昭和37年改正商法に携った立法関係者の解説書では「取立不能の虞とは，法的に可能な手段の全てを尽くすことを要せず，債務者の資産状態，担保の有無，担保物の価格，保証人の資力等を勘案して判定する」旨を明示している[43]。そして，各専門書を要約すると「債務者の資産状態や取立のための費用の多寡や難易度等を考慮して，企業関係者の社会通念に従って判定する」ものと理解され[44]，これが商法・会社法の定説と考えられる[45]。

　法人税法では，同52条1項に貸倒引当金を規定しており，金子宏教授は「今日の信用取引では，個別の債権について一定の客観的事実が生じた場合に，貸倒れが生ずることはほぼ確実であり，信用取引の一種のコストとして，現実の貸倒れを待たず，貸倒損失を引当金として見越計上が認められる」旨を指摘しており[46]，福家俊朗教授も「貸倒れに備えて貸倒引当金の制度が別途あることはいうまでもない」としている[47]。これからは税務上の回収不能の虞がある債権とは，未だ貸倒れには至っていないが将来損失が発生すると見込まれ貸倒れに備えるべき債権を指すものと考えられる。

　他方，商法285条ノ4第2項の解釈として「債権が取立不能の場合には帳簿から引落すことを当然の前提にする」とされており[48]，この債権の回収不能

(取立不能)について渡辺伸平判事は「一般に債務者が無資力の状態をいうが,この債務者の無資力の状態を余り厳密に解するべきではない」旨を述べており[49],玉国文敏教授も「資産のすべてを清算して一銭も残らない状況だけが客観的に回収不能なのかというと,それではあまりに狭すぎる」旨を指摘している[50]。

これらを総合すると,債務者が無資力の状態に至る以前の段階で債権の回収不能が確定すると解するべきであり,債権が無価値の状態に陥った場合に損失を計上すべきことは明文の規定を要しない当然の事理であると解される。

この点について,法人税法は明文の規定がない場合には同22条4項の一般に公正妥当と認められる会計処理の基準に委ねるとされており,この場合の公正妥当か否かについての判定は一般社会通念を基準とすることになり[51],また,貸倒れに関する法人税基本通達も条理・社会通念に従うべきことになると解される[52]。

## 2 回収不能の虞や回収不能の発生の時期

債権が貸倒れに至るには段階的な劣化の過程を辿るとする見解があるが[53],この場合には如何なる時点を劣化の始期と捉えるかが重要である。しかし,貸倒れ発生の予兆を債権者が具体的に認知することは様々な困難が伴う。なぜなら,この予兆は債務者内部に潜伏して外形事実として捕捉されないのが通常であり,かつ外形事実として顕現するのは突発的である場合が殆どだからである。結局のところ客観的な外形事実として捕捉されるのは,貸付債権では,元利払いに延滞が発生するか債務者から元利払い猶予の要請があった場合であり,売掛債権についても,期日が到来し決済されないか期日に先立ち債務者から延長の要請があった場合であろう。

それにも拘らず回収不能について,大阪地裁昭和33年7月31日判決(行裁例集9巻7号1403頁)は「債権が回収不能かどうかは,単に債務超過の状態かどうかで決するべきでなく,支払能力があるかどうかで決するべきであり,債務

者において債務超過の状態が相当の期間継続し他から融資を受ける見込みもなく，再起の見通しが立たず事業閉鎖に至ったとか，破産・会社更生などの手続きを採ってみたが債権の支払いを受け得られなかったなど，債権の回収ができないことが客観的に確認できる場合」と判示している。また，東京地裁平成元年7月24日判決（税資173号292頁）は「債務者の資産状況・支払能力から回収不能が明らかになったとするには，債務者に対し強制執行を行うか若しくは破産手続きがされたか或いは会社更生等において債務免除があった場合のほか，これに準じ，担保となるべき資産の状況が著しく悪化している状態が継続していながら，債務者の事業閉鎖等により回収が見込めない場合，債務者の資産負債の状況，信用状況および事業の性質並びに債権者の回収努力及び債務者の対応等を総合して回収不能が明らかであって債権者が債務免除するなどして取立を断念したとき」と判示する。しかし，これら判決は単に事柄を羅列するだけでその論旨には甚だ疑問がある。

　先ず，上記の大阪地判は，債務者の債務超過が相当の期間継続する状態に陥っているとするが，一般に，企業の資産状況が著しく悪化すると資金繰りが先に支障をきたすのが通常であるから，親会社や主力銀行など「他から融資を受ける見込みもない」ままに破綻を免れて，債務超過の状態が相当の期間継続すること自体が不可思議である。

　次に，上記の東京地判は，任意整理手続や事業閉鎖などの客観的事実を要件とする趣旨と思われるが，そうであれば，貸倒れは「債務者が無資力のとき」と断ずるべきであり「債権者が取立を断念したとき」とする結論を導き出すのは竜頭蛇尾であろう。

　また，債務者に対し「強制執行・破産・会社更生などの手続き」を要するのであれば，法的に可能な手段の全てを尽くすべきことになり，東京高裁昭和42年12月26日判決（判時516号50頁）が「債務者が無資力とは断定できない場合であっても貸倒れは最高・最善の方法をもって債権回収を行わなければ認められないというのでは納税者（債権者）に難きを強いる」とするのと整合しないのであり，のみならず前述の商法の通説に相反するのであって，上記の両判決

には論理の綻びがあるといわざるを得ない。

## 3　回収不能の虞や回収不能が混在する債権の取扱い

　ある債権の一部が回収不能であり残る部分が回収不能の虞がある場合に，どのように取扱うかについて明確ではない。実務書には「債権の一部につき回収不能が明らかであっても，それはすべて回収不能の見込みに過ぎない」とするが[54]，武田昌輔教授は「一般に貸倒れと認められるような一定の客観的事実が発生した場合，それが債権の一部か全部かを問わず，損金算入に区分を設ける必要がない」としている[55]。このことから債権全額が回収不能に至っていないとの理由のみで全て"回収不能の見込みの問題"と割り切ることはできないであろう。

　たとえば，平成10年改正前の法人税基本通達9－6－4では，「貸倒れを全額回収不能に限るのでは企業の実態に著しく反するから実質的に部分貸倒れを認めるもの」とし「担保処分前であっても回収不能額を特定し間接償却（債権償却特別勘定の設定）を認める」としている[56]。ちなみに，昭和25年直法1－42国税庁長官通達には，「金融機関については債権の担保に供されている資産がある場合，その資産に係る担保権が実行されていないときでも債権額のうち担保価額を超える金額が明らかに回収不能と認められる場合は，金融機関の計算を認めるものとする。前項の担保価額は金融機関が担保として受入れた価額ではなく，債権を償却した年度末日の担保時価による」旨を定めていたが，この通達は平成9年課法2－10で削除されるまでは存続していたのである。

　結局，債権の一部が回収不能であっても損金とすべきであり，この問題は渡辺判事が指摘する「金額を明確に評定できるか」に帰着するものと思われる[57]。なお，売掛債権では，回収不能の虞と回収不能とを区分しても意味がない。むしろ，売掛債権のような未必所得に担税力を認めて課税するからには期日が到来し決済されない場合は全額貸倒れと認定して損金に算入すべきである[58]。この点は，最高裁昭和49年3月8日第二小法廷判決（民集28巻2号186頁）が

「未必所得に課税するのであれば後日生じた貸倒れによる損失を控除すべき」旨を明示しているところである。

## （二） 貸倒引当金の設定と貸倒損失を計上する局面

### 1　貸倒引当金の設定と適正な処理

　大阪地裁昭和44年5月24日判決（税資56号703頁）の論旨を引用し，貸倒れの計上について企業会計・商法とは異なって税法上は厳格に解するとの学説もみられるが[59]，この判決の事案は，貸倒れ計上の局面ではなく，貸倒引当金の設定を認めるべきかを対象とするものである。すなわち，納税者（債権者）が「その子会社に対して合理的な再建計画の策定や他の債権者との協議を経ることなく単独で期間5年の元利棚上措置を講じ，これにより商法285条ノ4第2項に依拠して当該棚上債権を貸倒れとして損金に算入すべき」旨を主張するもので[60]，大阪地裁が貸倒れの虞と貸倒れとを区分しないままで判示するのは些かどうかと思われる。

　また，木村弘之亮教授は，興銀事件の第一審・東京地裁平成13年3月2日判決（判時1742号25頁）の評釈において「将来回収不能が見込まれる債権については，将来の損失の見積りとして，当年度に貸倒引当金を設定し，その設定額に係る繰入額を当年度の損失に計上する会計方法があり，これを間接償却という」とし「その後に，現実に回収不能になった年度において，貸倒引当金を取崩して貸倒引当金繰入損を計上する（傍点筆者）ことによって，回収不能の債権と相殺される」としている[61]。

　岸田雅雄教授は，木村教授の評釈に対して「間接償却（引当金の繰入）がなされた債権が，後に直接償却に至った場合，引当金取崩額が直接償却額から控除され損益計算書に記載される」とし[62]，山田二郎弁護士は「貸倒引当金を取崩すと戻入益が計上されるから，貸倒れ処理の妥当性を論ずるには先ず会計の基本を正解することが必要である」旨を述べて木村評釈の初歩的な誤りを指摘

している(63)。

　住専処理においては，殆どの母体行は平成8年3月期に債権全額を償却している(64)。このうち，直接償却を選択し債権放棄を併用した一部母体行と間接償却を選択し債権放棄を見送った大多数の母体行に分かれたが，債権全額を償却した場合には，それが間接償却であっても翌年度の直接償却額と引当金戻入益とが相殺され翌年度計上額はゼロとなるから，損益計算書に本件に係る損失額が計上されるのは平成8年3月期の一度だけであり，これを翌年度の損金とすることは法人税法22条4項と整合しない。

　また，大淵博義教授は「課税庁は，金融機関に債権償却特別勘定の繰入による無税償却を積極的に指導して対応することが重要であった」旨を指摘する(65)が，債権全額を引当てる間接償却はむしろ不自然と思われる。繰り返しになるが，損益として認識され計上されるのは平成8年3月期の1度だけであるから，法人税法22条4項のみならず確定決算主義を定めた同法74条1項にも相反することになる。

　このように貸倒引当金の設定について学説も錯綜しているが，繰入額の損金認容を厳格に扱うか弾力的に扱うかは専ら課税庁の裁量に委ねられているのが実態であり，基準に沿って済々と行われるべきである。

## 2　貸倒損失の計上と適正な処理

　前記(一)の1で述べた商法の定説では「回収不能の債権は貸借対照表から引落す」すなわち直接償却を行うべきことになり，この場合，直接償却は債権全額を引落す処理に限るべきとの見解があるが，商法・会計原則からは全額に限るべき根拠がなく，しばしば登場する法人税法33条2項を根拠とする見解は無理なこじつけであって採り得ないものである(66)。実務においては，既に償却された簿外の債権から，時を隔て幾許かの回収が実現した場合には，実現の時点で取立益を計上し益金に算入する処理が長年の慣行として定着していたから，債権全額の意味も幅のある概念として捉えるべきである。

結局，債権が回収不能に陥ったかは専ら「認定の作用」に委ねられるが[67]，この際には債務者の財産を清算価値（リクィデーション・バリュー）で評価すべきである。およそ企業の解散・清算を前提にする場合には，金銭との交換価値のある財産だけを摘出して評価することになるが[68]，貸借対照表は企業の存続価値（ゴーイング・コンサン・バリュー）を前提とし両者は次元を異にするものである。

法人税基本通達9－6－2の「債務者の資産状態」や同9－6－1(4)の「債務者の債務超過の状態」との例示は何れを指すのか明らかではないが，この基本通達9－6－1(4)に関連して，浦野広明教授は「企業の経営構造の健全度・安定力を測定する評価項目に自己資本比率があり，これは最低でも30％以上が必要である」とし「ＪＨＬ社の場合，法人税基本通達9－6－1(4)の債務者の債務超過の状況が相当期間継続し，その債権の弁済を受けることができないという事態よりもさらに悪化している」と説示している[69]。

ＪＨＬ社の自己資本比率は常時1％以下で推移しており，かかる過小資本の会社が大過なく資金を調達する上での必須の条件は，親会社ないし主力銀行等から資本代替的もしくは資本金に準ずる貸付金が供与されることであり，この会社が破綻した場合に，資本代替的もしくは資本金に準ずる貸付金は劣後扱いを受けることになる[70]。このことは，アメリカでは「衡平による劣後化の法理」を採り入れた連邦破産法510条(C)によって，ドイツでも「資本代替的社員貸付の法理」を採り入れた倒産法39条1項1号の規定によって理論的に妥当と考えられている。

## 3　貸倒れと債務者の資産状況

法人税基本通達9－6－2は「債務者の資産状況・支払能力等から債権全額の回収不能が明らかな状態」と例示している。しかし，売掛債権のような短期の経過勘定については，既述のとおり期日が到来し決済されないときには原則として全額回収不能として取扱うべきであり，納税者に「債務者の資産状況の

検討・証明」を強いるのは過酷である。なぜなら，貸付債権では金銭消費貸借契約にて債務者が法人の場合に貸借対照表・損益計算書の提出を義務付けているが，売掛債権では債権・債務の成立の時点で買手に対し貸借対照表・損益計算書の提出を義務付けていないからである。

　この通達は，数度の改編を経て簡素化され，複数の債権者が複数の債権を保有する場合には，複数の債権者が同等の立場にあり複数の各債権が同じ弁済条件の下にあり，「単独の債権者が単一の債権を保有する場合」に置換しても差支えがないときに限って機能すると考えられる。単独の債権者が単一の債権を保有する場合には，債権者側の事情を考慮する余地はなく，債務者の資力は単一の債権の弁済に当てられるから，究極的に「債務者が無資力である場合」に収斂することになる。しかし，およそ破綻に瀕する債務者が「債権者が単独で債権が単一である場合」の事例は殆どなく，複数の債権者が存在し複数の債権を保有する場合には債権者間の利害が対立するのが通常である。

## 4　貸倒れと担保の効力

　この法人税基本通達9－6－2は「債権に担保が設定されているときは担保処分後でなければ貸倒れとして損金経理ができない」旨を例示している[71]。およそ担保権は債務者が破綻に瀕した場合に排他的回収を旨とする権利であるから，「単独の債権者が単一の債権を保有する場合」には排他的回収は問題にならない。また，債務者が完全に無資力に陥った状況では担保処分を詮議しても無意味である。したがって，この通達が担保処分後と例示するからには，複数の債権が同一の弁済条件にはなく，優先的な担保付債権と劣後的な担保付債権または無担保債権が存することが前提となる[72]。また，担保処分後とする以上は「債務者の無資力の状態」と相容れないものである。

　しかるに，通達の例示を重要視して貸倒れの基準を殊更にあれこれ解説し徒に厳格にみなすものがある[73]。その一方で，法人税基本通達9－6－2は貸倒れを回収不能と同義反復するだけで白地的であって個々の事案に適用するに

は具体性に欠けるとの指摘がみられ[74]，筆者は後者の見解が妥当と考える。そして，これからは少なくとも課税庁が法人税基本通達9－6－2を根拠にして貸倒れの損金算入を画一的に取扱うべきではない。いうまでもなく，通達は法規範ではなく且つ全ての事例に妥当する訳でなく[75]，まして複数の債権者の利害が対立する局面にはそぐわないからである。

## (三) 企業の清算価値と貸倒れの判定

### 1 会社の解散と清算貸借対照表の機能

　企業が終焉を迎えたときには存続を前提とする決算貸借対照表とは異なり，専ら残余財産の分配に焦点を当て清算貸借対照表が重視されることになる。前述の会社更生法・民事再生法の適用による債務者の再建や旧商法・会社法の特別清算が不調に陥った場合には破産法が適用されることになり，破産手続きでは管財人は破産貸借対照表を作成する義務を負うが[76]，破産も解散事由の一つであるから（商法94条ノ5），破産貸借対照表は清算貸借対照表と軌を一にするものに過ぎず，破産による有形固定資産などの換価は「競売手続き」を経て行われることになる。

　競売手続きでは，裁判所が最低売却価格（民事執行法60条）を定めて買い手を公募し入札させるものであり，公示価格や路線価とは格段に低水準で実勢価格に属するものである[77]。しかし，公募によっても買い手が現れず競売手続きを申立てた関係者が自己競落する場合も多々存し，バブル崩壊後の破産手続きでは平均して「配当額が5％程度」に止まったとされている[78]。したがって，債務者の財産を清算価値（リクィデーション・バリュー）で評価する場合には，企業の存続価値（ゴーイング・コンサン・バリュー）を前提にする場合とでは著しく異なった数値が検出されることになる。

　しかし，既に摘示した東京高裁昭和58年4月20日判決は「債務者は債務超過の状態であったが，優先債権者に担保付債権を弁済してもなお，残余の一般債権者は相当の配当が期待できる状態にあった」と判示している（前出注(28)参照）。この判決は債務者の事業継続を前提とし債務者の財産を清算価値で評価した訳ではない。およそ一般債権者に対する残余財産の配当は，会社を解散し清

算や破産の手続きの下で実現するから，存続価値で算定した価額をもって具体的に一般債権者に対する配当額を測定できるか否かは不明である。ちなみに，興銀事件の最高裁平成16年12月24日判決は「ＪＨＬ社が破産手続きを余儀なくされると回収見込額は下振れる」旨を述べるが，これはＪＨＬ社に限らず債務者が清算や破産の手続きに至った場合に資産価額が縮減することは一般的に出現する事象である。したがって，東京高裁昭和58年4月20日判決が存続価値を前提に「無担保債権も弁済を受けられる」とする判断は短絡的で容易く措信できないのである。

このように判例においても，リクィデーション・バリューとゴーイング・コンサン・バリューとが峻別されず混在したままで判断がなされているのが実情である。

## 2　債務者の資産状況を巡る争点

興銀事件の控訴審である東京高裁平成14年3月14日判決（判時1783号52頁）は，「貸倒れ通達は法人税法22条4項を補完する」とし「債務者に債務総額の4割に上る1兆円の資産が残されていると推認されるから，本件債権は係争年度において全額回収不能とはいえない」とするものである（控訴審判決文19頁，38頁）。

これは法人税基本通達9－6－2を厳格に解して「債務者が無資力でない限り貸倒れは認められない」との見地から判断したものと考えられる。遡って，本件第一審における被告・課税庁の論旨は「ＪＨＬ社の平成8年3月期有価証券報告書によれば，債務総額の4割に当る1兆円の金額は，同社の資産価値を示すもので，これに反する河本一郎作成の鑑定書（甲605号証）の証拠価値は低い」（本件の第一審である東京地裁平成13年3月2日判決文41～42頁）とするものであった。

ちなみに，河本鑑定書には要旨次の様に述べられている。すなわち，「①ＪＨＬ社の第20期有価証券報告書（12乃至14頁及び24頁）によれば，同社は平成

8年3月の段階で再建・事業継続を断念し，会社の解散・整理の方針で進めることを前提としていたから，資産価額は清算価値で算定するのが妥当である。②この資産価額は平成7年6月末日を基準日とする大蔵省金融検査部の立入調査によって第Ⅳ分類（無価値の部分）と査定された資産の額以外は一切減額することなく額面のまま受け皿会社に譲渡するという政府の住専処理策の実現を前提に算定されている。③この有価証券報告書の調製日（平成8年6月末日）までの後発事象から，政府の住専処理策の実現を前提とすることについて，その妥当性が確認されている」とするものであり，本有価証券報告書の記載数値を引用し1兆円の資産があると主張する以上は政府の住専処理策の実現は確実であることを前提にすべきことは明らかである[79]。

また，この件は，上記(二)の3で述べたように，複数の債権者が存在し少なくとも債権総額の6割以上が毀損して母体行・非母体行の利害が鋭く対立した事案である[80]。

被告・課税庁も「1兆円の資産」と主張するだけでは不充分とみて，「期末の時点で政府案は成立するかどうか予断を許さず，頓挫した場合にはJHL社は法的整理によらざるを得ないが，法的整理では破産となる可能性が高く，破産となると各債権に比例按分となり，非母体行の負担が重くなり母体行の負担が軽くなる」と主張していた（興銀事件の第一審である東京地裁平成13年3月2日判決文31～32頁）。

しかし，第一審判決を批判する各評釈は，押しなべて「債務総額の4割に当る1兆円の資産が存した」と指摘しているが，各債権が比例按分となるべき根拠を示さず[81]，かつ破産裁判所が「非母体行の負担を重くし母体行の負担を軽くする」ことを是とするかについて全く触れていない[82]。ちなみに，本件審査請求（平成9年10月27日東裁(法)平9第47号）に提出された植松守雄弁護士の平成9年11月30日意見書には「仮にJHL社の処理が破産となっても強制和議（破産法290条）に移行し政府案と符合する損失分担となる」旨を強調している。また，住専国会で系統金融機関の首脳は「仮に法的整理に移行した場合，母体行の負担が軽くなるとすれば，それは著しく社会的正義に反するから，我々と

しても必ず対抗手段を講ずる」と度々表明している。この対抗手段とは債権確定訴訟（破産法370条）を指すのであり，債権確定訴訟は破産法の手続に優先することになるから，仮に破産となったとしても直ちに損失分担が各債権に比例按分（プロラタ）になり得ない。

## 3 本件担保権を巡る争点

本件における担保権について前述の玉国教授は，本控訴審に関し「担保権放棄を余儀なくされるに至った一連の経過をもってしても債権の資産性が全部消滅していないこのケースでは，債権が全額回収不能とは言えず損金算入を認めないとの結論に達する」とするが[83]，この解釈には疑問がある。なぜなら，債務者が完全に無資力に至っていないが有担保権者の債権の全額回収が保障されない状況では無担保者の債権は回収不能である。現に，興銀事件の控訴審である東京高裁平成14年3月14日判決は「興銀が担保権を無条件放棄したとは到底考えられず，条件付で担保権を放棄しても回収不能とはいえない」とし担保権放棄を別意に解しているのである。この高裁の解釈は，「本件担保権はＪＨＬ社が現に有し将来有することがある営業貸付金を譲渡し各債権者が準共有する持分権」とし「期末の時点で興銀が根質権など一切の権利を包括的に放棄した」としながら「本件担保権は本件債権に随伴して実質的に停止条件付で放棄された」とするものである（興銀事件の控訴審である東京高裁平成14年3月14日判決文23頁，36頁，40頁）。しかし，本件担保権は根担保であって本件債権に随伴しない（民法398条の12）。また，債務者の破産に伴って効力が生ずる停止条件付の債権譲渡契約は債権者の公平性を害するもので無効であるから[84]，本高裁判決の条件付で担保権を放棄したとする別意解釈は誤りである。

なお，最高裁昭和32年10月31日第一小法廷判決（民集11巻10号1779頁）は「権利が移転したことは採用された書証の記載から措信するのが当然であるにも拘らず，原審は，記載事実について逐一思いを廻らした形跡がないばかりでなく，何ら首肯するに足る理由を示すこともなく，ただ漫然として書証に記載

された内容を排斥するのは審議不尽の違法を犯した」と判示している。この論理はその後の判決でも踏襲され確立した判例法理といえるものである[85]。

本事案においては、被告の立証には本書証の記載を排除するべき裏付けとなる証拠は皆無であり、興銀事件の控訴審である東京高裁平成14年3月14日判決が採用した証拠一覧（控訴審判決文21～22頁）にはその類のものは全く存しない。いうまでもなく裁判所が採用した書証の記載を否定するには確たる証拠に基づくことが必要である。

## 4 本件債権の劣化の始期

最後に前記(一)の2で指摘した本件債権が劣化を辿った始期について触れてみる。債権が完全に滅失した時点を終期とすると、回収不能の虞が外形事実として発生した時点を始期とみるべきである。本件訴訟において、原告の立論は「平成4年・同5年に亘って講じられたJHL社の再建計画をもって本件債権の貸倒れが生じた」とするものであり、控訴審判決は「再建時の合意は整理時の弁済条件までを拘束せず、平成7年12月19日閣議決定で要請された債権放棄も確定していない」とする（本件の控訴審である東京高裁平成14年3月14日判決文39～40頁）。

しかし、JHL社は、平成8年8月31日に住宅金融債権管理機構と営業譲渡契約を締結し翌9月初めに解散の登記を行っているからこの頃が終期となる。そうすると母体行債権は終期を間近かに控えた平成8年3月末の時点では、もはや全額回収不能に陥っていたと認定すべきである[86]。

遡って、本件債権は再建計画の時点で平成5年以降10年間に亘り無利息・無弁済と約定されていたのであるから既に無税償却が認められていて然るべきである。因みに法人税基本通達9-6-6は「会社更生法の適用など合理的な再建計画に基づく場合であっても、弁済開始までに5年を超える期間を要する場合には無税償却を認める」旨を例示するが、これは弁済開始までに長期間を要する場合、その間に如何なる事象が生ずるか全く不透明であり且つ長期に亘っ

て元利払いが凍結された債権は事実上価値を喪失したとみられるからである。また，平成8年3月期に無税償却を認めた本件の第一審判決や最高裁判決は，その文脈から再建計画の合意をもって事実上終期としている[87]。

本件に限らず一般に，貸倒れに関する見解は「債権劣化の始期」について事実認定の上で重要な要素として着目されるべきものである。

## 5　貸倒れ判定の基準について

既にるる述べたことから明らかなとおり債権の貸倒れは，先ず，債務者の資産状況の判定に当り企業財産の清算価値（リクィデーション・バリュー）で評価すべきである。次に，後述する倒産法の理念を総合的に検討し斟酌すべきである。さらに，企業の解散を前提とする特別清算・破産および任意整理（普通清算や事業閉鎖を含む）の場合と企業の再建・存続を旨とする会社更生・民事再生や裁判所が後見しない私的再建計画を遂行する場合とは明確に峻別されるべきである。そのことからは貸倒れ通達9－6－1・同9－6－2の例示は債権者の利害が錯綜する場合に明らかに舌足らずであり，これを過度に重視することは法的評価を誤ることになる。

この点，前述の平成16年12月24日最高裁判決が明示する「債権者側の事情」については，次のように分別して考えるべきである。すなわち，①債権者が単独で債権が単一の場合，②債権者が複数であるが同一の立場にあり且つ各債権者が保有する夫々の債権が弁済条件・担保条件において同等である場合，③債権者は単独であるが複数の債権が存在し夫々の弁済条件・担保条件が異なる場合，④債権者が複数であり且つ各々が複数の債権を保有し，その弁済条件・担保条件が異なる他，各債権者が異なる立場にある場合に，①～④の夫々の区分に応じて「債権者側の事情」を検討することになる。その結果，①の事例に妥当するからといって，それをそのまま④の事例に当て嵌めることはできないのである。前述の平成16年12月24日最高裁判決の対象となった興銀事件は④の事例であり，これに貸倒れ通達9－6－2の例示を当て嵌めるのは妥当でない。

仮にこの通達を無理に適用するには，債権者の立場の違いや個別債権の異質性を無視して，損失の負担割合は全て債権額に比例按分（プロラタ）と断じる以外にないのである。

## <この章のまとめ>

　商法や法人税法は将来の貸倒れに備えて，貸倒引当金について明文の規定を置いており，これは程度の差はあれ貸倒れの始期を重視するものである。しかし，貸倒れとなった債権を損失に計上すべきことは社会通念に委ねられ，明文の規定を設けるまでもないと考えるべきである。そして課税実務では，千差万別の背景事実を的確に認定したとしても，画一的な法的評価の基準を用いることによって判定がばらつくことにもなる。この評価の基準として通達を過度に重視し法規範の如くみる事例も散見されるが，既にるる述べたように通達の例示は白地的で債務者の破綻処理に適切に対応できないものである。したがって，簡素化されたため現実の事象に必ずしも適合しない通達の例示に固執すべきではなく，むしろ平成16年12月24日最高裁判決や次章で詳述する寄附金規定を参考とし貸倒れ認定の基準を再構築することが必要であると考えられる。

　特に，金融機関における貸倒れ処理は経営の根幹に係る事項であり，貸倒損失の損金算入の問題もまた大きな影響を及ぼすものであるから，判例の動向や法人税法の解釈についてフォローを怠るべきではない。

<注>
(41)　国税庁ホームページ（http://www.nta.go.jp/category/sinkoku/data/h17/3021/01/htm：2005年5月）。
(42)　山田二郎「住専母体行の貸倒損失と損金計上時期」銀行法務［21］602号52頁。
(43)　吉田昴＝上田明信＝味村治『新商法解説－株式会社の計算』（昭和38年，中央経済社）15頁。
(44)　石井照久『会社法下巻（商法Ⅲ）』（昭和42年，勁草書房）233頁。田中誠二『全訂会社法詳論下巻』（昭和50年，勁草書房）785頁。蓮井・前出注(22)163頁。
(45)　河本一郎＝渡辺幸則「住専向け債権の貸出金償却をめぐる東京地裁判決」商事法務1593号76頁。
(46)　金子宏『租税法（九版）』（平成15年，弘文堂）314頁。
(47)　福家俊朗「経営の破綻した住宅金融専門会社の設立母体行である銀行が放棄した同社に対する貸付債権相当額が法人税法22条3項3号にいう当該事業年度の損

失の額として損金の額に算入されるべきであるとされた事例」判時906号198頁。
(48) 矢沢惇『企業会計法の理論』(昭和56年, 有斐閣) 262頁。
(49) 渡辺伸平「税法上の所得を巡る諸問題」司法研究報告書19輯1号79頁
(50) 玉国・前出注(1)10頁。
(51) 金子・前出注(46)270頁。
(52) 中里実「貸倒損失－時価会計の下の資産評価」税研104号41頁。中里実「コラム③興銀事件」別冊ジュリスト・税務判例百選（4版）107頁。
(53) 木村弘之亮「子会社に対する破綻債権相当額を法人税の計算上損金の額に算入することが出来るとした事例」判時1761号175頁には同旨の指摘があるが、それに引用されている文献（武田隆二『法人税法精説』森山書店、平成12年）には何故かその類の記述がない。
(54) 武田昌輔監修『ＤＨＣコンメンタール法人税法』(昭和54年, 第一法規出版) 1143の39。同旨の文献である武田・前出注(53)567頁は,「金銭債権の一部について貸倒れ処理を認めることは実質的に債権の評価損の計上を認めるのと同じ結果となり, 法人税法33条2項と矛盾する」旨を述べる。しかし、債権の部分直接償却が評価損の計上と同じ結果となり、部分間接償却が同じ結果にならないのは明らかに論理矛盾である。岸田貞夫「貸倒損失に関する考察」税経通信57巻8号29頁は,「法人税法33条2項の評価損に関する規定は、金銭債権について客観的な評価が困難であることを前提として、部分評価を認めない趣旨に過ぎず、特定債権の貸倒れとは別問題である」旨を述べている。
(55) 武田昌輔「税法における債権の償却」会計65巻5号111頁。
(56) 大村雅基監修『コンメンタール法人税基本通達（二訂版）』(平成7年, 税務研究会) 560頁。
(57) 渡辺・前出注(49)79～80頁。
(58) 法人税基本通達9－6－3は「督促すれども支払がなく取引停止後1年を経過し、一定の事実の下では備忘価額を残して償却する」とするが、これは「期日が到来し督促しても決済されない売掛債権は期末の現況で処理する」と解すべきで、取引停止後1年の経過は不要であろう。
(59) 品川芳宣「条件付債権放棄と貸倒損失の計上時期」税経通信56巻11号30頁。
(60) 岸田雅雄「不良債権処理と商法・税法・企業会計」判タ1079号22頁。
(61) 木村・前出注(53)173頁。
(62) 岸田・前出注(60)24頁。
(63) 山田・前出注(42)51頁。
(64) 住専七社の一つである総合住金の母体行を構成する第二地銀(65行)では、48行が母体行債権を部分償却に留めているが、これは税効果の先取り［要償却額×(1－税率)＝実際の償却額］として有税償却負担を軽減するもので、既に破綻した兵庫銀行の直系ノンバンクの債権償却で用いられた苦肉の策をそのまま踏襲するものである。但し、48行の償却合計額は住専七社の母体行債権総額（3兆5,000億円）の5％程度に留まる。税効果の先取りについて、手塚仙夫『税効果会計の実

務』(平成10年,清文社) 6頁を参照。
(65) 大淵博義「旧興銀最高裁判決の論点と課税実務への影響」税務弘報53巻4号16頁。課税実務では,間接償却(貸倒引当金の繰入)の場合には仮に繰入額が否認されても翌年度以降に再度直接償却によって損金経理が可能だが,直接償却では損金経理は一度だけである。
(66) 石倉文雄「貸倒引当金,債権償却特別勘定」日税研論集31巻109頁には「確定損としての貸倒損失」とし,谷口勢津夫「貸倒損失」日税研論集47巻126頁にも「貸倒損失は確定損で形式的にも実質的にも評価損ではない」とするが,評価損でないのに法人税法33条2項を持ち出すのは論理矛盾である。また,太田洋「金銭債権の回収不能に基づく貸倒損失」金子宏先生古希祝賀『公法学の法と政策・上巻』(平成12年,有斐閣)331頁には,法人税法33条2項から全額回収不能と強調されたのは法人税基本通達9-4-1が創設された昭和55年頃との指摘がある。
(67) 金子・前出注(23)116頁。
(68) 山上一雄『財務整理と清算の実務全書』(平成7年,税務研究会)104〜105頁。一般に,貸付債権に元利延滞が生じ債務者が破綻に瀕するような場合,貸借対照表・損益計算書が真実を反映しているとは容易く措信できず,まして清算価値を捕捉することは困難が伴う。
(69) 浦野広明「銀行が法人税の計算上貸付金を回収不能だとして損金算入(貸倒損失)したことを否認した課税処分が適法と認められた事例」判時1803号177頁。
(70) 松下淳一「企業結合の倒産法的規律(3)」法学協会雑誌110巻3号313〜322頁。
(71) 品川芳宣教授は「当該債権が無担保であるか,担保権付でも劣後的で回収が困難な場合は貸倒れである」と説くが(品川・前出注(59)30頁),当該債権に担保権が設定されていても,それの行使が制約されている場合は,無担保と同様に取扱うべきであろう。
(72) 広島高裁昭和57年2月24日判決(税資122号355頁)並びに名古屋高裁平成5年9月30日判決(税資198号1213頁)は,担保付債権の一部しか回収できない場合には,無担保債権は全額貸倒れとする。
(73) 瀬戸口有雄『貸倒損失の税務』(平成14年,税務研究会)69〜75頁。
(74) 河本一郎=岸田雅雄「税法上の会計処理方法と商法との公正妥当な会計処理の基準との関係について」『会社法・証券取引法』(平成17年,商事法務)310頁。
(75) 金子・前出注(23)117頁。
(76) 矢沢・前出注(48)316頁。
(77) 麻生重機「地価下落期における最低売却価額」金法1311号7〜8頁。山崎敏充「東京地裁執行部における不動産競売の現状と課題」金法1454号9〜10頁。
(78) 田中康久「バブル崩壊後の破産・和議事件の特徴と諸問題」金法1339号6頁。
(79) 河本=渡辺・前出注(45)77頁は「JHL社の1兆円の資産価値は政府案が実現することを前提に画定されており,この政府案は母体行債権の全額放棄と系統債権(JHL社では1兆円)の全額弁済を基幹としているから,1兆円の資産価値の存在を理由として母体行債権が回収できるとするのは論理矛盾」とし「法的整

理に移行した場合には，ＪＨＬ社の資産価値は１兆円と比較して著しく低い数値となる」旨を指摘している。また，法的整理に移行した場合には，受皿会社(住専処理機構)に資産の一括譲渡ができず，個別物件毎に競売手続きで換価することになるから，１兆円の資産価値など実現しないと説くものとして，武藤佳昭「住専向け債権の貸倒れに関する東京地裁平成13年３月２日判決(平成９年(行ウ)250号)の焦点」税経通信56巻９号43〜44頁を参照。

(80) 債権者間の利害が対立しこれを調整したのが平成７年12月19日閣議決定であることにつき，錦織淳＝深山雅也「債権放棄をめぐる税務上の取扱いは今後どのように変容していくべきか(上)」ＮＢＬ810号57〜59頁，錦織＝深山「同(下)」ＮＢＬ811号77〜78頁を参照。

(81) 品川・前出注(59)32頁，木村・前出注(53)168頁，秋山忠人「興銀事件」税務弘報49巻11号87頁。

(82) 管財人として豊富な経験と実績を有する松島英機弁護士は「法的整理でも母体行の負担は債権全額で変わりがない」との意見を述べており(甲498号証)，本件第一審・東京地裁平成13年３月２日判決も「ＪＨＬ社が破産手続きに移行したとしても，原告は債権届出を辞退し回収を断念すべき」旨を判示する(第一審判決文239頁)。

(83) 玉国・前出注(1)11〜12頁。

(84) 最高裁平成16年７月16日第二小法廷判決(裁判所時報1368号327頁)。

(85) 同旨のものとして最高裁昭和36年８月８日第三小法廷判決・民集15巻７号2005頁，最高裁昭和43年11月15日第一小法廷判決・判時538号47頁，及び最高裁昭和53年７月17日第二小法廷判決・判時909号48頁などが挙げられ，何れの論旨も裁判所が採用した書証の内容は，それを阻却する反証がない限り否定できないとしている。

(86) 国税庁は「母体行の債権放棄が揃ったときに損金に認容する」との方針であり，当初から貸倒れの検討を省いていたと認められる(末尾の(資料６)の(一)の５及び(二)の１を各々参照)。

(87) 第一審・東京地裁平成13年３月２日判決は，第一次再建計画によって系統債権が全額有担保となり母体行は債権の一部を無担保の手形貸付に変更し，第二次再建計画で母体行・非母体行の間で格差を設けた金融支援措置が講じられ，③母体行は債権の一部を資本金に振替えたとする(第一審判決文138頁及び154頁)。これら事実からＪＨＬ社の再建が失敗に終わった以上，母体行は非母体行に対して対等な立場で弁済を受けることが不可能としている。

# 第3章

# 貸倒れの判定と寄附金規定との関係

＜本章における問題の所在＞

　法人税法37条の寄附金においては，企業会計の上で適正に費用・損失として計上された金額であっても，所定の条件を充たすものについては一定の限度を超える額は損金に算入しない旨を規定している。これは法人税法の「別段の定め」として同法22条3項の規定に優先して適用されることになり企業会計と税務会計との永久差異を形成することになる[88]。

　そこで，債権の貸倒れが損失として同法22条3項の損金に算入される基準について，法人税法の固有の規定である寄附金との関係を多面的に検討し，そこから誘導される事項について所見を述べることとする。

## （一）　寄附金を別段の定めとした趣旨

### 1　寄附金の法的性質

　法人税法37条7項には「寄附金は，その名義の如何を問わず金銭その他の資産または経済的利益を贈与若しくは無償供与すること」とされ，それは「通常の意味における寄附金よりもはるかに広い概念であり，それが法人の事業との関連性を有しない場合には利益処分の性質をもつと考えるべき」旨が指摘されている[89]。この無償供与とは，対価またはそれに相当する金銭等の流入を伴わないことを意味しており，結局のところ，寄附金の判定は事業関連性と対価性とがキーワードとなるものと考えられる。

　このような寄附金規定が法人税法の固有の概念として設けられたのは，昭和17年の臨時租税措置法の改正によるものであり[90]，その意図は法人が独自に社会貢献をなし税負担が減少するのを防ぐことにあった。法人が任意に公共事業に類する負担を引受けて社会貢献をなすことは直接の対価性を追求するものではなく，また直接の事業関連性も乏しいものであり，武田昌輔教授の表現を借りれば美名的な節税行為と称するべきものである[91]。

### 2　利益供与と対価性との関係

　寄附金規定における対価性に関しては不確定概念とまでは言えないものの，具体的にどのように認識するかについて明確ではない。たとえば，法人税法37条7項括弧書には「経済的利益が無償で供与された場合でも，それが広告宣伝費・見本品費・交際費・接待費・福利厚生費とされた場合には寄附金の額から除く」とされている。これは，収益・費用対応の原則に従った考え方であると

しても，広告宣伝費等の対価性は不明瞭であり，無償の供与か有償の供与かの区分は一義的に明白ではないと思われる。

また，寄附金解釈の一部をなす法人税基本通達9－4－1には「今後より大きな損失を蒙ることを回避し…社会通念の上で相当の理由がある場合」と例示しており，その意味は漠然とした対価性を表現したものであろうが，この「今後より大きな損失」を客観的に認識し具体的に評定するのは困難である。

なお，貸倒れ判定の上で，売掛債権に係る法人税基本通達9－6－3(2)の例示から「債権からの回収額が取立に要する費用に満たない場合に損金経理によって貸倒損失の計上が認められる」とし，また最高裁昭和34年5月12日第三小法廷判決（税資27号468頁）にて支持された仙台高裁昭和31年7月31日判決（税資27号470頁）を引用し「債権からの回収額と取立費用とを比較して経済性等を考慮する」との見解がある[92]。これらは現実的な回収見込額と回収に要する費用見積額との対価性を検討して回収不能か否かを評定するものであり，寄附金の判定基準と通底するものである。

## 3　負担の移転と事業関連性

前述のとおり，戦時下の昭和17年に寄附金規定が設けられたのは，戦費調達に主眼を置き，法人の美名的寄贈行為を抑制する趣旨によるものであるが[93]，これとは別に法人が事業遂行上必然的に生じたトラブルを解消するために止むを得ず出捐をなした場合には，それが金銭贈与か債務免除かを問わず原則として寄附金の対象とならないと解するべきである。前述の法人税基本通達9－4－1には子会社等の等について「資本関係のみならず人的関係・営業関係・資金関係を含む」とする[94]，これは損失負担を引き受ける債権者と債務者との事業関連性に着目したものであるが，事業関連性にも濃淡があり一律に子会社等の等に包摂するのは些か疑問がある。この通達が新設された昭和55年当時，我が国では欧米諸外国とは異なり「連結納税制度」が設けられておらず，親会社が危機に瀕した子会社に対して有限責任を盾に手を拱くことは妥当ではないと

して，税務上も親会社の支援を弾力的に取扱う趣旨であると説明されてきた[95]。しかし，その後の税制改正によって「連結納税制度」が設けられており，この通達の役割は殆ど終了したと考えられる。なお付言すると，親会社が子会社に対して支援をなすことやこれに準じて親密先に対して債務免除等を行うことは美名的寄贈行為と無関係であり，本来の意味での寄附金に該当しないと解するべきである。

## （二） 貸倒れの判定と寄附金規定の援用

### 1 金銭債権による与信行為

　所得税法では貸付債権の貸倒れについて，納税者の請求が棄却された判例が多々みられるようであるが[96]，これは個人事業主が法人又は個人に対して金銭の貸付を行うべき業務必然性が乏しいからであると考えられる。この点は，一般事業法人においても他の法人に金銭の貸付を行うべき業務関連性が存するのは，子会社など親密先に限られるから，個人事業主や一般事業法人の貸倒れの問題は主として売掛債権に焦点を当てるべきである。そして売掛債権の焦付きは，買い手（債務者）に商品の引渡しが完了し代金決済未了の間に生ずるのであり，所得税法・法人税法ともに未必所得に担税力を認めて税負担を課すのであるから，期日が到来しても未だ代金が決済されない事態が発生したときには直ちに帳簿から除外して損金の額に算入すべきであると考えられる[97]。その意味で「取引停止後1年の経過」を持ち出す法人税基本通達9－6－3(1)の例示は過酷なものであり，通達の前文に明記された条理・社会通念に適合しないものであろう。

　他方，貸付債権の貸倒れの問題は，主に貸付業務を反復・継続して行う金融業ないし保険業を営む法人を主な対象とすべきであり，金融機関と一般事業法人とは貸付金の貸倒れについて局面を異にすると解するべきである[98]。

### 2 利益供与と債権切捨てとの関係

　債権者が債務超過に陥った債務者に対して回収断念の意思表示をなした場合[99]，これを法人税法上どの様に取扱うか検証すべきである。

たとえば，債権者が法的に可能な全ての手段を尽くしたときには幾許かの回収が図りうると認定された場合であっても，これが直ちに経済的利益の無償供与とはならない。すなわち，前記(一)の２で述べたとおり，一部回収可能額が回収費用を下回るときには全額無価値とみることになる。このことは法人税法37条8項が「当該対価額と当該価額との差額のうち実質的に無償供与と認められる金額のみを寄附金とする」旨を定めていることからも明らかである。

　したがって，寄附金規定を援用して貸倒れの判定基準について検証すると，①債務者が無資力に陥っている必要はなく，また②対象債権の全額が既に無価値に帰している必要性がないと考えられ，要するに対価性の意義を斟酌して回収不能の度合を判定すべきであり且つそれが合理的な解釈であると考えられる。

　この点，法人税基本通達9－6－1には貸金の全部又は一部を切捨てた場合の貸倒れについて例示するが，この例示は必ずしも論理が整合しているとは思われない。すなわち，同9－6－1(1)・(2)では，法的手続きで債権を切捨てた場合を例示するが，会社更生法や民事再生法では裁判所の監督・後見の下で債権者集会が開催され法定多数の原則によって債権者間の合意が成立するから，更生計画や再生計画の協定認可は合意の確認に過ぎない。この合意により各債権の回収不能額が確定するから，裁判所からの通知を受けて各債権の全部又は一部を切捨てたかどうかは合意の内容を追認する形式的な行為である。この合意の有無が全てを律するのであって，裁判所の監督・後見が存しない私的整理手続き（同9－6－1(3)の例示）の場合であっても関係者の合意が成立していれば，特段の事情がない限り，その合意効力は当然に有効である。なお付言すると，合意の効力によって当該債権が無価値となったときには，それが全部か一部かを問わず寄附金に該当することはない。

## 3　法人の清算と貸倒れ通達との関係

　ある会社が解散するに至った場合に，汎用的に採られるのは商法上の特別清算であるが，これに代えて清算人が各債権者と個別に協議して債権者の譲歩に

よって債務超過を解消する場合には個別に和解契約を締結することになる[100]。この場合には法人税基本通達９－６－１(2)ではなく同９－６－１(4)の例示が当て嵌まるが、この通達に関する国税庁の解説には「債務者に対する債務免除が贈与と認められるときには、その免除額は単純な損金と認められず、別途、寄附金の損金算入限度を計算する」としている[101]。

　しかし、これはおかしな議論である。先ず、この通達の前段には「債務超過の状態が相当期間継続し弁済が受けられない」と例示しているから、贈与が成立するには「弁済を受けられる」ことが前提となり、且つ債務超過の度合いに応じて弁済を受けられない額が算定され損金として計上される。また、敢えて各債権者間の債務免除の割合に歪みがあると想定しても債権者間で贈与が成立するか否かの問題に限定され、債務者に対する贈与は成立しない。次に、個別の和解契約は債務超過を解消する限度において債務免除を行うから無価値部分の免除は贈与に該当しない。それゆえ、この解説が法人税法37条２項の「損金算入限度額の計算」を持ち出すのは唐突であり甚だ違和感がある。

## （三） 寄附金規定の適用と判例の動向

### 1 貸倒れの否認と横浜地裁平成5年4月28日判決

　掲題の判決（税資195号199頁）は，債務超過の状態にある子会社の解散に伴って親会社（原告）が行った債権放棄について，当該債権は回収不能の状態になく係争年度（昭和59年3月期）の寄附金に算入するのが相当と判定している。この事案の事実関係は，土木・建設業を営む原告（大進建設株式会社）とゴルフ場建設を企図する子会社（訴外㈱緑営）との間で昭和52年9月に請負契約を締結して建設に着手し，昭和59年4月に正式オープンに漕ぎ着けたが，これに先立つ同年3月27日付けで緑営は解散し同30日に原告が債権放棄（20億円）を行って放棄された額を損金に計上して確定申告をしたところ，横浜中税務署長がこの申告を否認し更正処分をなしたものである。

　本件では，解散時における緑営の財務状況は資産価額が38億円で負債価額が46億円であることに争いはなく，また昭和59年4月に緑営は本ゴルフ場を21億円で豊平カントリー倶楽部に譲渡したことに争いはない。専ら原・被告の間で争われたのは，①資産の大宗を占める有形固定資産37億円の弁済原資としての価値評価であり，②負債中の長期預り保証金（ゴルフクラブ入会金12億円）を弁済すべき額に含めるかであった。

　本地判は，造成費を時価に含めることに疑念を示しながら原告提出の本ゴルフ場の鑑定評価額（21億円）を採用していない。当時（昭和55〜58年）の斯業界では，ゴルフ場（18ホール）の取得価額は"1ホール当たり1億円"とするのが常識的な相場であったから，完成後の本ゴルフ場の市場価値を21億円とした鑑定評価を斥けるべき具体的な理由が不明であり，また本地判は，長期預り保証金（ゴルフクラブ入会金）を弁済すべき額から除外することを肯定してい

るが，ゴルフクラブ入会金はメンバー・プレー権を対価とする期限付き債務であるから，これを除外するべきではない。

翻って，原告が，ゴルフ場建設が水害に遭遇し難航している際に本件貸付金を供与して援助を行わなければ緑営は途中で建設を断念し破綻したことは明白である。しかるに出来上がったゴルフ場の資産価額は通常の相場より割高となっており，これを円滑に運営するには「過大債務の圧縮が必要」とする原告の判断には無理からぬ面があり，正式オープンを間近に控え，損切りを行ったことに合理性を欠くことはない。

結局，本地判は，債務者（緑営）が特定の時点で債務超過の状態にあるからといって，徒にこれを重視すべきではないとして，債務者（緑営）から本ゴルフ場を譲り受けた新会社（豊平カントリー倶楽部）がその後「順調に収益をあげている」ことを判断の拠りどころにするが，仮に譲り受けた会社が水脹れした資産と過大債務をそのまま継承していたならば順調に収益を計上できたか否かは甚だ疑問である。

そして，債務者はゴルフ場を譲渡し解散したのであるから，本件債権放棄の寄附金性の判定はあくまで緑営の清算価値を前提にすべきであるが，しかるに"解散しないで存続していれば順調に利益を上げていたことも十分に考えられる"との見地から本地判が判断することは前提条件との整合性を欠ものである[102]。

もっとも本地判は，債権放棄に付された撤回条件の効力に拘らず寄附金算入を是認しているが，寄附金は非可逆的であるから，その判断に限っては妥当といえる。

## 2　貸倒れの否認と東京地裁平成12年11月30日判決

掲題の判決（訟月48巻11号2785頁）の事案は，経営不振に陥った子会社向け不良債権を回収すべく親会社（原告）が子会社の発行する増資新株を額面より著しく高額で引受けて，その株式を非同族会社に低額で譲渡したことによって

生じた有価証券売却損（2億円）を損金とし確定申告した，これに対して日本橋税務署長は，「この有価証券売却損は，回収不能の状態にない貸付金を損金算入する不合理・不自然な行為・計算であり寄附金に算入するのが相当」としたのである。この件の事実関係をみると，親会社（スリーエス株式会社）は平成4年頃に子会社（スリーエス総研株式会社）がソフトウエアの開発費が嵩むなどして経営不振に陥ったので，同社を倒産させることなく不良債権化した貸付金の回収を企図したものである。そのため上記のとおり，高額で増資引き受けをなした上でその株式を処分し売却損を計上するといった一連の行為により実質的に本件貸付金（2億円）を無税償却しようとしたものである[103]。

　本地判は，増資払込みによって回収される以前の本件貸付金が回収不能と認められるかは「債務者の資産・負債の状況，支払能力，債権者及び債務者が置かれている経済的状況など諸般の事情を総合的に考慮して，社会通念上債権の回収が不能であるときに損金に算入できる」として，本件では弁論の全趣旨及び税理士でもあった原告代表者自身も「本件貸付金を回収不能として損金に算入できるとは考えていなかった」と認定している。その上で，一連の行為は正常な経済取引とは認められず法人税法132条（同族会社の行為・計算の否認）を適用するのが相当とし，さらに子会社に対する株式の額面金額を超える払込みは対価性のない支出であると認定している。

　確かに，増資払込みによって本件貸付金を全額回収したことは事実であるが，納税者が払込により取得した株式を傘下会社に処分して売却損を計上し，その金額を損金として申告した行為に恣意性を否定できない。この事案では，回収不能に至っていない本件貸付金を複雑な技巧を凝らして損金に算入し申告したこと自体が違法性を帯びて合理的でなく，寄附金に該当すると解するべきである。

## 3　寄附金規定と支出の基準

　既述のとおり，貸倒れの判定は法人税法22条の規定に従うが，上記の判例の

ように貸倒れが否定された場合に寄附金に算入される事例がしばしば散見される。たとえば，名古屋地裁平成8年3月22日判決（税資215号960頁）の事案では，納税者が保有債権を損金経理し申告したことについて，当地裁は「債務者に対し合理的な再建計画の立案を促し当該債権を分割弁済するよう指導すれば，長期間を要するとしても回収が期待できる状態にあったことから寄附金の供与としての任意性を欠くことはない」としている。しかし，この長期を要する期間が法人税基本通達9－6－6に例示する5年を超えるような場合には，再建計画の如何に拘らず回収不能と判定すべきである。

この法人税法37条は同22条の「別段の定め」に該当することから，寄附金規定が優先することは同22条の法意を損なうことにはならない。ここで留意すべきは寄附金規定が"支出を基準"とする点であり，以下このことについて詳らかにする。

そもそも金銭消費貸借契約では金員が支出されて初めて発効し，債権償却は回収断念の意思表示であるから，償却され損金に算入されて確定申告がなされた場合には寄附金規定の要件を充たしている。このことは最終的に最高裁昭和49年5月31日第二小法廷判決（税資75号764頁）にて支持された東京地裁昭和47年5月24日判決（税資65号1007頁）の論旨からも明らかである。すなわち，この事案では，納税者が「前所有者が詐害行為取消権を行使されたことを踏まえ当該建物の帳簿価額を雑損失に振替える会計処理」をなし「雑損失を損金に算入」して確定申告を行った。これに対して課税庁は「雑損失に振替えたのは前所有者に対する不当利得返還請求権の放棄を意味するから，これは寄附金の支出に該当する」として更正処分をなし，当地裁判決は，これを適法として是認している。

また，興銀事件の対象となった平成10年3月31日再更正処分においては，BJS社の特別清算申立てによる間接償却（債務免除が介在しない）がその一部を構成している。この事案では，課税庁はBJS社向け債権の形式基準（貸倒れ通達9－6－5）を適用した損金計上を更正して金員が支出された時点に遡って債権の一部を寄附金に算入している。

この寄附金算入が一部となったのは無価値部分を除外したからで，法人税法37条は「寄附金となるのは経済的利益が無償で供与された額」と規定しており無価値の部分は他に移転しても当然に寄附金とならないのであり，いずれにせよ本件寄附金算入は納税者が間接償却により損金に計上したのであり債務免除は介在していない。

　これらの事例では，対象となった資産を貸借対照表から減額し損金に計上して確定申告をなしたことについて，課税庁は，前所有者に対する追求を断念したとか，債務者に対する回収を断念したと各々認定して，何れも寄附金の支出に該当するものとして判定しているのである。

　しかし，これら断念の意思表示をもって直ちに無償の利益供与とすべきか否かは疑問がある。若し権利の追求や債権の回収に注力したとしても，それに要する労力，債権額と取立費用との比較衡量，さらに回収を強行することによる経営的損失などが総合的に考慮されるべきものである。換言すると，回収を強行した場合に被る損失見込額と回収を断念した場合に失う利益見込額とが対比されるべきであり，上記の事例に関する課税庁の執行は寄附金規定の本旨に叶うかどうか不明である。

## （四） 部分貸倒れと寄附金規定の論理

### 1　法人税法の貸倒れの取扱い

　法人税法は昭和25年に貸倒準備金を新設したが，これが設けられた趣旨について「貸倒準備金は，貸倒損失が生じた場合における損失の補塡に充てるのであるから，法人が有する貸金に貸倒れが生じ，当該貸金の全部又は一部の消却をなす場合には，その消却をなす日において有する貸倒準備金の金額のうち，貸倒損失額に達するまでの金額を取崩してその貸倒損失の補塡に充てなければならない」としており，「貸金の回収不能については大体次に掲げるような場合においては，これを認めることになっている」として網羅的に列挙している[104]。すなわち，
　①　債務者が破産，和議，強制執行又は整理の手続きに入り或いは解散又は事業閉鎖を行うに到った場合
　②　債務者が死亡・失踪・行方不明・刑の執行その他の事情による場合
　③　債務超過の状態が相当期間継続し事業再起の見透しがつかない場合
　④　天災事故その他経済事情の急変により回収の見込みがない場合
　⑤　債務者の資力喪失等のため債権の放棄又は免除を行った場合
　⑥　前各号に準ずる事情があり回収の見込みがない場合
　この例示は貸倒れ通達の原点というべきものであり，その後に貸倒れ通達は幾度となく変更され今日に至っているが[105]，改編された通達の内容は上記①～⑥の例示を単に組合せたか簡素化したものに過ぎない。また，貸倒準備金は昭和39年に貸倒引当金に改編され今日に至っているが，平成10年に個別貸倒引当金が組み込まれるまでは形式的な評価性引当金として機能するに過ぎなかった[106]。

## 2　部分貸倒れ否定の論理

　上記の昭和25年の基準では貸金の全部又は一部の貸倒れを対象とし，昭和39年の改正においても部分貸倒れを否定していない[107]。これからは，法人税法33条2項は「金銭債権の評価減を認めていない」ので「部分貸倒れを容認できない」とするのは後から取って付けた見解であると考えられる。したがって，債権者が諸般の事情を慎重に考慮して回収を断念した場合，当該債権の回収不能部分を特定し損金の額に計上するのが妥当である。これに対し，債権の部分評価は困難が伴うとして部分貸倒れを排除する考え方が根強い[108]。

　興銀事件の控訴審である東京高裁平成14年3月14日判決は「債権の無価値部分を確定的に捕捉することは困難である」とし「債権全額の以外に貸倒れは認められない」としている[109]。もっとも，岸田貞夫教授は債権の部分評価が困難とする理由として「債権売買市場が未成熟であった」とするが[110]，近年バルクセールの市場が形成されたのを受けて，不良債権の売買価額は殆ど無価値に近い水準（元本の1割以下）で取引されていた[111]。そもそも市場形成の如何に拘らず，債務者が債務超過に陥って支払能力に欠陥がある債権に対して「正常な買い手」が現れることは皆無とみるべきであり[112]，このことからは株式と同様に「深刻な債務超過に陥って弁済資力に疑義が生じた場合」には債権の市場価値は限りなくゼロ評価に近似すると解するべきである。

　売買市場の形成の問題は措くとしても，貸倒れの判定において債権全額に限るのは税務執行上いたずらに貸倒れの判定を厳しく運用し課税庁の利便性を図るだけのものであると考えられる。究極的に貸倒れの判定は事実認定の問題に帰着すると解するのであれば[113]，当該債権の無価値部分がどの程度かを分別することも事実認定に含まれるのであるから，債権の全部か一部かは五十歩百歩の問題に過ぎないと評価される。そして，債務超過の度合いや担保による保全状況から当該債権の回収不能部分を測定することは比較的容易なことであり，これを困難とするのは単なる言い訳に過ぎない。

## 3　寄附金の解釈と通達の射程

　寄附金規定は，前述のとおり，経済的利益が移転した場合，その移転額から無償供与の額を特定して寄附金に算入することになる。仮に債権のうち無償供与の部分を確定的に捕捉することは困難であるとすれば寄附金規定の運用は不能に帰すと考えられ，これらを踏まえ寄附金に関する判例の動向について概観してみる。

　先ず，東京地裁平成3年11月7日判決（判時1409号52頁）は，「その対価とその譲渡又は供与の時における資産等の価額との間に差額がある場合には，その差額のうち実質的に贈与したと認められる金額が寄附金の額に含まれる」とし，系列会社に対して行った売上値引（売掛債権の一部免除）について，「経済的利益の無償供与とはその取引行為の時点でみて自己の損失において専ら他の者に利益供与する性質を有するものであり，その取引行為の時点で自己の利益を生ずる可能性があると見られた行為が，その後結果として自己の不利益となり，専ら他の者に利益供与することになったに過ぎない場合にも，これを以ってなお無償供与とみることは相当ではない」旨を判示する[114]。

　次に，興銀事件の第一審である東京地裁平成13年3月2日判決は，「法人税法37条は，法人がした経済的利益の無償供与は寄附金とするが，債権放棄の中には債務者に経済的利益を与えることよりも，それによって自社の利益を図ることを主たる理由にする場合があり，そのことからすると利益供与の全てを無償のものと評価するのは妥当ではない」として，「利益供与に経済的合理性があり，税法上これを損金と評価しないと納税者に有害無益な行動を強いるなど不合理な結果を招く場合には寄附金ではなく損金に算入するのが法人税法の正しい解釈である」旨を判示している[115]。

　この寄附金解釈の一場面を示す法人税基本通達9－4－1の例示を貸倒れの判定に引用する学説がみられる[116]。しかるに，法人税基本通達の立て方は，第9章の第4節が「寄附金」であり同6節が「貸倒損失」であるから，法人税

基本通達9－4－1はあくまで寄附金の範疇に属するのであって、貸倒れの判定に法人税基本通達9－4－1のみが独立して介在することは有り得ないと解され、以下この点に触れておく。

## 4　法人税基本通達9－4－1の論理

上記のとおり、法人税基本通達9－4－1は、①「子会社等の解散・経営権の譲渡に伴う」と例示するが、これは子会社など親密先の事業撤退に係る費用との事業関連性を意識したものと解される。また、既に述べたとおり、②「今後より大きな損失を蒙ることを回避する」との例示は対価性を表するものであるが、しかし③「社会通念上相当の理由がある」との例示には問題がある。なぜなら、相当の理由それ自体が不確定概念であり[117]、本通達の適用に当って相当の理由がないとして排除することは許されないと解すべきである[118]。

しかるに、前述の横浜地裁平成5年4月28日判決や興銀事件の控訴審である東京高裁平成14年3月14日判決は何れも法人税基本通達9－4－1の適用を排斥している。

これらの判例は、結局のところ「債権放棄に解除条件が付された」ことを奇貨とするようである[119]。しかし、寄附金は「支出を基準」[120]としているから、債権放棄の効力が意思表示の時点で発生する以上、対価性・合理性がない場合には寄附金の額に算入するのが論理の帰結であり、その意味で横浜地裁平成5年4月28日判決と東京高裁平成14年3月14日判決とは当該事業年度の損金算入を否認する上で同じであっても論理展開を異にするものである[121]。

## 5　寄附金と条件付法律行為

前述のとおり、寄附金は支出を基準とし不可逆性を有するから、上記の横浜地裁平成5年4月28日判決で明らかなように一旦寄附金に算入されたときには、後日条件が成就してもこれに左右されることはない。興銀事件の控訴審である

東京高裁平成14年3月14日判決が是認した平成8年8月23日更正理由書（甲1号証）には「債権放棄による経済的利益の供与が寄附金に該当しない場合には，債権放棄は確定を要すると解される」としているが，この更正理由も寄附金が支出を基準とし不可逆性を有することを意識したと思われる。

　興銀事件では，再建時の経緯・合意により係争年度の時点で債権全額が無価値に帰していたが，課税庁が種々の思惑から貸倒れの検討を排除したからには，通達の適用に固執するのではなく寄附金規定の本旨に沿って判定すべきであった[122]。そして，仮に課税庁が本件債権に無償供与の部分が存するか否かを客観的に見積ったとすれば，興銀事件の第一審である東京地裁平成13年3月2日判決や最高裁平成16年12月24日判決（判時1883号31頁）と逆の結論に至ることは無かった筈である[123]。

＜この章のまとめ＞

　興銀事件の最終審である最高裁平成16年12月24日判決は，その論旨において債権の貸倒れ判定は社会通念を規範とすべき旨を示すものであるが，これに先立ち売掛金と貸付金とは債権（貸金）の定義に包摂されるとしても，貸倒れを詮議する上で両者は区分する必要があると考えられる。

　昭和25年から幾度かの改編を経た貸倒れ通達は，主に売掛金を念頭に置いたものと推測され，また，今迄の貸倒れをめぐる諸判例には貸付業務を主業とする金融機関に関するものは存在しない。本来，法人税基本通達9－4－1の例示は親子会社を対象としており，金融機関の不良債権処理の基準となるべきものではない。翻って，上記の最高裁判決はあくまで金融機関の貸付金の貸倒れを対象としており，この判旨を一般事業法人の売掛債権の貸倒れに当て嵌めるには幾つかの点で無理がある[124]。

　そして，債権の貸倒損失については，商法のみならず税法にも明文の規定がなく会計原則も基準を明示してはいない。したがって，貸付金の貸倒れについて法人税法の上で判定するには倒産法制の趣旨を吟味した上で，寄附金規定を援用することが至当と考えられる。この場合，一般事業法人では，先ずは債務者に対して金銭貸付を行うべき業務関連性の有無が詮議されなければならない。また，債務超過に陥って支払能力に欠陥がある債務者に対して回収を強行した場合の利得と有形・無形の反対給付との対価性を検討すべきである。この対価性の判断には法人の社会的・道義的責任も考慮されるべきであり[125]，本最高裁判決の論旨や社会通念の基準には，このことが示唆されていると解するべきであろう。なお，金融機関の貸倒れについては，大蔵省金融検査部の幹部が役職名を付し執筆した論文（粕谷光司「金融機関の不良債権の償却」金法701号6頁，13及び14頁）には，「債権が存在しても経済的に無価値であるときとか，債権の取立費用が債権額を上回っているなど，社会通念上取立が不可能であるときには商法285条ノ4第2項の取立不能に該当する」とした上で，「税務上貸

第3章　貸倒れの判定と寄附金規定との関係　65

倒れとして無税償却が認められるべき事実認定については，回収不能とは，債務者の返済能力を超えているという意味ではなく，債務者の窮状がもう少し進行して，社会通念上，現在のみならず将来に亘って回収を期待できない状態にあり，且つ，かかる状態が客観的事実により容易に認定できる場合を指す」旨を明言している（傍点筆者）。

　この論旨は従来から金融機関の債権償却に定着しており上記の最高裁判決や第2章の(一)の1にて指摘した学説と通底するものであるから，一義的に資産の健全性を図るべき銀行経営にとって常に留意すべき視点といえよう。

＜注＞
(88)　企業会計の立場からこの点に言及するものとして，伊藤邦雄『ゼミナール現代会計入門（六版）』（平成18年，日本経済新聞社）52頁，202〜203頁を参照。
(89)　金子・前出注(46)312頁。
(90)　武田昌輔『立法趣旨　法人税法の解釈』（平成10年，財経詳報社）217〜218頁。
(91)　武田昌輔『税務会計論文集』（平成13年，森山書店）175〜179頁。
(92)　大淵・前出注(65)12〜14頁。
(93)　法人が自らの負担で例えば主力工場周辺で河川の橋梁や堤防の新設・改修によって地域に貢献するような行為を制約することが果たして真に望ましいかどうか改めて検討すべきであろう。なお，昭和17年当時は寄附金規定による税収は軍備増強に充てられた筈である。
(94)　この通達の解説として，奥田芳彦編著『法人税基本通達逐条解説』（平成16年，税務研究会）726〜728頁を参照。
(95)　渡辺淑夫『法人税法解釈の実際』（平成元年，中央経済社）369頁。
(96)　この点について，谷口・前出注(66)107〜112頁を参照。
(97)　この点について，中井稔「貸付金の貸倒れと法人税法との関係」税経通信60巻3号34頁を参照。また，未必所得に関して最高裁昭和49年3月8日第二小法廷判決（民集28巻2号186頁）を参照。
(98)　一般事業法人が子会社の資金調達に関与するのは，子会社のために金融機関に対し債務保証を行うのが通常であり，また実際に債務保証の履行を求められるのは子会社が破綻した場合である。したがって，子会社に貸付金を直接供与すること自体が異例である。
　　　なお，法人税基本通達2－1－24（貸付利子の帰属時期）の解説は「発生主義による収益の計上基準として金融機関のような利子収入を主たる事業収入とする場合は格別として，利子収入を営業外収益とするに過ぎない一般事業法人の場合まで，この原則を一律に適用するのは必ずしも妥当ではない」旨を述べている

(奥田・前出注(94)766～767頁)。
(99) 回収断念の意思表示は寄附金の支出の基準を充たし債権償却や債務免除は意思表示の確認的な手続きに過ぎない、この点につき中井・前出注(97)34頁を参照。
(100) 才口・前出注(32)191頁。
(101) 奥田・前出注(94)766～767頁を参照。
(102) この事案に関する詳細は、中井稔「貸借対照表の複合的な機能とその活用について」経済論叢（京都大学）178巻1号1頁を参照。
(103) 中里・前出注(52)税研46頁以下は、本件及び類似案件について触れている。
(104) 明里長太郎『税務と会社経理』（昭和25年、日本税経研究会）237～238頁。及び昭和25年9月25日直法1－100通達［116］。
(105) 昭和39年改正（直審(法)89通達）について、中村平男「貸倒損失の判定等の取扱の改正について」税務弘報12巻9号55頁以下を参照。
(106) 武田・前出注(90)185頁には「債権の評価は貸倒引当金で行い得る」とするが、洗替え方式と法定繰入率が組込まれた貸倒引当金では個別債権への対応は限定的である。尚、この改編の影響については第5章の(一)の2にて後述する。
(107) 中村・前出注(105)59～60頁は「貸金に抵当権が設定されている担保物がある場合には、処分が容易でない担保物や、その担保が三番抵当や四番抵当といった劣後的であり優先者が殆んど先取りし、自己に配分される金額が何程かもわからず、且つ配分されたとしても些少であると予想される場合に、当該貸金の貸倒れ処理が認められる」旨を説示している。この解説は単一の債務者に対して複数の貸金が存在することを前提とし、優先抵当権付の貸金に担保処分額が殆んど充当されるような事態では残る貸金は全額貸倒れであると認めている。しかし、抵当権が一番から四番まで設定されているような状況は売掛債権では通常想定されず、専ら貸付債権の問題であると思われる。
(108) 債権の部分評価を認めないのは客観的な評価が困難とする見解として、岸田・前出注(54)29頁及び中村・前出注(105)56頁を各々参照。
(109) 興銀事件の控訴審・東京高裁平成14年3月14日判決は、「債権の無価値部分を確定的に捕捉することは困難」とする一方で「法人税基本通達9－6－1(4)は債権の回収不能部分を特定して債務免除を行ったときに貸倒れを認めている」と意味不明な説示をなした上で、本件債権は「債務者に債務総額の4割に当る資産が残されており貸倒れではない」とする。これからは本件債権の6割相当が無価値であることは自明であり、裁判所は、残る4割相当が如何なる状況下で回収不能であり、逆に如何なる条件下で回収可能かを詮議し判定すべきであろう。
(110) 岸田・前出注(54)29頁を参照。
(111) 品川芳宣「含み益、含み損に関する法人税法の課題」税経通信54巻7号22頁。
(112) 株式上場市場においても、株式発行者が無配に陥り債務超過の状態が相当期間継続した場合には上場廃止処分となり、取引自体が成立しない。
(113) この点を強調する見解として、佐藤・前出注(23)180～183頁を参照。
(114) 東京高裁平成4年9月24日判決（行裁例集43巻8＝9号1181頁）は「経済利益

の供与に経済取引として十分に肯定し得る合理的理由がある場合には、利益供与は寄附金に当らない」として本地判を確定させている。

(115) 興銀事件の最高裁平成16年12月24日第二小法廷判決は本地判を「正当」としているが、「正当」との評価は積極的に支持する趣旨である。この点について、大野正雄『弁護士から裁判官へ』（平成12年、岩波書店）50頁を参照。

(116) 鈴木一郎＝西山恭博＝平山憲雄＝山本哲郎『Q＆A不良債権をめぐる税務の手引』（平成9年、新日本法規出版）315～318頁。渡辺・前出注(95)377～380頁。

(117) 不確定概念のあり方について、武田・前出注(91)289～294頁を参照。

(118) 金子宏教授は「通達は、実際上納税者に対しても公開され、これを基準に課税が行われるという一種の予測可能性を与えているので、それが反復・継続して適用される場合には、それを納税者に不利益に適用することは許されない」旨を述べている（金子宏「総論―権利確定主義は破綻したか―」日税研論集22号17頁）。

(119) 本横浜地裁平成5年4月28日判決は「本債権放棄が寄附金に当ると認定された時にはこれを撤回する旨の通知は親会社たる原告の利益のみに着目した措置である」としている。本判決を分析するものとして、三木義一「貸倒れ損失としての債権放棄の要件」ジュリスト1066号248頁を参照。

(120) この点につき吉牟田勲『法人税法詳説』（平成6年、中央経済社）237～238頁を参照。

(121) 興銀事件の控訴審である東京高裁平成14年3月14日判決は「債権放棄に経済取引として十分に首肯し得る合理性がある場合には寄附金に当らない」とし「債務者と当該債権者との密接な事業関連性からして住専処理に伴って更に大きな損失を蒙ることは明らかといえる」としながら「政府案は農林系機関を優遇する内容であり本件放棄には無償供与性を否定できないが、本件放棄には解除条件が付され未だ確定したとはいえない」としている。しかし、「無償供与性を否定できない」との説示と「更に大きな損失を蒙ることは明らか」との説示とは矛盾しており、単に「債権放棄は解除条件付で確定しない」するだけは係争年度における寄附金規定の適用を否定できない。

(122) このような視点に立つものとして、玉国・前出注(1)23頁に収録された山田二郎弁護士の見解を参照。

(123) 谷口勢津夫「放棄された貸付債権相当額の法人税法上の損金該当性」民商法雑誌133巻3号518頁には「興銀が本事業年度に債権放棄をしないで貸倒損失を損金に算入していたとすれば、第一審は認めても最高裁は認めなかったであろう」とし、「放棄の日」との表現を重視するが、この「放棄の日」との表現は後日出状された最高裁インターネットの「要約」に用いられているに過ぎない。なお、平成16年12月24日付の判決文には「平成8年3月末までの間に…回収不能が客観的に明らか」としており、加えて最高裁判決は「第一審判決を正当」としているから両者の論旨に相違があるとは考えられず、本評釈の「本最高裁判決は、貸倒損失を債権の滅失・無価値化を内容とする『確定損』として純化させたもの」（同519頁）との所論は疑問があるが、この点は本書第6章にて再度触れる。

(124)　この点は中井・前出注(10)117頁を参照。
(125)　藤林益三元最高裁長官は，政府の閣議決定に先立ち「道義的責任が法的責任に転嫁すること」を強く示唆している（平成7年9月11日朝日新聞（朝刊）論壇記事）。

# 第4章

# 貸倒れの認定と
# 　　審査請求の意義

## ＜本章における問題の所在＞

　本件住専向け債権の貸倒れをめぐる係争は，国税通則法115条の定めから行政訴訟の提起に先立ち国税不服審判所の審査を経る要があり，平成8年8月30日の審査申し立てから平成9年10月27日の裁決まで1年2ヶ月の期間を費やして審理がなされている[126]。

　この国税不服審判所の裁決は，過少申告加算税の賦課処分を含めて興銀の請求を全面的に棄却したが，時期はともかく本件債権は「貸倒損失」に該当すると認定し，既に述べた「寄附金非該当の損失」とした国税庁の方針と一線を画して，その後の行政訴訟の帰趨に多大な影響を及ぼしており，この判断は事実認定によるものと認められる。そこで，審査請求における興銀側の主張・立証の概況と本件裁決の論旨を要約するとともに，準司法機関たる国税不服審判所の機能とその果たすべき役割の限界について触れる。さらに，事実認定の様々な問題と租税係争と密接に関連する数値測定の問題について言及してみる。

## （一）　本件更正処分と本件裁決

### 1　国税不服審判所の審査手続きと立証

　平成8年8月末から開始された審査において，請求人である興銀は代理人弁護士を中心として，審査請求書・反論書など8通を提出し3通の救釈明書を提出した。これに対して原処分庁・東京国税局からは答弁書・再答弁書が提出されたが，その内容は更正理由の表現を同義反復するだけであり，救釈明書などに対しては「新たな意見はない」とのみ記した意見書が提出された。僅かに平成9年1月14日再答弁書では，日貿信の解除条件付債権放棄との権衡を意識してか，「解除条件付の債権放棄は全て未定とするものではなく，法律行為の時点で債権放棄が確定していると認められる場合は，直ちに損失が確定したとして取扱う」と記されているのが目新しい論述であった。
　一方，請求人である興銀の論旨は要約次のとおりである。
(1)　原処分庁が本件債権の貸倒れを否認する根拠は，平成8年3月21日連絡文書に記載された1兆2,103億円を挙げるだけである。しかし，この連絡文書は閣議決定の要請・合意に従い「系統全額弁済・母体行無弁済」を前提として一般行の部分弁済の割合を定めるものである。母体2行は期末に締結された出資母体五社協定によって連絡文書の内容を確認しており，この連絡文書の全体の趣旨を看過して1兆2,103億円だけを部分適示するのは片手落ちである。
(2)　本件債権に設定された債権譲渡担保権は，第二次再建計画の経緯に鑑み期末に放棄され「担保に関する協定」からも離脱した。この協定は全ての当事者を法的に拘束するものであるから，本件債権は無担保で全額有担保である系統債権に劣後する。

(3) また第二次再建計画では，①母体ニューマネー，②借入有価証券，③系統債権，④一般行債権の順番で弁済されることが定まり，興銀は平成7年12月29日までに優先弁済が約された母体ニューマネー（300億円）を怠りなく回収し，最劣後とされた本件債権は回収不能と認識して期末に全額放棄した。
(4) 貸倒れについて諸判例は，債権者に対し「債権回収に真摯な努力を求める」とするが「債権回収に最良・最高の方法を求めるのでは困難を強いる」としており，また法人税基本通達の前文には「条理・社会通念を顧慮すべき」旨を明示しているから，本件債権の貸倒れを否認することは判例にも社会通念にも整合しない。
(5) 更正理由は法人税法22条3項3号の損失には確定を要すると解するが，これは民法上有効な法律行為を明文の根拠なく否定するもので租税法律主義に反する。

　同3項2号の費用には「債務の確定」を要件とするが，これとても最終的に「金額の合理的見積り」に委ねられており，本件債権が商法上適正に償却され法定監査にて真実性が担保されているから，同4項の一般に公正妥当と認められる会計基準に適合し，これを否認するのは同条項に反する。

とするものであり，後の訴訟のおける論理の骨格を余すところなく顕出しているものである。

　これらの主張を裏付ける証拠として，請求人である興銀から約60点を審判所に提出したが，原処分庁である東京国税局からは1点の証拠も提出されなかった。

## 2　納税者の権利救済と争点主義

　この審査請求は主張・立証の両面で請求人である興銀が圧倒していたとみるべきであるが，他方で，「原処分庁である国税当局は敗訴の場合は訴訟を提起できないが，請求人である納税者は敗訴しても訴訟を提起できる」から国税不服審判所は裁決に際して，この不均衡を考慮すべきとの意見が公然と唱えられ

ていた（末尾の（資料6）の(四)の2及び3を参照）。

　昭和45年5月に創設された国税不服審判所は，当時の国会附帯決議が「納税者の権利救済に徹し争点主義的な運営を図る」としている（昭和45年2月27日衆院大蔵委会議録，同年3月24日参院大蔵委会議録）。そのことからすると国税不服審判所は，結論はともかく請求人・原処分庁の双方に弁明を促して争点を絞込み，不服審査前置主義の実を挙げるよう努めるべきであり，それが独自の権能を擁する準司法機関の使命の筈であると考えられる。この点について，吉国二郎国税庁長官（当時）は「納税者が国税の処分理由に具体的に異議を申立て，それに対して課税庁が具体的に反論する仕組みが出来ており，それによって論点整理が進む」と答弁しているのである（昭和45年2月24日衆院大蔵委会議録）。その後の訴訟に備え仮に原処分庁・国税当局が手の内を晒すことを回避しても審査の結論で不利益を蒙ることがないとすれば，国税不服審判所は国会附帯決議に違背することになり且つ準司法機関・代替的紛争解決手段（Alternative Dissension Resolution）としての使命・権能に逆行することにもなる。

　この問題は，国税不服審判所の創設時から懸念され，前述の国会附帯決議にも明示されたが，にも拘らず当初の成果が達成できない原因として，国税不服審判所の人的構成を挙げる見解が根強い[127]。昭和45年当時の国会審議では，国税不服審判所が身内意識から課税庁に迎合することは厳格に諌められており，吉国二郎国税庁長官は「将来は外部から招聘した人材が約半分を占めるようにしたい」と答弁し改善策を明示していたが（昭和45年2月27日衆院大蔵委会議録），その後30年の歳月が経過しても外部から招聘された構成員は依然としてごく僅かである。しかし，税務係争では，裁決の判断がその後の訴訟において裁判官に先入観を植え付ける可能性があることは誰しも否定できず，当初の改善策が粛々と履行されることが必要である。

## 3 本件裁決の論旨

本件裁決（平9.10.27東裁（法）平9第47号）の要旨は次のとおりであり，その内容は武田昌輔教授の評釈にて詳細に解説され分析されている[128]。すなわち，本件裁決は，①法人税基本通達9－6－2を引用して「債権の全額が事実上回収不能かは，債務者の資産状況・弁済資力，債権者の回収努力の有無，担保の設定状況などを総合的に勘案する」として，「債権放棄に解除条件を付したこと自体，興銀は，住専法や予算の帰趨いかんによっては最終的な負担額が確定せず，本件債権が回収不能であることに疑義を持ち，あるいは確定していないと認識していたものと認められる」として「法人税基本通達9－6－2は法人自らがその債権の全額が回収不能と認識して損金経理をすることが適用要件である」としている。

しかし，この判定は意思解釈を伴うものであるから，「内心の意思の推定だけでは足りず，真意と矛盾する意思表示がなされたことの証明を要する」ことになるが[129]，「真意と矛盾する意思表示がされたことの具体的な証明を欠くときには虚偽の証拠による事実認定」として排斥するのが民事訴訟法の定説である[130]。しかも興銀は，自然人でなく法人であって取締役会議事録に記載された事実が真意であるから，矛盾した意思表示がなされる筈がない。

次に，裁決は，②「平成8年3月21日に母体幹事行である興銀が他の関係金融機関に通知した本件連絡文書にはＪＨＬ社に1兆2,103億円の資産があるとされている」ことを挙げている。

さらに，③興銀が直接償却したＪＨＬ社債権額は，第二次再建計画で平成5年4月以降10年間に亘って元利払いが凍結された金利ゼロ債権であること。④興銀が第二次再建計画に際して母体ニューマネーを300億円融資し平成7年12月29日に全額回収を完了していること。⑤興銀はＪＨＬ社から平成8年3月末に59億円の預金を預かっておりその運用益が生じていると認められること。

以上からすれば，平成8年3月末に本件債権が全額回収不能といえず，回収

不能が確定していたとは認められないとしている。

しかし、理由の③④から「本件債権は全額回収不能ではない」との結論を導くことはできない。なぜなら、裁決は貸倒れの要件として「債権者の回収努力」・「担保の設定状況」を挙げているが、母体ニューマネーは「回収努力」と評価されるべきであり、また「担保の設定状況」からは本件債権が全額無担保であると評価されるべきであるが、しかし裁決は担保権については沈黙を保ち一切触れていない。

また、⑤は、審判所も本件債権が元利凍結されている事実から預金と相殺出来ないことに気付いており、本来省くべきものである。

しかし国税側は、後の平成13年5月4日控訴理由書や最高裁に提出した平成16年11月17日答弁書で預金59億円を問題視して「興銀はＪＨＬ社から59億円の預金を預かっており、これを相殺するなどの措置を講ずることによって本件債権の回収可能性はあった」とするが、平成5年4月より10年間に亘って元本返済が猶予され、ＪＨＬ社は本件債務の「期限の利益喪失」に至っておらず（民法137条）、未だ相殺適状に達していないから（民法505条）、この立論は誤りである。

ちなみに、59億円は本件債権3,760億円に対し2％にも満たないが、この国税側の立論は、貸倒れのハードルを徒に高く設定し例え極く僅かであっても回収の余地が見込めるときには、債権全額ではないとして排除する証左といわざるをいない。

しかも、①～⑤の各事項を列記してみても貸倒れを否認する理由として薄弱であることは否めない。なお、この裁決の記載は同時平行で進んでいた長銀に対する裁決を意識し相似した配列を採ったと思われる（末尾の（資料6）の（四）の2及び3を参照）。

## 4　平成8年3月21日連絡文書の目的

　国税不服審判所は，事実認定の上で最も重要な連絡文書の内容・意義について詮議した痕跡が全くみられないが，ここで連絡文書について触れておく。

　この連絡文書に記された1兆2,103億円は，金融検査部の第二次立入調査で査定された平成7年6月30日現在の資産価額であり，期末までの9ヶ月間の資産減損のみならず社外流失額が反映していないものである。また，連絡文書に記された負債額は平成7年12月19日閣議決定の時点における数値であり，本連絡文書の資産額と負債額は時点を異にするアンバランス・シートである。

＜連絡文書の概要＞

| | | |
|---|---|---|
| 資産の価額 | 1兆2,103億円 | ……第Ⅰ分類（7,159億円）・第Ⅱ・第Ⅲ分類（4,944億円） |
| 社外流失額 | △1,863億円 | ……保証債務・母体ニューマネー・借入有価証券など |
| 系統弁済額 | △9,933億円 | ……金利軽減債権の全額 |
| 差　引 | （307億円） | |
| 助成金の額 | 3,407億円 | ……公的資金・系統贈与からの割当額 |
| 残　額 | 3,714億円 | →一般行金利軽減債権に対する部分弁済 |

　この1兆2,103億円には「2次ロス」（各住専の外側で処理するのが平成8年1月30日閣議了解）や元利延滞中のローン債権が含まれているなど「上げ底」の価額であり，後の興銀事件の第一審である東京地裁の審理の中で，国税側も平成11年2月22日被告準備書面(九)25頁にて認めざるを得なかったように，これはあくまで"政府案の実現を前提"とした数値である（その後は被告・国税側はＪＨＬ社有価証券報告書に根拠を差換えている）。

　現に，一般行に対する部分弁済予定額3,714億円は，銀行局が閣議決定を踏まえ割当てた助成金3,407億円が大宗（92％）を占めている。これからは公的

資金の投入が未定とすると一般行の部分弁済が不能となり，このスキーム自体が成り立ちえないのである。

　後の興銀事件の最終審である最高裁平成16年12月24日判決は，このスキームは「公的資金の投入を前提とする整理計画である」と認定しているのであり，この更正処分は回収不能を否定する根幹において重大な瑕疵が存するのである。ちなみに，助成金の内訳は公的資金6,800億円から2,004億円が割当てられており，系統贈与5,300億円から1,403億円が割当てられているのである。

　本来，回収不能の判定は，債務者の資産状態と弁済資力の双方をみるのが一般的であるが，連絡文書に記された1兆2,103億円は資産状態のみを示すに過ぎない。

　前記1にて述べたように，審査の過程で請求人である興銀が詳細に立論したところであるが，この資産が換価されて弁済資力として機能するには，資産買取りのために母体・一般・系統が夫々3分の1宛（各4,000億円）を目処とし低利融資の実行を予め合意していることが大前提である。そして一般行の部分弁済額は同時に低利融資額に振り変わることになる。

　なお付言すると，一般行の部分弁済は損益面では助成金が充当され且つ金繰り面では一般行の低利融資の実行を前提としている。また，母体行の低利融資は金繰り面では全て系統金融機関の弁済に充当されることになる。

　この低利融資額の要請・画定が閣議決定や連絡文書の重要な目的の一つである。それゆえ，低利融資に関する合意が未成立であれば弁済資力としての1兆2,103億円は画餅に帰すことになり，逆に低利融資に関する合意が成立していれば，弁済順序に関する合意も成立しており，1兆2,103億円は悉く非母体行の金利軽減債権1兆8,646億円の弁済に充当され，本件債権は全額無価値となるのである。

## 5　本連絡文書と興銀事件・控訴審の認定

　この連絡文書は被告・国税側の証拠（乙1号証）として後の訴訟に提出され

重要な争点となったが，興銀事件の控訴審である東京高裁平成14年3月14日判決は，原告の請求を認容した第一審・東京地裁平成13年3月2日判決を取消して興銀の請求を棄却したが，なぜか控訴審判決文（21～22頁）の証拠一覧には乙1号証の記載が見当たらない。

その点はともかく控訴審・東京高裁平成14年3月14日判決（同35頁）には，「母体二行は債権全額である5,370億円を負担し，一般行は債権の合計額9,264億円（金利減免債権額に借入有価証券551億円を加算した額）のうち4,999億円を放棄することによって同額を負担し，系統金融機関は3,407億円を贈与することによって同額を負担する」（傍点筆者）として，「ＪＨＬ社の正常資産及び不良資産のうち回収が見込まれるものの合計額は1兆2,103億円であり，実質的に一般行及び系統金融機関に返済される合計額（一般行及び系統金融機関がＪＨＬ社に対して有している債権から，一般行の放棄額及び系統金融機関の贈与額を除いたもの）は，1兆0791億円」としており，これは本連絡文書（乙1号証）を引用しない限り抽出できない数値である。のみならず，系統贈与の総額は5,300億円であり全体の64％に相当する3,407億円がＪＨＬ社1社に贈与されたとすると，残る他の住専6社に対する贈与額は全体の36％相当の1,893億円となってしまうのである。このような数値の不自然さは通常求められる注意を払っていれば容易に覚知されるべきものである。そして控訴審が，取消請求を棄却するに当り，このような杜撰な数値の測定から「ＪＨＬ社には1兆円に上る資産が残されていたと推認される」（同判決文38頁）と判定するのでは"行政処分に無謬性が推認される"とするのと大同小異であり納税者にとって過酷な事態を招来することになる。

およそ裁判官は事実認定について専門的訓練と研鑽を重ねていると思われるが，その反面，会計的な金額の測定について納税者から信認を得ているとは言い難い。

したがって，不服審査前置主義からは，数値を扱うことに熟練した審判官が，納税者・国税当局の双方に主張・立証を促して，正確に金額を把握しておくべきである。

## 6 本件裁決と関係者の合意

　本裁決は，①本件解除条件の「平成8年12月末日までに解散と営業譲渡が実行されないこと」との内容を実質的に「平成8年度予算と住専法（平成8年法律93号）が成立しないこと」と読替えた上で，②本件解除条件は税務の観点からは実質停止条件と解されるとして，期末の時点で未だ債権放棄の実態にないとの理由によるものである。

　しかし，本裁決の結論は請求人・原処分庁の主張・立証によるものではなく，国税不服審判所が職権調査権を行使して独自に調査した結果によるものである。これに対して，武田昌輔教授が「住専法には，母体行が債権放棄すべき旨を根拠付ける条項は存在しない」とするように(131)，住専法の各規定は平成7年12月19日閣議決定で要請された母体行の全額放棄など「1次ロス」の決着を当然の前提として立案されているのである。

　のみならず，本裁決は，興銀が平成8年3月21日に非母体行に通知した連絡文書（乙1号証）を捉えて，「期末までに母体行無弁済・一般行部分弁済・農林系統全額弁済について異議なき旨の合意を得ていたと認められる」としながら，「この合意はあくまで平成8年度予算と住専法が成立することを前提とし，それに至る合意の形成過程に過ぎない」（傍点筆者）としており，ここでも合意の効力発生について予算と住専法の成立にかからしめているのである。

　しかし，合意の効力は意思表示が合致した時点で揺るぎなく発生し持続するものであり，このことはフランス民法典1108条2項における意思の合致（consentement）に由来する民法において古くから確立した大原則というべきものである(132)。

　おそらく，裁決は「前提」の意味を黙示のうちに停止条件としたと推認されるが，ひとたび合意が形成されると，たとえ停止条件付であるとしても「合意の形成過程」とするのは誤りであり，後の訴訟において被告・国税側は平成11年2月22日被告準備書面(九)にて「期末までに政府の住専処理策に関する概ね

第4章　貸倒れの認定と審査請求の意義　79

の合意は形成されていたが，平成8年度予算と住専処理法が成立した段階で改めて合意を要する」とするが，重ねての合意は全く不要である。

## 7　解除条件付債権放棄の読替

原一郎税理士は，この裁決を参考として「条件付の債務免除は，その条件成就又は条件不成就が確定した段階で貸倒処理すべき」とする見解を述べているが[133]，これについては改めて論ずるまでもないと思われる[134]。

部長審判官を務めた中村利雄税理士は，「本件裁決は国税通則法99条の手続きを省略した瑕疵がある」としていた。すなわち，中村税理士はその理由として「解除条件付契約の税務上の取扱いは国税庁長官の有権解釈である法人税基本通達2−2−15注書にて契約成立と同時に効力が生じ直ちに損益に計上すべき旨を規定しており，また当時の国税庁の渡辺淑夫課長補佐の本通達に係る解説論文（昭和55年4月28日週刊税務通信28頁）にも民法の定義通りに解する」旨が明示されているから，「国税不服審判所長が法人税基本通達と異なる判断にて納税者の請求を棄却するには，通則法99条の規定に従って国税庁長官との協議を経るべき」旨を強調していた[135]。

また，請求人である興銀は，第3章の(三)の1で詳述した横浜地裁平成5年4月28日判決（シュトイエル391号8頁）や神戸地裁昭和48年12月18日判決（税資71号1202頁）を摘示して，解除条件付の契約では即時に効力が発生し寄附金や益金算入に何ら妨げとならないことを立論した。これに対して，本裁決は「本件解除条件をそのまま解すれば，本件債権は放棄の時に法的に消滅してしまうから，その債権は全額回収不能であれば放棄の時の損金に算入される。その後，解除条件が成就して債権が復活した時に償却債権取立益として益金に算入すれば足りる」とし，本件解除条件は課税の公平の観点から実質停止条件付と解するとするが，この法令解釈は稚拙なものである[136]。

## 8 本件決の判断とその波及

　本章の冒頭で述べたとおり，本裁決は「本件債権は平成9年3月期の貸倒れである」と明記した。これは事実認定に属するものであるから国税不服審判所長の判断が国税庁長官の判断に優先することになる[137]。
　この認定から次の二つの問題が検出される。
　第一は本件債権が貸倒れであることは，平成8年6月末の確定申告の法定期限までの事象によって確認できることである。この点，請求人である興銀は法人税基本通達9－6－5（注）2を引用して，「期末までに1回目の不渡りが発生し法定申告期限までに2回目の不渡りが続いて債務者が手形交換所の取引停止処分を受けた時には貸倒れを認めている」旨を主張して，併せて統計資料によって「1回目の不渡りが発生しても，これは債務者の不注意や単なる過誤に起因する場合が多々存するから，2回目の不渡りが続いて手形交換所の取引停止処分に直結する割合は1割にも満たない」旨を立証した。これに対し原処分庁である東京国税局からは「一切の意見」も表明されなかったが，本裁決は「法人税基本通達9－6－5（注）2の局面は，期末までに1回目の不渡りが発生したこと自体，既に貸倒れの危険性があり債権償却をできる事実があると評価し，法定申告期日までに2回目の不渡りが発生し手形交換所の取引停止処分が行われたことは，形式的にこれを補完するものに過ぎない」とし，「住専処理の場合は予算や住専法の成立の有無は，本件債権の貸倒れの事実に直接関わってくる本質的な問題であり，法人税基本通達9－6－5（注）2の局面と同列に論ずることはできない」と判断を示している。しかし，この裁決の判断は統計的な事実を看過するものであるばかりでなく，論理展開に無理がある。
　その第二は，本件債権が平成9年3月期の貸倒れであれば，法人税法52条1項所定の「貸倒引当金」繰入限度の計算基礎となることである。同法施行令96条2項の「実績貸倒率」は過去3ヵ年の貸倒損失額を過去3ヵ年の貸金額で除した比率であるから，本件3,760億円の債権が平成9年3月期の貸倒損失であ

れば，平成10年3月期以降3ヵ年の「貸倒引当金」の繰入限度は1,128億円宛拡大することになる（3,760億円÷3）。しかし，この交渉は難航し繰入限度拡大の効果は享受できないままに終わったのである（この点の経緯は末尾の（資料6）の(四)の4を参照）。

## (二)　本件裁決と過少申告加算税賦課処分

### 1　賦課処分の取消請求の概要

　請求人である興銀は，国税不服審判所に対して更正処分取消しと同時に過少申告加算税賦課処分（第一次処分：192億円）の取消しを求めている。この件では，興銀が，「再建計画の経緯や閣議決定の要請からして，本件債権は無価値に帰し，証書貸付部分に残る形骸化した担保権を解除すれば貸倒れの要件を名実ともに充たす」と判断して（甲249号証，甲326号証の別紙），その別紙を顧問税理士が持参し国税庁に照会したが，これに対し国税庁係官は，「担保権放棄だけでは十分とはいえず，債権放棄が万全の方策」（甲249号証，甲326号証）としたのが照会の始まりである。

　平成8年1月18日に税理士・興銀職員に対し国税庁係官から，「条件を付す工夫もある」との助言があり（甲326号証，甲512号証），同年3月15日に税理士が条件に係る確認をなし，国税庁係官が「差し支えない」と回答したものである（甲326号証，甲512号証）。この回答に関する調査について，同年8月22日に特別国税調査官は，「担当係官には記録がなく記憶も殆どない状態」とし白黒の明言を避けたが（甲513号証，甲624号証），これが本件の主張・立証の概要である（末尾（資料6）の(一)の6及び(三)の3参照）。

　審査請求では，担当審判官に要請して平成9年4月11日に「口頭審理」が開催され，照会に当った税理士・興銀職員から陳述し関係記録を全て提出したのであるが（この点につき末尾（資料6）の(一)の6を参照），しかし，本裁決には「当審判所が調査したところによれば，国税庁の担当部署は終始消極的な態度をとっていたことが認められ，請求人が主張する事実は認められない」として請求を棄却している。そもそも本裁決は，債権放棄に解除条件が付されて

いることを最大の拠り所として、原処分庁の更正処分を是認したのであるから、解除条件について国税庁の関与を認めると更正処分の取消しに直結することになり、蒙も肯定できなかったと思われる。

## 2 賦課処分の是認と事実認定

民事訴訟法の文献には、「ある事実を指向する書証が多数あり、その反対の事実を指向する書証が少ない場合には、前者が認定される」とするが[138]、これは複数の書証を辿ることにより"事件の流れ"を解明し易いからであろう。また、証言について、「自分に有利なことは記憶が曖昧でも明確に肯定し、不利なことは逆である」とするから、当事者の利害を考慮して証言の評価やその採用は慎重を期すべきである[139]。また、新堂幸司教授は訴訟において一般的に活用される陳述書に関して「事実が歪曲されるリスクに注意を要する」と警告を発している[140]。

本件では、国税不服審判所が如何なる調査を行ったか詳らかではないが、本裁決は上記1の説示に続けて「仮に請求人が主張する事実があったとしても、課税の公平という要請を犠牲にしてもなお請求人に課税を免れさせて、請求人の信頼を保護しなければ正義に反するという特段の事情があるとは認められない」と付言している。

この付言には違和感を拭えない。要は助言の事実があったか否かの認定が肝要であって、"課税の公平の要請とか正義に反する特段の事情"などが国税庁にとって免罪符とはなり得ない。

後の訴訟では、第一審・東京地裁平成13年3月2日判決や最終審・最高裁平成16年12月24日第二小法廷判決は更正処分を違法と判定しているから、賦課処分の是非は問題にならなかった。特に、最高裁は平成16年10月27日決定にて過少申告加算税をめぐる争点は「重要でない」として予め排除しているのである。更正処分を是認した控訴審・東京高裁平成14年3月14日判決は、賦課処分もまた是認したが、その論旨は「税理士陳述書（甲326号証）はこれを否定する国

税庁係官の陳述書（乙24号証）に照らし直ちに採用できない」とするものである（控訴審判決文46頁）。

東京高裁は，係官の陳述書記載に照らし税理士の宣誓供述書甲326号証[141]の記載を斥けるのであれば，事実解明のために証人尋問を開催して審理を尽くすべきであった[142]。しかし，東京高裁が，逆に陳述書の記載を措信できないとし，納税者が解除条件付債権放棄を損金に計上した本件確定申告に「正当な理由」があると認めたとすれば，更正処分の維持自体が崩れることになろう。

## 3　貸倒損失の計上と正当な理由

国税通則法65条は，過少申告に加算税を賦課するとし，「正当な理由がある場合には加算税を免除すると定めており，最高裁昭和33年4月30日大法廷判決（民集12巻6号938頁）は「加算税の賦課は刑罰を科すのではない」としており，これをめぐる争いは脱税の場合と異なり刑事訴訟の対象とはならない。そして加算税を免除すべき正当な理由がある場合について，最高裁平成10年6月22日第二小法廷判決（税資232号677頁）は「過少申告行為が納税者の責めに帰すことができない事情に起因し，真にやむを得ない理由がある場合で，加算税を課すことが不当または酷な場合」としている。しかし，この最二判の説示には疑問がある。加算税の賦課は更正処分を前提としており，納税者の責めに帰すことができない事情に起因して加算税の賦課が不当または酷な場合にはその更正処分自体を違法とすべきであろう。

最高裁昭和48年4月26日第一小法廷判決（民集27巻3号629頁）は「課税処分に明白な瑕疵があり，それによる不利益を納税者に甘受させるのが不当または酷と認められる場合には，課税処分が無効」としており，学説は「従前からの正当な理由の解釈は狭すぎる」とし「納税者が情報を十分に開示して課税庁と真摯に法解釈を争う場合は正当な理由が認められるべき」旨を説くものがある[143]。

本件は，請求人・興銀と国税当局とが本件債権が「貸倒損失か寄附金以外の

損失」かを争い且つ「平成8年3月期の損金か平成9年3月期の損金」かを争うものであり、これが公開の場で争われたことは明白な事実であるから、上記の学説に照らせば、それだけで正当な理由が認められる余地はあろう。

　本裁決は、既に述べたところから明らかであるが、解除条件の付与を最重視している。同じく控訴審・東京高裁平成14年3月14日判決も「貸倒れは、課税を免れるといった利益操作の具に用いられることを防ぐためにも、それが客観的に認知し得た時点で損金に算入すべき」とし「本件は、興銀が平成8年3月29日に明示的に行った解除条件付の債権放棄に集約される」として「解除条件付の債権放棄では私法上の効力は意思表示の時点で生ずるが、流動的な事実関係の下では条件不成就の時点まで確定しない」とする（控訴審判決文38頁、41頁、43頁）。

　しかし、私法上有効な法律行為を税法独自の観点から否認して過少申告加算税といった行政制裁を課すことは納税者にとって「不当または酷」と解することも十分に可能であろう。いずれにせよ、本裁決や本高裁判決は、本件債権が貸倒れの状態にあったかについて事実認定を尽くしたのかどうか、また正当な理由の有無について事実認定を尽くしたかについて疑問を拭えない。およそ事実認定の問題は、事案の筋が先行し、先入観と異なる主張・証拠は排斥される傾向にあるが、それでは真実の解明に程遠くなることは明らかであろう。

## （三）　事実認定と国税不服審判所の在り方

### 1　不服審査前置主義に対する見解

　訴訟に先立ち国税不服審判所の審査請求を経ることについて異なる見解がある。昭和45年に前身の協議団が廃止され，代わって，より高度の組織として国税不服審判所が新たに創設され，納税者の権利救済を図ることを主旨とし，具体的に専門的組織を擁する国税当局に納税者が係争において対抗するべく，様々な権能が国税不服審判所並びに審判官に備わっている。しかし，既に指摘したように人的構成などを背景として当初の理念が実際の運営に十分に反映しているとは思われない。

　山田二郎教授は，「証拠を制するものが係争を制する」との命題が国税不服審判所の裁決に必ずしも反映しないとし[144]，「裁決は認定した結論のみが記載されるだけで，如何なる資料があって，このような事実を認定したかについて理由が示されていない。これを補うには，納税者の閲覧請求に応じ結論を裏付ける資料の開示が運用として最低限必要である」旨を強調して，「裁決は選択性に移行すべき」と説かれる[145]。

　もっとも，東京高裁平成16年5月6日決定（判時1891号56頁）は，国税不服審判所が所持する「参考人の答弁を記載した書面」が民事訴訟法220条4号ロの提出義務除外文書に該当するとした国税不服審判所長の申立てを棄却している。この事案では，抗告人（国税不服審判所長）は，「本文書の提出によって公務の遂行に著しい支障が生ずるおそれがある」としたが，東京高裁は「一般的・抽象的な支障の可能性を述べるにとどまる」とし「国税通則法97条は，課税要件事実の存否を究明すべく，請求人が質問・検査を回避して主張の基礎を明らかにすることが困難な場合は請求人の主張を採用しないと定めており，ま

た，国税通則法126条・同127条は参考人等が質問や調査を拒んだ場合には罰金に処すると定めて，職権調査の実効性を確保している」旨を指摘している[146]。

この判決の意味するところからすれば，国税不服審判所は山田教授が指摘する資料の開示に積極的に取組むことが肝心である。国税不服審判所は，漠然とした"身内意識が働く"との納税者からの不信感を払拭すべき責務を負っていると認識すべきであり，その観点からみても「資料に基づいて判断した」ことを示すべきである。

金子宏教授は，「税務事件は事実認定が複雑な事案が多く，選択性を採ることは裁判所の負担が重くなるから，前置主義を採りつつ審査手続きを充実し，第一審を高裁に繋げることも考えられる」とし，「国税不服審判所の事実認定が特に不合理でない限りは裁判所を拘束するといった実質的証拠法則を採れば，裁判所の負担がかなり軽減される」旨を言及されている[147]。確かに，公正取引委員会の裁決は，第一審を高裁に繋げる制度が確立し，実質的証拠法則を採用しており[148]，金子教授の発言は国税不服審判所の制度を公正取引委員会の制度に衣替えすべきとの趣旨と必ずしも思われないが，現状の国税不服審判所の事実認定に実質的証拠法則を採用するなどの工夫を施すことによって充実を図るべきとする点において山田教授の発言と通底すると考えられる。

## 2 裁決取消し訴訟と事実認定

行政事件訴訟法10条2項は，原処分の違法を理由に裁決の取消訴訟を提起できないと定めており（原処分主義），租税訴訟もその例外ではない（国税通則法114条）。そして国税通則法84条・同101条から理由不備など裁決に固有の瑕疵がある場合のほか，現処分から生じた法律状態と裁決の結果による処分との同一性を欠いた場合には，新たな処分として実質的に審理を求めるべく裁決の取消の訴えを提起できると解されるが[149]，裁決の取消訴訟の提起は実効性が乏しいと思われる。そして，仮に裁決が不備を帯有していても納税者の権利救済は原処分の取消訴訟に委ねるのが現実的である。

民事訴訟では，専門的に研鑽を重ねた裁判官が自由心証主義に基づき証拠を取捨選択して事実を確定させるが，この自由心証主義は採証法則・経験則に拘束されることはいうまでもない[150]。

一般に，行政訴訟では「紛争の解決を通じて国民の権利の保護と行政の客観的適正の保障を図るから，相対的に民事訴訟より実体的真実の探求により多くの重点が置かれるべきで，高い証明度が求められる」との見解があり[151]，また，行政訴訟については「その対象が当事者の処分できる権利関係でなく，真実発見の要請は民事訴訟に比べ強いが刑事訴訟における程には強くなく両者の中間的な立場を採る」とする見解がある[152]。

行政訴訟に属する租税訴訟は，局面によって刑罰に準ずる重加算税の賦課処分（国税通則法68条）の是非が争われる場合があるから，証拠に基づく真実発見が重視されるべきは当然のことである。

## 3 本事案における裁決の不備

本事案に関する裁決は，既に述べたとおり請求人である興銀が約60点の証拠を提示したのに対し，原処分庁である東京国税局から1点の証拠も提示されなかった。これは，後の訴訟に備えて国税当局は手の内を晒すことを回避したものと思われる。

かかる事態は争点主義と相反するばかりでなく，国税通則法97条は「課税要件事実の存否を究明する上で，請求人が主張の基礎を詳らかにしない場合には，その主張を採用しない」旨を規定しており，原処分庁が主張の基礎を詳らかにしない場合にも同様と解するべきであるから，本来は，国税不服審判所は審議不能として原処分を棄却すべきである。請求人は，爾後の訴訟に備え可能な限り原処分庁の手の内を把握しておきたいと期待することに無理からぬ面があり，また，裁決書は更正処分通知書とともに後の訴訟に証拠として早期に提出されるから，その手続き・内容の如何によっては通読した裁判官に先入観を植え付けるとの一抹の不安感が残ることになる[153]。

具体的に興銀事件では、一点の証拠も提出せず請求人の求釈明にも一切回答しない原処分庁に代わって国税不服審判所が職権調査権を行使して納税者の請求を斥けている。その裁決書には、「請求人は…と主張するが」、「しかし、当審判所が事実関係を調査した（または検討した）ところによると、…であるから、請求人の主張は採用できない」の繰り返しであり、「原処分庁の反論によると」とする箇所は皆無である。

確かに裁判官も、事件の流れ（基本的な事実認定の方向性）や事件の筋（結論の妥当性に焦点を当てた総合評価）を重視する傾向にあり[154]、筋に沿って証拠を取捨選択することも否めないが、それが採証法則に反すれば審理不尽とされるから[155]、一点の証拠も提出せず求釈明に一切回答しない者が勝訴を得ることは考えられない。

したがって、上記1にて金子教授が提唱される「実質的証拠法則を採用し事実認定の充実を図る」ことの以前の問題として、原処分庁に代行して職権調査権を行使することは厳に慎むべきであり、これが納税者の権利救済を旨とする国税不服審判所の節度であると考えられる。

## 4　金額の測定と国税不服審判所の機能

既に本章(一)の6にて触れたところであるが、国税不服審判所は税務会計に精通した構成員が多数を占めており、しかも課税処分をめぐる係争は数値の把握が重要な意味を持つ場合が多々みられる。その意味で国税不服審判所は、事実認定について研鑽に努めると共に数値の把握すなわち金額の測定に意を用いるべきである。

具体的に興銀事件については、本章(一)の4及び5にて指摘したように平成8年3月21日連絡文書（乙1号証）の記載数値について詳細に詮議すべきであった。既に述べたように、裁判官は、事実認定について専門的研鑽を重ねたとして一般的に信認を得ているが、数値の解析に精通しているとは言い難い。本書で取上げた幾つかの判例においても抽象的な理念に依拠して債権の貸倒れ

を否認するものが殆どである。

　本来，貸倒れであれ寄附金算入であれ，債権の無価値部分や無償供与の部分を適正に測定すべきである。興銀事件においても平成8年3月期の時点で本件債権が全額有価値である筈がなく，最終負担額が確定しないとか債権放棄が確定しないなどの「確定」の用語に頼って損金算入を否認すべきではない[156]。

　不服審判前置主義の趣旨からしても，租税係争に表れた数値の測定に国税不服審判所は機能を発揮することは有益と考えられる。

　なお敷衍すると，会計学の基本理念は「事実の認識と金額の測定」の集約されることは論を俟たない。そして，会計学上の認識の作用は取引証憑を精査することに基づくものであり，訴訟法上の証拠に基づく事実認定と通底するとみられる。したがって，貸倒れの判定において，「債権の全額が回収不能でなければ認められない」とする議論は，この問題における「認識と測定」の方法論の深耕を妨げてきたと考えられる。

## ＜この章のまとめ＞

　国税不服審判所の本事案に関する平成9年10月27日裁決は，納税者の権利救済を本旨とし争点主義を骨格とする不服審査前置主義の趣旨に叶うものではない。

　後の訴訟に備えて可能な限り原処分庁の手の内を把握しておきたいと期待する請求人・納税者と，逆に訴訟に備えて手の内を晒すことを回避したい原処分庁・国税当局との調整を図るのが論点整理を担う国税不服審判所の役割である。その国税不服審判所が原処分庁の立証に代理して職権調査権を行使するのは厳に慎むべきである。

　本件の場合には，原処分庁が1点の証拠も提示せず且つ請求人から救釈明に対して一切の回答を拒絶しており，後の訴訟にて被告・国税側が裁決の判断を借用しその立証に腐心したのが実態である。これでは国税不服審判所は，納税者の課税処分をめぐる係争において，結果的に課税庁側の先鋒としての役割を果たすことになる。

　訴訟制度においては，原告・被告が攻撃防御の方法をもって主張・立証を重ねるが，不服審査前置主義は明確に対審構造を採っていないとしても，訴訟制度に準じた審議の過程を辿るべきであり，「証拠を制するものが係争を制する」との命題が優先すべきである。具体的に本件で，予算や住専処理法が成立しない限り最終負担額が確定しないとか債権放棄が確定しないと原処分庁が主張したとすれば，第6章で後述するように請求人である興銀は十分に反論が可能であった。

　また，上記(二)で触れた過少申告加算税の賦課処分については，本裁決は「国税庁の担当部署は消極的対応に終始した」と述べるだけであるが，興銀の本件債権の償却は経営上も極めて重大なものであり，納税者である興銀が慎重の上にも慎重をきしたことは誰がみても明らかであろう。そして納税者から具体的な課税処理について真摯に問い掛けたのに対し国税庁が終始消極的に対応

したとすれば，本件申告に「正当な理由」が認められるべき余地があろう。また，示唆や助言についての解明が曖昧であれば疑わしきは納税者の利益と解するべきであろう。

以上るる述べたように，納税者の権利救済を旨する国税不服審判所の機能が当初の目的と乖離しているのは，身内意識もさりながら，事実認定の作用が不明確であることに起因すると思われる。国税不服審判所の構成員は税務会計に精通した専門家で構成されていることからすれば，認識と測定を旨とする会計学の基本理念を順守すべきであり，課税の公平とか権利・義務の確定などといった抽象的な観念論に振回されるべきではないと考えられる。

国税不服審判所は，公害等調整委員会などと共に代替的紛争解決手段（ADR）としての機能を有するものであり，金融機関としても税務問題の早期解決の方策として審理過程の充実が切に望まれるのである。

＜注＞
(126)　この点について中井稔「貸倒れ通達の適用と事実認定の在り方」税務事例37巻11号8頁を参照。
(127)　駒宮氏博「税務係争制度改革」ジュリスト1283号223頁。
(128)　武田昌輔「母体行の解除条件付債権放棄と貸倒損失に関する裁決について」金法1510号25頁以下を参照。
(129)　兼子一『民事法研究Ⅲ』（昭和44年，酒井書店）145頁及び伊藤眞『民事訴訟法』（平成10年，有斐閣）314頁を各々参照。
(130)　鈴木正裕ほか共編『注釈民事訴訟法(8)・上訴』（平成10年，有斐閣）234頁を参照。
(131)　武田・前出注(128)33頁。
(132)　星野英一『民法のすすめ』（平成10年，岩波書店）165頁。
(133)　原一郎「貸倒損失」日税研論集42巻215頁。
(134)　解除条件付の売買契約は引渡し時点で収益に計上すべきであり，東京地裁昭和53年5月19日判決（判タ416号187頁）は「解除条件付売買では引渡し時点で収益が確定し条件の成否が確定しないとして収益計上を見送った納税者の行為は脱税に当り刑罰を科すのが相当」としている。また，解除条件付の贈与契約は無条件と同様に取扱うことになる。たとえば昭和46年12月10日裁決（税裁16・7・6907頁）は，「解除条件の付与が贈与契約の効力発生時点を覆すことはなく，条件が不成就となるまでは益金に計上できないとするのは権利確定に反し首肯できない」としている。さらに，最高裁昭和53年2月24日判決（民集32巻1号43頁）

は，原審が「解除条件付の割増賃料の受領は暫定的なものに過ぎず権利が確定しないから収益計上は不成就の時」としたのを破棄し「控訴審の仮執行宣言に基づく割増賃料の受領は上告審で取消・変更の可能性があるから解除条件付とみるべきであるが，債権者が既に金員を有効に取得しており受領に時点で所得が実現している」と判示して，さらに「後日条件が成就して金員を返還したときには，その時点の所得のマイナスとして計上する」旨を補足する。以上から解除条件付の契約では発生時に損益を計上することになる。

(135) 中井・前出注(126)12頁。
(136) 東京高裁平成11年6月21日判決（判タ1023号165頁）は，「納税者が節税を目的として迂遠な法形式を選択したとしても，それが真意を隠蔽し取引を仮装したのでなければ，租税法律主義の下では明文の根拠なく否認する権限は課税庁に与えられていない」としている。この判決は最高裁平成15年5月13日第二小法廷判決（平成11年（行ヒ）187号：未掲載）にて支持され確定している。この判決の射程からは解除条件を停止条件と読替えて否認するには課税庁は「興銀の法律行為が仮装・隠蔽である」との立証を要することになる。
(137) 武田昌輔監修『DHCコンメンタール国税通則法』（昭和57年，第一法規出版）4752頁。
(138) 伊藤滋夫『事実認定の基礎』（平成8年，有斐閣）47頁及び同書に引用された馬場英彦「事実認定の諸問題」『実務民事訴訟講座1』（昭和44年，日本評論社）284頁。
(139) 伊藤・前出注(138)51頁及び同書に引用された今中道彦「事実認定について」『司法研修所論集』76号45頁には，「自分に損になることは嘘をつくことが当然に考えられる」と記載されている。
(140) 新堂幸司『新民事訴訟法（三版）』（平成16年，弘文堂）574頁。
(141) 宣誓供述書が陳述書とは法的な手続き及び効力を異にすることにつき谷口安平ほか共編『注釈民事訴訟法(6)』（平成7年，有斐閣）391〜393頁を参照。本件高裁判決は税理士宣誓供述書（甲326号証）を陳述書と誤記して記載されている位であるから，慎重に事実を解明すべく審理を尽くしたとは思われない。
(142) 本件控訴審では，控訴人・国税側から国税庁係官の証人申立てがあった。一般に公務員は守秘義務を盾に証人喚問に応じない場合が多々存するといわれるが，本件では国税側から申立てなされているから証人調べを開催することに障害がなかったが，東京高裁民事八部は何故かこれを必要なしとして拒否している。
　訴訟の上で，陳述書は証人尋問の準備資料とされ，これを採用するに証人調べを省くべきではなかろう（新堂・前出注(140)574頁を参照）。
(143) 山田二郎編『実務租税法講義』（平成17年，民事法研究会）304〜324頁（牛島勉執筆分）。
(144) 山田二郎「司法制度改革と租税訴訟の活性化に向けて」税経通信57巻12号27頁。
(145) 金子宏＝杉山伸顕＝山田二郎鼎談「国税不服審判所20年」ジュリスト1283号22頁［山田教授の発言］。

(146) 事例を異にするが，最高裁平成17年7月22日第二小法廷決定（平成17年（行フ）4号）は法務省に文書提出を命じているが，この決定には「抗告人（法務省）は民事訴訟法220条4号ロの提出義務除外文書の提出により，公共の利益を害し公務の遂行に著しい支障が生ずるおそれがあると主張するが，これは将来にかかわることで，且つ必然的に用いられる用語であるから，抽象的な可能性があるとすれば足りるものではない」旨の意見が付されている。

(147) 金子＝杉山＝山田鼎談・前出注(145)26頁〔金子教授の発言〕。金子宏「租税法とルール・オブ・ロー」租税研究683号17～18頁。

(148) この点について，園部逸夫『注解行政事件訴訟法』（平成元年，有斐閣）99～103頁を参照。

(149) 園部・前出注(148)186～190頁。

(150) 新堂・前出注(140)502～508頁。

(151) 伊藤・前出注(138)182～183頁。

(152) 園部・前出注(148)335頁。

(153) 裁決書が裁判所に証拠として提出されるのは納税者の請求棄却の場合だけであり，例えば興銀事件においても裁決の記述と控訴審・東京高裁平成14年3月14日判決とは極めて類似した記述が散見される。

(154) 伊藤・前出注(138)69～72頁。

(155) 鈴木・前出注(130)233頁には，「一定の資料・徴表を正当に顧慮していたならば，逆の事実が認定される場合には審理不尽というべき」旨を明示している。

(156) 最高裁平成16年10月29日第二小法廷判決（判時1,876号156頁）は，原審が「客観的に債務が確定していない未払費用を損金に算入した申告行為は併合罪が適用されるのが相当」としたのを違法として破棄し，「期末の現況で近い将来に支出することが相当程度の確実性をもって見込まれ，その金額を適正に見積ることが可能であれば，未払費用の確定にかかわらず損金に算入できる」としており，金額の合理的な見積りを重視している。なお，この最高裁判決の解説として武井一浩「法人税法22条3項1号の売上原価と費用見積額」別冊ジュリスト・租税判例百選（4版）104頁を参照。

# 第5章

# 貸倒損失の計上と
## 　　興銀事件の論点

＜本章における問題の所在＞

　興銀事件の最終審である最高裁平成16年12月24日判決（判時1883号31頁）は、前章で明らかなとおり、ＪＨＬ社に対する母体行債権(3,760億円)について、2度に亘る再建計画の経緯や関係者の信義則に着目して社会通念の上で貸倒れと認定した。

　本最高裁判決は、既に述べたとおり、商法の定説である「債権者一般の社会通念に従って債権が取立不能か否かを合理的に判断する」との見解を是認して複数の債権者が介在する貸倒れについて規範を示したものである。

　本最高裁判決は、控訴審である東京高裁平成14年3月14日判決が、「債権者が権利行使できない社会批判などの事情は全て他事であり考慮すべきでない」とした判断を違法として破棄しており、第一審である東京地裁平成13年3月2日判決が、「債権者が債権回収を図ることは有害・無益な行為であって経済的にみて行うに値せず社会通念の上で不能である」とした判断を妥当として支持している。

　本章では、前段にて既に触れた貸倒れ一般に係る問題について要約し、後段で興銀事件に沿った具体的な問題について要点を述べることにする。

# （一） 債権の貸倒れに係る一般的な問題

## 1　貸金等に係る回収不能の判定

　前章で述べたとおり，法人税法には貸倒れについて直接の規定がなく，同52条1項は貸倒れに備えての貸倒引当金に関して規定しているだけであり，法人税基本通達9－6－1・同9－6－2は売掛金・貸付金を一括りにして「貸金」とし貸倒れについて例示しており，同9－6－3には売掛金の貸倒れについて備忘価額を残す場合の特例を設けている。
　この貸金が貸倒れに陥ったかの判定は法人税法22条4項の一般に公正妥当と認められる会計処理の基準を経由して商法や企業会計の定説に従うことになる。
　しかし，興銀事件の控訴審である東京高裁平成14年3月14日判決は「貸倒れ通達が一般に公正妥当と認められる会計処理の基準を補完しその内容の一部を構成する」として通達を殊更に重視している。しかし，既に指摘したように，通達は法規範でなく単なる例示に過ぎず，また全ての事例に妥当するものではないと解するべきであり，実際に通達の解釈によって徒にハードルを高くし，結果として納税者の請求を棄却することも可能である。したがって，回収不能の認定について検討するに先立ち，貸金等の内容について触れておく。

## 2　発生主義と売掛金の回収不能

　そもそも売掛金と貸付金とは法的及び会計的な性質を異にするから貸倒れの認定に当り両者を区分してみるのが妥当と思われる。
　売掛金は，売主と買主との売買契約に基づき商品が買主に引渡されたときに収益（売上高）と共に計上され，短期間で他勘定（現預金ないし受取手形）に

振替えとなるのが通常であり，代金決済に至るまでの間の経過勘定である。保守的な会計処理（現金主義）を前提にすれば，収益は金員（若しくは金銭等価物）を受領するまでは認識されず売掛金が計上されることはない。そもそも民法533条は双務契約において同時履行の抗弁権を定めており，売主が商品を引渡し買主が金員を支払った時点で同時履行の抗弁権が消滅することになり，例えばマンション分譲などでは同時履行の抗弁権の消滅をもって収益に計上するのが確立した慣習である。

発生主義では，買主に引渡した時点で当該商品は棚卸資産から引落され，代わって売掛金が貸借対照表能力を取得することになる。しかし，現金主義では，当該商品は占有が移転しても金員回収が実現するまでの間は棚卸資産に計上されたままであり売掛金の認識は必要ではない。この売掛金は棚卸資産の額と利益相当額との合計額で構成されているから，発生主義に依らない場合には利益相当額は金員回収が実現するまでは認識されることはない。

この売掛金の金員回収に焦付きが発生した場合には，棚卸資産が災害や横領・詐欺などにより毀損した場合と同じく経済的損失が生じたことになる[157]。法人税法33条1項は棚卸資産については評価減を認めているが，売掛金の減額は，昭和25年に新設された貸倒準備金制度（所得額の2割を繰入累積限度）にて手当てされており，評価性準備金を繰入る方法と評価損を計上する方法との二重の手当てを講ずるまでもないとの趣旨と解されてきた[158]。しかし，この準備金は，第3章(四)の1で指摘したとおり，昭和39年に洗替え方式の貸倒引当金に改編され法定繰入率が採られたため個別の評価が全く反映しないものとなってしまったのである[159]。

したがって，昭和39年の時点で平成10年に至って創設された個別貸倒引当金を制定すべきであったと考えられる。

## 3　売掛金に係る貸倒れ認定の在り方

企業会計原則は，収益の認識基準として実現主義に基づくとするが，実現の

概念は収益稼得に客観性と確実性とが備った段階で収益を計上し同時に売掛金を計上することになる(160)。

しかし，売掛金は，通常は数ヶ月の後に金員回収され消滅するか受取手形に振替えとなるかであるが，このような短期間の経過的なものについて爾後に経済情勢の急変に遭遇することは稀であるから，金員回収に焦付きが生じた場合には遡って計上の段階で確実性の要件が充足していなかったとみるべきである。

したがって，期日が到来して金員回収が実現しない場合には，特段の事情がない限り，売掛金を帳簿から除外し損金に計上することを原則とすべきである。この場合，後日に商品の返還や幾許かの金員回収がなされたときには，その時点で改めて収益（雑益）に計上し益金に算入することにすべきである。

次に，貸付金の果実というべき受取利息については，「利払い期日が到来しても入金がないか極めて少額（慣行では約定額の1割以下）の場合には，期末日以降の新たな未収利息は計上しなくともよく，既に計上した延滞未収利息は焦付きとして償却し損金に計上することになる」から（昭和41年直審（法）72「金融機関の未収利息の取扱」，法人税基本通達2－1－15），延滞が発生した後の取扱いは現金主義に戻ることになる。

このように，売掛金や未収利息の計上は発生主義に依拠するものであるから，貸倒れの判定もまた発生主義の主旨である「事実の認識と金額の測定」に委ねるのが一般に公正妥当と認められる会計処理の基準に適合すると解すべきである(161)。

既に指摘したとおり，最高裁昭和49年3月8日第二小法廷判決（民集28巻2号186頁）が「未必所得に課税するのであれば後日生じた貸倒れによる損失は控除すべき」旨を明示しており，これに該当する売掛金や未収利息はこの判決の論旨に沿って貸倒れの処理がなされるべきである。

## 4 貸付金の貸倒れと立証責任

貸付金の元本は発生主義や実現主義と関係なく，金員が支出されたときに貸

借対照表能力を取得し，金員によって回収されたときに貸借対照表能力を喪失することになり，この場合に金員回収が債権額の一部か全部かを問わない。この貸付金が回収不能となったときには，それが債権額の一部か全部かを問わず，貸借対照表能力を喪失したとして期末に評価して除外すべきことになる。

貸付金が回収不能に陥ったかは，既にるる述べたように「債権者一般の社会通念を基準」として判定すべきことになり，納税者が当該貸付金を債権償却して損金に算入し確定申告を行った場合には，課税庁は確定申告に示された納税者の意思に従うのが原則であると考えられる[162]。

確定申告に示された損金計上を阻却すべき理由があるか否は，課税庁の税務調査に委ねられるが，納税者は，調査に当り貸倒れの基礎たる事実，すなわち，当該貸付金を取り巻く事情や償却に至った経緯を詳らかにする義務を果たすべきことは言うまでもない。

この点，貸倒れの立証責任に関するものとして広く支持を受けている仙台地裁平成6年8月29日判決（訟月41巻12号3093頁）は，「納税者において，貸倒れとなる債権の発生原因，内容，帰属及び回収不能の事実などについて具体的に特定して主張し，貸倒れの存在をある程度合理的に推認させるに足る立証を行わない限り，事実上その不存在が推定されるものと解するのが相当である」としている。もっとも，この事案（キーセンター事件）において「貸倒れの基礎たる事実」の立証責任は，原告が訴外・債務者に対する金銭貸付が存在したか否かが争点となったのであり，金銭貸付の存在を立証すべき責任を原告が負うことは貸倒れ判定の上で当然のことであり，この仙台地裁判決の論旨を過大評価するのは禁物である。

## 5 興銀事件における対象債権の状況

貸倒れの基礎たる事実として具体的には，貸付金が債務者の事情によって元利払いが履行不能に陥った場合に貸倒れが発生したと認識すべきである。

ちなみに，興銀事件の対象貸付金はＪＨＬ社の再建計画によって，平成5年

4月から10年間に亘って無利息・無弁済とする条件変更が行われていたが，このような元利払いが長期に亘って望めない貸付金はもはや金銭債権と呼ぶに値せず，帳簿に記載されていること自体が不合理であり10年経過後にも資産性を有するかは誰も予測できないと思われる[163]。

　この点，米国企業会計基準には「現在の情報及び事象に照らして貸付金の約定の利払い及び元本支払いの双方が当初契約にて予定されている条件通りに履行されない蓋然性が高い場合には当該貸付金に減損が生じたと認識すべき」（SFAS第114号第8パラグラフ）として「減損額は合理的な判断および見積りにより測定され償却（帳簿からの引落し）を行うべき」（SFAS第114号第11パラグラフ）旨を定めている[164]。この米国で「一般的に承認された会計原則（GAAP）」は法人税法22条4項の「一般に公正妥当と認められる会計処理の基準」に相当する概念であるとされている[165]。それゆえ，貸付金の利払いや元本支払いに瑕疵が生じたときには，先ずは貸付金が毀損し貸倒れが発生したと認識すべきである。そして次の段階で当該貸付金の毀損度合いを測定するに当って初めて債務者の資産状況・支払能力や担保状況が問題になると解される。

　したがって，従来からの貸倒れ通達は第4章の(三)の4で触れた「事実の認識と金額の測定」とが錯綜していると考えられる。すなわち，第2章の(三)の3及び4にて述べたように法人税基本通達9－6－2は幾度かの改編にて簡素化され「債権の全額」との例示だけが殊更に強調されるに至っている。しかし「債権の全額」に限るのであれば金額の測定は不要であり，貸倒れに係る事実の認識も全額回収不能か否かに絞られるのであり，このように限定的に解するのは税務執行の上で利便的であっても，納税者にとって過酷な事態を招来するのである（渡辺・前出注(49)79頁を参照）。

# （二） 貸倒れと法人税法の各条項との関係

## 1　法人税法22条4項と貸倒れの認定

　本章の冒頭で述べたように，興銀事件の控訴審である東京高裁平成14年3月14日判決は，①「貸倒れ通達が一般に公正妥当と認められる会計処理の基準を補完し，その内容の一部を構成する」とし，さらに②「ある損金をどの事業年度に計上すべきかは，具体的には，収益についてと同様，その実現があった時，即ち，その損金が確定したときの属する事業年度に計上すべき」とした上で，③「貸倒れ通達による損金算入時期についても，これを恣意的に早めたり，あるいは遅らせたりして課税回避の道具として利用することは，法人税法の企図する公正な所得計算の要請に反し，一般に公正妥当と認められる会計処理の基準の適合しない」と述べている。

　そもそも昭和42年の法人税法の改正にて同法22条4項に一般に公正妥当と認められる会計処理の基準が設けられた趣旨について，立法に関与された吉牟田勲教授は次のように述べている[166]。すなわち，「従来から，法人税の課税所得は企業利益を前提としており，税法独自の目的からは最小限の修正を行うもの」とし「税法は完結的な所得計算の体系を規定せず，企業会計の基準に修正を施すときには別段の定めを設けることになる」旨を述べている。また，中村利雄税理士は「一般に公正妥当の"一般に"の意味は税法上の要求を排除する趣旨である」としている[167]。

　このことからは，興銀事件における貸倒れの判定は，公正な慣行として定着していた金融機関における統一経理基準（昭和42年蔵銀1507号）に依るべきである。すなわち「無価値の債権若しくは最終の回収に重大な懸念があり損失の発生が見込まれる債権は直接償却を行う」旨の基準に従うべきである。

そして，興銀の監査法人がＪＨＬ社向け債権の処理に関して平成8年3月21日個別意見書（甲317号証）にて「本件債権は平成8年3月期に直接償却を行うのが妥当であり，税務申告の上でも損金に計上しないと首尾一貫しない」と明示しているのである。

この一般に公正妥当と認められる会計処理の基準について，武田昌輔教授は「この規定の立法趣旨からして免責基準としての性格を有する」旨を述べ[168]，金子宏教授は「公正妥当との概念には法的救済の機会の保障を含むと解される」旨を述べている[169]。

中里実教授は，法的救済の機会の保障を含むことを斟酌され「この基準を否認規定とした用いることは租税法律主義に抵触するおそれがある」旨を説かれており[170]，法定監査にて個別処理の妥当性が担保された場合に，寄附金規定の適用など明文の根拠なくその処理を否認する権限は課税庁に与えられていないと解される（前出注(136)を参照）。

## 2　損金の計上時期と確定の意義

興銀事件の控訴審である東京高裁平成14年3月14日判決は，上記1の②にて「損金の計上時期について実現したときとか，確定したとき」と判示している。税法の上で，収益については所得税法36条1項の「収入すべき金額」との規定を手掛かりとして権利の確定が援用されるが，法人税法には権利確定に関する規定上の手掛かりを見出すことはできない。また，企業会計は収益の計上基準として発生主義・実現主義を採用しているが，原価・費用・損失については専ら発生主義に委ねられている。

したがって，法人税法22条3項に定める原価・費用・損失について殊更に実現したときとか確定したときとすべき根拠がない。また，同1号の原価については収益と個別的に対応し，同2号の費用は収益と期間的に対応することになるが，同3号の損失については収益と対応するものではなく，専ら事実の発生に委ねられる。

また，東京高裁平成14年3月14日判決の論旨は最高裁平成5年11月25日第一小法廷判決（民集47巻9号5278頁）の判旨[171]を引直したものと推認されるが，最高裁平成5年11月25日判決はあくまで収益の計上時期に関するものであり，これをもって損金全般について実現とか確定とかの概念を根拠なく付加することはできないと解するべきである。それ故に，本東京高裁判決の上記1の②の論旨は，むしろ一般に公正妥当と認められる会計処理の基準にも適合しないものである。

## 3　法人税法33条2項と貸倒れの認定

　既に第2章の(二)の3などで述べたところであるが，貸倒れ通達が「回収不能は貸金全額」と例示していることことから，法人税法33条2項の「金銭債権の評価減禁止」を持ち出して補充する見解について，ここで総括しておきたい。
　先ず，貸金等の部分貸倒れについて旧債権償却特別勘定の設定（間接償却）は是認されてきた[172]。この評価性引当金繰入れが金銭債権の評価減禁止に抵触しないが，直接減額を行うと金銭債権の評価減禁止に抵触するとの解釈は自家撞着である。
　企業会計原則及び同注解注17(2)では，債権額から貸倒見積り額を控除した後の金額を表示し見積り額を脚注に記載することを容認しており，貸借対照表に一部減額後の金額を表示し引当額を注記する方式として認知されている（商法施行規則30条2項，法人税基本通達11-2-1も同旨）。この簿外に引当金を注記する方式は結果的に評価減と変わるところはなく，これが法人税法33条2項に抵触しないとすることに無理があろう。
　最近の学説の動向は，貸倒れによる損失を実現損ないし確定損とみて，実質的にも形式的にも評価損ではないとする見解が有力である[173]。そうすると評価損ではない貸倒れに法人税法33条2項を当て嵌めること自体が論理矛盾である。

## 4 回収不能部分の分別と特定

　金子宏教授は，債権者が債務者に対して複数の貸付金を有する場合に貸倒れ部分の識別について非常に示唆に富む見解を示されている(174)。

　すなわち，複数の貸付金は契約の成立時期（金員の支出時期）を異にし，約定の利率・弁済方法及び弁済期限を異にして，担保権設定も契約成立時期の古い貸付金が優先するのが通常であり，個別契約に基づく各貸付金は明確に金額が区分されている。

　商法では，金銭債権は名目上の金額すなわち債権金額を付す（商法施行規則30条1項）とされ，帳簿に記載すべき金銭債権は債権金額より取立不能見込額を控除した金額を超えることを得ず（商法34条3項）と規定されてこの考え方が定着していたから，個別の契約の全額が回収不能の貸付金と認定された場合には，仮に法人税法33条2項を持ち出しても抵触することはない。そして債務超過の度合いと契約成立時期に応じて回収可能貸付金と回収不能貸付金とに区分することは比較的容易なことである。

　次に，単一貸付金の部分が回収不能の場合に如何に判定するかであるが，渡辺判事は「特に貸倒れ部分が区分されて金銭的に明確に評定し得るような場合であれば殊更に否定すべき理由もない」としていることに尽きると考えられる(175)。

　そして，前述の債権償却特別勘定では回収不能部分を特定して繰入れている場合には損金に認容しているから，貸倒れ通達9－6－1(4)を適用する場合に回収不能部分を特定して直接償却を行うことで足りると考えるべきであり，回収不能部分を特定し債務免除を要件とするべき必要性は全くない。

　さらに，課税庁が同通達9－6－1(4)の「債務免除の額」との例示を重視して，「債務免除しなければ税法上は損金と認められない」とすることはできない。なぜなら，私企業に行政上の都合によって債務免除を強要することは財産権の不可侵（憲法29条）に抵触する惧れがあり，また租税法律主義の上でも妥当で

はないであろう。

## 5　貸倒れの認定と債務免除との関係

　上述のとおり，貸倒れの認定に当って，債務免除も回収断念の意思表示に他ならないから，債権償却に殊更に付加すべき理由がない。すなわち，貸付金が償却された場合には商法の上で貸借対照表能力を喪失しており，それで事足りると考えられる。

　ちなみに，建物の除却損の計上では，建物を実際に取壊した場合のほか有姿除却も認められており（法人税基本通達7－7－2），貸倒損失の計上は当該債権が帳簿から引落され期末の貸借対照表からも除外されていればそれで十分であり，簿外の請求権までも法的に消滅させるべき必然性がない。

　ただし，この場合に債権者が簿外の請求権をむやみに行使することは厳に慎むべきであり（金子・前出注(23)120頁参照），時を隔て事態が好転し，既に償却され損金に算入された簿外の請求権から幾許かの回収がなされた場合には，その時点で償却債権取立益に計上し益金に算入すれば足り，このことが課税負担を減少させて弊害を招くことはない。前述の渡辺論文にも「将来の時点で回収可能性が再生したような事態では課税が納税者の経理組織面で確保されていれば緩和した解釈が妥当」と指摘されている[176]。

　既に述べたように同一の債権・債務であっても，借入金は債権者の債務免除の意思表示がない限り「負債の部」に記載された価額が絶対的な意味を有するから，債務免除は債務者の債務超過の状態を速やかに解消し，整理手続きや再建手続きを促進する場合に限って有効性が認められる。また，貸倒れの最終局面と言うべき破産法適用の場合には債務免除が介在していない。このことからも債権者一般の社会通念を基準とする貸倒れの判定に債務免除の有無が影響を与えるものではない。

## 6 法定多数の利益と債務免除の合意

　債務者が特別清算によって終息を迎える場合や会社更生法を適用して再建する局面では債務免除（債権の切捨て）が介在することになる。これは偏に債務超過を解消し清算手続きや更生手続きを促進することが全債権者の"法定多数の利益"（商法450条，会社更生法205条）に資するからである。

　ちなみに，住専処理では「各社を法的整理に委ねると債権者の負担の確定に時間を要しその結果として金融システムの混乱を招き国益を大きく損ねる」との認識（橋本龍太郎総理大臣の答弁：平成8年4月16日参院予算委会議録7号）において，関係者間では共通しており，債権者全員の合意による債務免除・贈与によって債務超過を解消するべく任意整理・普通清算が選択された。

　しかし，この住専処理に限らず特別清算や更生法を適用する局面においても，債務者の欠損金発生から5年を経過して債務超過を解消する場合には債務免除益に課税問題が生じて手続きの障害となる。平成16年の改正で欠損金の繰延べ期間は7年（脱税の除斥期間と同じ）に延長されたが，これとても更生計画遂行に要する期間（15乃至20年）の半分にも満たない。

　また今日，欠損金の繰戻しを一時的に停止したままで平成4年から10年以上放置するような税制は先進国では見当たらない。仮に法人税の貸倒れの認定が商法・企業会計に比べ厳格であるとすれば，それは法人税法81条の「欠損金の1年繰戻し還付制度」によって調整されるべきであり従来はそのようにされて来た。したがって，興銀事件における年度帰属を巡る争いは法人税法81条の機能が一時的に停止している局面で生じたことが銘記されるべきである[177]。

　このように我が国では，バブル崩壊後に深刻なデフレ現象が生じたにも拘らず税制上有効な手当が講じられることはなかったのである[178]。

## （三）　興銀事件における論点と貸倒れの判定

### 1　本事案に係る法人税基本通達9－4－1の適用

　渡辺淑夫教授は，住専処理に関して興銀・長銀の事例を取上げて，「この事案は貸倒れの局面ではなく法人税基本通達9－4－1を適用した子会社等の撤退費用の問題であった」と指摘し「興銀が訴訟に至って始めて貸倒れを主張したことは国税側も予想外であった」として「興銀は本件債権に担保権を有しており，これに基づき債権を行使することによりかなりの回収が可能であった」とする。

　また，渡辺教授は税務顧問として関与されていた長銀について「長銀は国有化によって東京地裁に訴訟を提起しなかった」としている[179]。

　渡辺教授は，昭和55年当時に在職された国税庁にて法人税基本通達9－4－1新設に関与されたようであるが，その後の著書において「法人税基本通達9－4－1を適用する局面であっても貸倒れ」である旨を明示しており[180]，貸倒れの局面を殊更に狭く解すべきではない。そのことは措くとしても，平成9年10月30日に興銀と踵を接して東京地裁に訴訟を提起した長銀の事案では，担保権を巡る争点が最も重要な意味をもっていた。すなわち，被告・国税側は「興銀の事案と異なり，原告（長銀）は担保権を放棄せず優先弁済権を確保していたことは，債権回収を図っても非母体行に対する背信行為と考えていなかったことの証左である」旨を主張し原告・長銀は「本件担保権は当時の経済・社会情勢の下では，もはや形式的なものであり，非母体行との信義則や政府・大蔵省の強力な行政指導により当該担保権の行使は不能であった」旨を反論していた（末尾の〈資料6〉の(四)の3参照）。

　したがって，渡辺教授が「興銀が訴訟に至って始めて貸倒れと主張したとか，

長銀が訴訟を提起しなかったとか，興銀は担保権の行使でかなりの回収が可能であった」とするのは事実を誤認したものである。

国税庁審理室の現職担当官は，平成8年5月15日の産業経理協会の講演で「法人税基本通達9－6－1の適用局面と類似して明確な線引きができないのが法人税基本通達9－4－1の適用局面である。子会社等に対して有している不良債権については，その債権放棄による損失は貸倒れということはできない。特別清算や破産といった貸倒れの最終局面の前段階で，貸倒れ的な要素（回収不能の部分）と利益供与的な要素（回収可能な部分）を分別することなく全てを利益供与と捉えて寄附金性を判別し法人税基本通達9－4－1を適用する」としている（末尾の(資料6)の(三)の2及び甲249号証97頁を参照）。しかし，無償の利益供与か有償の利益供与かを分別することは寄附金規定の本旨であるから，このような無理な理由によって強引に法人税基本通達9－4－1を適用する国税庁の方針には多いに疑義がある。

## 2　本最高裁判決の事実認定に対する批判

興銀事件の最終審である平成16年12月24日最高裁判決は，その事実認定において「仮に住専法や公的資金を盛り込んだ予算が成立しなかった場合にも興銀が社会的批判や金融債取引先である系統の反発に伴う経営損失を覚悟してまで，損失の平等負担を主張することができたとは，社会通念上想定し難い」とするが，青柳達郎教授は上記事実認定に疑問が残るとしており，その論拠の一つとして青柳教授は平成10年の日本リース㈱の破綻処理に際して再建時の系統金融機関に関する取扱いが反故になったことを挙げている。すなわち，長銀の破綻により日本リースが倒産し系統金融機関を含めた全金融機関の損失負担は債権額に比例按分（プロラタ）となったことを青柳教授は重視している[181]。しかし，破綻した長銀が直系ノンバンクの処理において主力行・母体行としての責任を反故にしたとしてもこれを批難すべきことにならない。なぜなら，主力行・母体行責任はあくまでも当該金融機関が存続することを前提にして果たす

べきものであるからである。

　ここで，平成10年の日本リース㈱の事例に先立ち，平成9年4月1日に破産申立てがなされた日債銀系ノンバンク（クラウンリース㈱など3社）について触れておく。

　クラウンリースは，平成4年5月に関係金融機関全ての支援を受け再建中であったが，住専処理に1年遅れで破綻し関係金融機関の損失負担は債権按分（プロラタ）となった。これは再建時の約定に反するものであるが，日債銀は今だ破綻に至っていないものの苦境にあり，同行が存続を図るには母体行責任を果たすとの約定を順守できない状態にあると一般に受け止められた。

　しかし，この直系ノンバンクの破産申立てを契機として，日債銀発行の金融債は，興銀とのクーポン格差が0.5％を超えることになり，なお且つ，金融債の発行額が急減を辿る結果を招いた（平成9年3月期：8兆3,000億円→平成10年9月期：4兆3,000億円）。そして遂には日債銀の資金調達に重大な支障をきたすに至っている（東京地裁平成16年3月25日判決［長銀ノンバンク支援事件］判時1881号14頁参照）。

　このことは金融債を発行する金融機関にとって，系統金融機関など金融債の取引先との信頼関係を失うことが致命傷となって跳ね返ることを如実に物語っている。逆に金融債を発行する金融機関が破綻する事態に陥った場合には，自らの存続を前提にする金融債取引先との関係は割り切ることができるのである。

## 3　興銀事件における貸倒れ否認の根拠

　この事案の貸倒れ否認の根拠について，興銀事件の控訴審である東京高裁平成14年3月14日判決は「JHL社には債務総額の4割に上る1兆円の資産が残されていたと推認される」として更正処分を是認している。

　しかし，本件貸付金に係る根担保権が無条件で放棄されており，課税庁も平成11年2月22日準備書面(九)にて「担保権放棄が無条件でされていること自体は争わない」としていた。ちなみに本件貸付金の総額（3,760億円）は手形形

式の短期貸付金（1,570億円）と証書形式の長期貸付金（2,190億円）で構成されていたが、前者は再建時の合意によって既に無担保に帰しており（代わって系統債権1兆円が全額有担保となった）、後者は期末時点で根担保権が放棄され、その事実は債権譲渡契約に則してJHL社から他の担保権者に書面にて通知された（本書の第2章の（三）の3、末尾の（資料6）の（一）の5及び（三）の3を夫々参照）。本件の控訴審は、既に述べたとおり「債権放棄に伴って担保権を放棄したから条件付と解する」（同判決文40頁）とするが、本約定書（末尾の（資料4）を参照）の第3条2項や第4条の規定から無条件放棄であることは容易に判別できるから、本控訴審は明らかな判断遺脱を犯している。

興銀は本件貸付金が全て無担保であるから、「債務者に対し有担保債権と無担保債権とが並存する場合に夫々について回収可能性の有無を判定し、有担保債権の一部しか回収できない場合には、担保処分前であっても無担保債権は最早回収不能として貸倒れが認められる」と主張した。課税庁も本件債権が全額無担保の事実について抗弁せず、最高裁に提出した平成16年11月17日答弁書において「JHL社には担保外の資産が1,000億円強も存する」から「本件貸付金が無担保であっても未だ全額回収不能ではない」として方針を転換していた。これは「担保処分後であっても債務者が無資力になっていなければ貸倒れは認められない」とする旨の反論である。確かに、既に述べたように金銭債権について「一般的に債務者の全財産を担保とする」との見解がなくはないが、この担保外の資産とは債務者の一般財産を指すものであり争点はこの一般財産（残余財産）の存在に移っていたのである[182]。

## 4 一般財産の存在と貸倒れの判定

この1,000億円強の一般財産が存在するとの課税庁の抗弁は、本件に係る更正処分が調査不足のまま行われたことを自白するものであり、またこの1,000億円強が全て担保外の資産であるとしても2兆4,000億円強の債務総額に対して5％にも満たない割合となる。

第5章　貸倒損失の計上と興銀事件の論点　111

　先ず，JHL社の発足以来，自己資本比率は常時1％を切る水準で推移しており，同社資産の大宗は住宅ローンなどの営業貸付金で，これは全て債権譲渡されて借入金債務（準共有方式による被担保債権）の担保に提供されていた。

　同社の再建計画によって2兆4,000億円の借入金債務は平成5年4月より10年間に亘って金融支援措置が採られており，この間に正常住宅ローンの期限前返済（高利の住専から借換えによる一般金融機関へのシフト）によって常時滞留金が発生していた。

　この滞留金は，担保契約の趣旨・機能からすれば被担保債権の元本繰上げ弁済に充当するのが本来であるが，元本払いが凍結されていたので代わってこの滞留金は非母体行の金利軽減債権の利払いや少額債務の弁済に充当されていた。JHL社が，著しい債務超過に陥り日を追って深刻化する状態にありながら，資金繰り破綻に至らなかったのは，この滞留金の流用があったからである。

　同社が再建を断念し事業閉鎖を機関決定した期末の時点で，同社の現預金・その他貸付金（コールローン）の残高は986億円（未払利息など少額優先債務と相殺後）であった。これは上記のとおり正常住宅ローンの期限前弁済に起因する滞留金であるから「担保代り金」として被担保債権に優先して充当される性質のものであり，これは一般財産ではない。

　次に，平成5年に創設された㈱共同債権買取機構では元利延滞中の貸付金買取りを「持込元本の9割を限度」（金融財政事情平成4年11月9日号28頁）としていた。これは破産事件の最終配当率が1割程度であることに由来するものであり[183]，同機構では1割程度の一般財産からの配当を"かまどの灰"と称していた。したがって，1割程度の一般財産が残っていることを殊更に取り上げて問題視すべきものではない。既にるる述べたとおり，金融実務の上では，償却され損金に算入された後に幾許かの配当が受けられた場合には益金に算入する処理が定着しており，課税庁も平成11年2月22日準備書面(九)にて「償却債権取立益を計上し益金に算入する場合がある」とした認定と辻褄が合わない。また，東京地裁昭和49年9月24日判決（税資76号779頁）は回収不能の認定に当り「債権者の真摯な回収努力」を要件とするが「残余財産からの配当」は真

摯な回収努力の範囲を超えた問題であることは明らかである。

興銀事件の最終審である最高裁平成16年12月24日判決は，「興銀が非母体行に債権按分による損失分担を求めることは，本件債権が債権譲渡契約の被担保債権に含まれるかを問わず社会通念上不能」と判示しており，この一般財産からの配当は社会通念上回収不能に併呑されていると解するべきである。

## 5　本件債権に関する弁済請求権の有無

ここで，一般財産に対する請求権の有無について触れて置きたい。先ず，平成8年8月23日更正通知書には，「債権放棄に付された解除条件は期末の時点で条件の成否が未定であるから，解除条件の不成就が確定した時点で債権放棄が確定する」と記しており，期末の時点で放棄された債権は存続すると認定している。しかし，債権放棄の効力は意思表示の時点で発生しJHL社が財産譲渡契約を締結し解散した時点では効力が持続することで確定していると解するべきである。

次に，平成9年7月29日減額更正通知書には，「平成8年8月31日にJHL社が住宅金融債権管理機構との間で財産譲渡契約を締結し同年9月1日に解散したから解除条件の不成就が確定した」と記しており，課税庁の読替えに沿って敢えて別意に解したとしても解散の時点で本件債権は完全に消滅している。

その点は措くとして，一般財産に対する弁済請求権は"債務者の解散"を待って発生するものであるから，JHL社の一般財産に対する弁済請求権は解散の事実をもって発生することになるが，その時点で弁済請求権の基礎となる本件債権は存在しない。

したがって，課税庁が一般財産に対する弁済請求権に着目して回収の余地を詮索しても全く無意味な行為であり，また，本件債権放棄に解除条件付であることをもって，回収断念の意思表示が「確実でないとか確定しない」とする一部の見解は上記の関係からみても完全に的外れである[184]。

興銀事件の最終審である平成16年12月24日最高裁判決は，「本件債権が回収

不能であることは客観的に明らかで債権放棄が解除条件付でされたことによって左右されるものではない」としているが，解除条件の付与を税法上の観点と称してあれこれ詮索する以前に条件事実を詮議すべきである。本件解除条件は，ＪＨＬ社が平成8年12月末日までに「営業譲渡の実行と解散の登記を行わないこと」としており，一般財産に対する請求権が発生する解散の時点にて不成就が確定することになる。

## 6 優先債権の回収と劣後債権の断念

興銀事件の最終審である平成16年12月24日最高裁判決は，母体ニューマネー（300億円）の回収に着目している。すなわち，興銀は閣議決定後の平成7年12月29日に母体ニューマネーの回収を完了していたが，この母体ニューマネーは再建時の合意に依拠し，且つ正常住宅ローンの期限前返済から生じた滞留金で弁済を受けたものである。この件について平成8年2月23日衆院予算委員会では，北側一雄議員が，「実質破綻会社から任意弁済を受けることは詐害行為であり取消すべき」と追求したのに対し，浜崎民事局長は，「再建時に約された弁済であれば法的根拠があるものとして詐害行為取消権の対象にならない」旨を答弁している（同上会議録11号）。

これからも，興銀が弁済順序の合意に反して按分弁済を求めることは，母体ニューマネー回収の法的根拠を自ら崩すものであり同時に他の債権者から糾弾を浴びることは必定である。したがって，300億円の回収が覆る危険を冒してまで按分弁済を求めることに経済的合理性はなく有害・無益として回避されるべきである。

にも拘らず，興銀事件の控訴審である東京高裁平成14年3月14日判決では，再建計画の一環として母体ニューマネーを新規供与し閣議決定後に全額回収した事実を認めながら，「再建時に母体行として不利な返済条件等を受け容れたことは窺われるが，これをもってＪＨＬ社破綻後の整理条件において母体行債権が非母体行債権に劣後させる旨の合意がされたとはいえない」と判示してい

る。

　しかし，本高裁の判断には，興銀が立証した非母体行幹部の認識すなわち「第二次再建計画の合意をもって母体行債権が弁済順序において最劣後に位置することになった」旨の陳述（東京地裁平成13年3月2日判決文164頁に記載された甲435号証：池谷陳述書，甲439号証：立花陳述書）を斥ける理由が付されていない。

　また，野党第一党である新進党は，政府・与党の方針公表に先駆けて平成7年10月17日付の意見表明において「再建時の約定が整理時に反故となれば金融取引の根幹をなす信義則に違背する」（平成7年10月17日「住専問題の解決に向けて」）と明示しており，国会審議においても大原一三農水大臣は「大蔵・農水覚書など再建時の経緯に鑑み系統の優先弁済が合意された」（平成8年2月5日衆院予算委・会議録6号）と答弁している。これらの見解と上記高裁の判断とは齟齬をきたしているのである。

　興銀事件の最終審である平成16年12月24日最高裁判決は，「興銀はJHL社の整理が避け難い情勢になった後に母体ニューマネーを回収しており，系統が完全母体行負担を主張することに無理からぬ面がある，興銀もかかる経緯から，本件債権の放棄額以上の負担を回避しようとしていた」と判示している。本件控訴審は再建時の合意が整理時に及ぼす拘束力ついて評価を誤ったと考えられる。

## 7　系統贈与の意味と倒産法の理念

　前記1で触れたとおり，政府の住専処理策で示された三者（母体・一般・系統）の損失負担の割合が債権按分（プロラタ）でないことをもって，課税庁が「貸倒れとして扱うことなく法人税基本通達9－4－1を適用し寄付金非該当として取扱う」とした方針（平成8年1月19日「ニッキン」）には誤りがあると考えられる。

　この方針は系統贈与に着目したものと推測されるが，平成8年2月21日衆院

大蔵委員会で，新進党の中村時広議員が，「系統は，住専とは資本関係もなく経営関与責任もないが，金融システムの安定に資するべく贈与を行うとしている。この贈与に，親子関係に準ずる関係を根拠とする通達を適用するのは論理矛盾ではないか」と追及した。これに対し国税庁の政府委員（課税部長）は，「系統と住専とは親子関係に準ずる関係にないことは確かであるが，資金取引があるから子会社等の等に該当する」と答弁している（同上会議録5号，8号）。しかし，この国税庁内野課税部長の答弁は，誰が見てもおかしな議論である[185]。なぜなら，資金関係を有することが直ちに子会社に該当するのであれば，金融機関が融資関係を有する先は全て子会社となってしまう。また，住専七社の設立に関与し出資払込みした先が母体行と定義され，これが親会社に準ずる責任を有するとして政府案が策定されているのであるから，国税庁が「住専が母体・一般・系統の三者にとって等しく子会社に該当する」として寄附金通達9－4－1を適用しようとすることは短絡的であり，論理的にも無理がある。

　この系統が期末に実行した5,300億円の拠出は，5兆5,000億円の全額回収を証約する一種の「手付金」とも評すべきものである（民法557条）。これは対価性が明白であって寄附金規定からは"有償の供与"というべきものであるから，国税庁が系統の贈与に対して法人税基本通達9－4－1を持出して寄附金非該当とすべき必要性はどこにもなかった。

　そもそも，住専処理は倒産法の理念に叶うものと評価されるが，倒産法の基本理念は債務者が破綻するに至った帰責事由を考慮して公平を図るものであり「同じ立場の者は同じ扱い異なる立場の者は異なる扱いをなす」とされる[186]。久保亘大蔵大臣は，平成8年2月6日衆院予算委員会にて「母体・一般・系統の三者は単に債権・債務の関係だけでみて平等ということではなく，住専問題が発生した経緯や夫々の立場を踏まえ，相当の期間を費やして議論・協議がなされ，関係者の合意が成立したものである」旨を答弁しているところであるが（同上会議録7号），三者は立場が異なるとして取扱うことに何ら不自然な点が見当たらない。具体的に，住専の再建時には金利減免幅に格差が設けられ「母体行は全免，一般行は5割，系統は2割」とされており，また平成5年2

月3日大蔵・農水覚書では「金利の高い先から弁済する」としている。これらを踏襲した閣議決定は「母体行は債権全額，一般行は債権額の5割，系統は債権額の1割，残額は公的資金」と損失分担に格差を設けて要請し斡旋しているから，三者の負担割合に格差が存することは公平の理念に叶うものである。

他方，課税上格差が存することについて，最高裁昭和60年3月27日大法廷判決（民集39巻2号247頁）は，「同じ状況にある者は同等の扱いをなし，異なる状況にある者は異なる扱いをなすべき」旨を判示しており，課税の公平が意味するところは倒産法の基本理念と共通するものと考えられるから，JHL社が破綻に至った帰責事由を考慮して系統の負担が軽く興銀の負担が重いことは課税の公平を害することにならないと解するべきである。

倒産法の理念に照らすと，興銀事件の第一審である東京地裁平成13年3月2日判決は，「原告のような立場の債権者は債務者が破産となっても債権届出を辞退して弁済を受けないのが顕著な事実である」旨を明示しており，この顕著な事実を裏付ける「重要な証拠」が提出され且つそれは裁判所が発行したものであるから(187)，少なくとも東京高裁にはこの「重要な証拠」を斥ける理由を述べる責務があると考えられが，これを欠く本東京高裁平成14年3月14日判決は理由不備に該当することになる。

最高裁昭和23年4月13日第一小法廷判決（民集2巻4号71頁）は，「ある事実を疎明する複数の書証が提出されているにもかかわらず，原審は十分な審議をなさずその判示も頗る不十分であるから，理由不備の違法がある」としており，また最高裁昭和43年11月15日第一小法廷判決（判時538号47頁）は，「権利が消滅していないことを証明する重要な証拠が存するにもかかわらず，原審はこれを排除する理由を明示せずかつ無条件で放棄されたとする特段の事情に言及することもないから，理由不備の違法がある」としている。これらの最高裁の判例は既に摘示したところであるが（前出注(85)を参照），本高裁判決は確立した判例法理に反することは明白である。

## ＜この章のまとめ＞

　貸倒れの一般論としては，売掛金や未収利息など未必所得に関する貸倒れは，発生主義会計の本旨に沿って対応すべきと考えられ，債務者の資産状況とか支払能力とかを持ち出して徒にハードルを高くすべきではない。

　貸付金については，貸倒れ発生の事実に基づき「金額を明確に評定」して対応すべきであって，債権者が社会通念に従って回収を断念した場合には貸倒れが認められるべきである。興銀事件の場合にも関係者が幾度かの協議の結果を踏まえて，政府の斡旋案に合意した時点で本件債権は無価値に帰しており，平成7年12月19日閣議決定の後も本件債権は未だ回収不能に至っていないとする見解は事理に反する強弁である。

　また，債権の切捨てや債務免除が通達に例示されているからといって，これを殊更に重視すべきではない。債権の切捨てや債務免除は専ら債務者の整理促進に資するものであり，貸倒れの最終的な局面ともいうべき破産法が適用される場合では，債権の切捨てや債務免除は不要である。

　したがって，金融機関が有する貸付金の貸倒れについては，複数の債権者が関与し且つ各債権者の立場が異なるのが通常であるから，債務者が破綻に至った帰責事由を考慮して負担割合に差等を設けるのが公平の理念に叶うことになる。興銀事件における原告・興銀の主張は実質的な債権者公平を旨とするのに対し被告・課税庁は債権者の負担はあくまで「プロラタ」との形式論に拘泥するものである。本最高裁判決が社会通念に従って総合的に判断すべきとするのは，債権者間の夫々の事情を考慮して一律に「プロラタ」との形式論を排除したものと解され客観的に回収不能とする判断には実質的公平の理念が含まれていると解される。

　銀行にとって，貸倒れのリスク分散のため複数の金融機関が協調融資を組成することは必須であり，この判決の射程は業務遂行の上で重要な参考になると思われる。

<注>
(157)　東京地裁昭和52年3月9日判決（訟月23巻3号607頁）は、不法行為によって資産が失われた時には同時に加害者に対する損害賠償請求権を取得するから、加害者が無資力であることが判明しないと被害額を損金に計上できないとしている。しかし、不法行為による損失の発生は突発的なものであり継続し反復される商取引ではなく現金主義に委ねるしかないと思われる。また、賠償請求権を取得したことが直ちに資産に計上することにならない。国際会計基準10号［偶発事象及び後発事象］29項には「その実現が未定な偶発利得は財務諸表に計上してはならない」とし商法34条3項も「帳簿に記載する金銭債権は取立不能見込額の控除を要する」と規定するから、賠償請求権は金員が収受されるまでは簿外の権利に留まり、被害額は発生の時点で直ちに損金に算入される。東京高裁昭和54年10月30日判決（判タ407号114頁）は、「法人税法22条の趣旨から、同一原因により損失及び収益が時を隔て確定するような場合には各個独立に確定する」旨を判示し、上記の東京地判を取消しており最高裁昭和60年3月14日第一小法廷判決（税資144号546頁）はこれを支持している。

　　　また、発生主義の下では売掛金の計上時期に棚卸資産は貸借対照表から引落され売上原価として損金に算入されるが、現金主義の下では金員収受の時期までは棚卸資産は損金に振替ることはない。この売掛金が後日に全額焦付きとなった場合には、現金主義との対比において究極的に棚卸資産の額を除く利益相当額を損金に認容することに帰着するとも考えられる。もっとも、貸倒損失の計上と同時に既に損金となった棚卸資産を原価から組戻す場合は別である。

(158)　塚田十一郎『解説改正税法・再版』（昭和25年、日本経済新聞社）384頁。
(159)　山本守之『検証・法人税改革』（平成9年、税務経理協会）42頁。
(160)　植松守雄「収益の計上時期に関する諸問題」租税法研究8号71頁。
(161)　品川・前出注(59)30頁では「貸倒れは、一般に公正妥当な会計処理の基準に従うとしても当該基準を厳格に解し損失が生じたことが確実と認められるものに限定すべき」とし、既に取上げた大阪地裁昭和44年5月24日判決を論拠に挙げている。しかし、この判決が対象とする事案は昭和42年に法人税法22条4項が制定される以前のものであり、これを以って当該基準を厳格に解すべきことにならない（吉牟田勲「債権の評価に関する会計原則と商法・税法との関係」税経通信32巻11号57頁及び第2章(二)の1を夫々参照）。
(162)　清永敬次『税法（六版）』（平成15年、ミネルヴァ書房）123頁。
(163)　平成8年4月16日参院予算委員会で関根則之議員は、「母体行債権は再建時に取立不能として処理するよう指導すべきであった」として大蔵省を糾弾しているが、貸倒れ通達も「再建計画に基づく元利棚上債権であって弁済開始までに5年を超える場合には無税償却を認める」とするから、本件貸付金は係争年度に至る以前に無税償却が認容されていて然るべきであった（森厚治「住専母体行の貸倒損失に関する東京地判」金法1607号15頁参照）。
(164)　河本・前出注(74)305乃至307頁。

(165) 金子・前出注(46)270頁。
(166) 吉牟田・前出注(120)44～45頁。
(167) 中村利雄『法人税の課税所得計算（改訂版）』（平成2年，ぎょうせい）69頁。
(168) 武田昌輔「一般に公正妥当と認められる会計処理の基準」判時986号4頁。
(169) 金子・前出注(46)256頁。
(170) 中里・前出注(52)税研40頁。
(171) この最高裁判決に関するものとして，中井稔「法人税法22条4項に関する一考察」税務事例38巻2号1頁を参照。
(172) 渡辺淑夫・山本守之『法人税法の考え方・読み方』（平成9年，税務経理協会）305頁。
(173) 金子・前出注(23)117頁。石倉・前出注(66)109頁及び谷口・前出注(66)126頁。
(174) 金子・前出注(23)120頁。
(175) 渡辺・前出注(49)79頁。
(176) 渡辺・前出注(49)79～80頁。
(177) 河本＝渡辺・前出注(45)78頁。
(178) 岸田・前出注(60)22頁。
(179) 渡辺淑夫「不良債権処理と解除条件付債権放棄」『新裁判実務体系18－税務訴訟』（平成17年，青林書院）411頁。同じく長銀は訴訟を提起しなかったと説くものとして青柳達朗「貸倒債権の損金計上時期（上）」山口経済学雑誌54巻5号72頁。
(180) 渡辺・前出注(95)22頁。
(181) 青柳達朗「貸倒債権の損金計上時期（下）」山口経済学雑誌54巻6号68頁。
(182) 東京地裁平成11年3月30日判決（税資241号556頁）には，「貸倒れは債務者の返済能力という不可視的事由に関わるから客観的・外観的事実に基づくべきであり，原告が債務免除の意思表示をしたという事実だけでは足りず，当該債権に担保権が無いとか，有っても実行が期待できないことや債務者が返済能力を喪失していることの立証を要する」として，無担保の状態を客観的・外観的事実に基づくとして重視している。もっとも，この事案では「免除された債権が根抵当権の被担保債権に含まれていなかったことが明確ではなく仮に無担保だったとしても，債権者が免除後も相当の任意弁済を受けていたから，本件債権は回収不能の状態になかった」としている。この事案は興銀事件と射程を異にしていることは明らかであるが，担保権の有無といった要因を重視して客観的・外観的事実に基づくべきと判断する論旨において注目すべき判例であると考えられる。
(183) 田中・前出注(78)6頁。
(184) 解除条件は金融取引ではごく一般的な法形式あり，条件は「将来の不確実な事実」にかからしめるから（内田貴『民法Ⅰ（三版）』（平成17年，東京大学出版会）293頁），確実でなく確定しないのは附款の法的性質そのものであって，それが逆であれば既成条件（民法131条）ないし不能条件（民法133条）に該当することになり，法律行為が無効か若しくは附款が無効となる。この問題は改めて第6章にて取り上げる。

(185) 平成10年の通達改正にて，国税庁は法人税基本通達9－4－1における「子会社等」の例示について注書を設けて，出資関係・人的関係などの他に資金関係がある場合に該当する旨を記載しているが，これは従来の例示に不備があることを結果的に認めたものと解されるのである。
(186) 伊藤眞『破産法（全訂三版）』（平成12年，有斐閣）11頁。
(187) 東京地裁民事二十部「平成8年11月15日管財ニュース8号」及び最高裁事務総局編『破産事件執務資料』91及び92頁。

# 第6章

# 条件付債務免除の
## 　　　　会計上・税務上の諸問題

＜本章における問題の所在＞

　最高裁平成16年12月24日第二小法廷判決（民集58巻9号2637頁）にて確定した興銀事件については，訴訟提起に先立つ平成9年10月27日国税不服審判所の裁決（東裁(法)平9第47号）の段階から第一審・控訴審を経て最高裁判決に至るまでの間に30点を超える数多くの評釈・論文がみられる。

　たとえば，既に摘示した佐藤英明「金銭債権の貸倒れを損金に算入するための要件」（ジュリスト1310号180頁）のように「控訴審判決の方が従来の考え方に沿っている」とし論旨が必ずしも鮮明でない評釈もみられるが，本書では，主に谷口勢津夫「放棄された貸付債権相当額の法人税法上の損金該当性」（民商法雑誌133巻3号504頁：以下＜谷口評釈＞と称す），青柳達郎「貸倒債権の損金計上時期(上)・(下)」（山口経済学雑誌54巻5号65頁，同54巻6号53頁：以下＜青柳評釈＞と称す），及び醍醐聡「条件付債権放棄の会計・税務問題」（東京経済大学会誌250号67頁：以下＜醍醐評釈＞と称す）を取上げて，主に会計上・税務上の諸問題について検討し所見を述べる。

# （一）　興銀事件と条件付債務免除の別意解釈

## 1　興銀事件の争点と条件成就の効力

　この事案は住専七社の一つであるＪＨＬ社に対して興銀が有していた債権（3,760億円）を平成8年3月期に直接償却して確定申告を行ったが，国税当局はこれを否認し更正処分に及んだので興銀が取消し訴訟を提起したものである。この訴訟の争点は，第一に本件債権が平成8年3月期の時点で無価値に帰していたか否かであり，第二に本件解除条件付債務免除の効力によって本件債権が消滅していたか否かである。そして各評釈は二つに分けて論点整理を行うのが一般的である。

　この場合，第二の争点は本件債権が無価値の状態になかったと判定された場合に限って詮議の対象となり得るものである。もっとも，上記の谷口評釈には「債務免除がなかったとすれば最高裁は認めなかった」として貸倒れの判定の上でも債務免除の有無が重要な要素となり得るとして第一点と第二点との折衷的な見解を述べているが，この点については後述するとして，ここでは主に第二点として要約された内容に焦点を当てる。

　この場合，次の事柄に留意を要することになる。すなわち，本件平成8年3月29日約定書（甲4号証）の規定から本件解除条件が不成就となる場合は随時であるが，成就の場合は平成8年12月末日の経過を待つ必要がある。そして，期末の時点で本件債権の一部が有価値であったとしても，平成8年12月末日の経過によって有価値の状態が継続しているかどうかは不明であり，時の経過によって本件債権の価値が滅失することを考慮し検討するべきである。

## 2 平成8年8月23日更正通知書の記載

　この事案の起点となった更正通知書（甲1号証）には，要旨として次のように記されている。
① 興銀は平成8年3月期にJHL社向け貸付金（3,760億円）を債権放棄したとして，その放棄額を直接償却し損金の額に算入している。この債権放棄には「平成8年12月末日までに解散と営業譲渡が実行されないこと」とする解除条件が付されている。
② 法人税法22条3項3号の「損失の額」は「確定した損失の額」と解され，債権放棄による経済的利益が寄附金に該当しない場合，債権放棄による損失は確定を要すると解されるが，解除条件付の債権放棄については，期末の時点でその条件の成就・不成就が未確定であり条件が成就すると債権が復活するから，経済的実質において債権放棄損が確定するのは条件の不成就が確定したときの属する事業年度と解される。
③ なお，平成8年3月21日連絡文書（後の訴訟における乙1号証）によると，JHL社には1兆2,103億円の資産があるとされているから，本件貸付金は全額回収不能とは認められない。

　この更正通知書に先立つ平成8年6月17日の国税庁非公式見解（後の訴訟における甲523号証）には，次のように記されている。
① 今回の住専処理は，関係者合意の下で全ての母体行が営業譲渡の日までに揃って債権放棄を行うのであれば，放棄の日が属する年度の損金に算入される。
② 無条件の債権放棄は，今後，他の母体行が揃って債権放棄を行うのであれば，その一環として行われたことが確認され，平成8年3月期の損金に算入される。
③ 解除条件付の債権放棄は，私法上有効であっても税務上は放棄の実態になく，他の母体行の放棄が揃うまで放棄を留保したものと考えられ，実質的に

停止条件付の債権放棄と解する。
④　住専処理に限らず一般に，解除条件付の債権放棄は条件の成就・不成就によって課税関係が左右され，それを文字通りに解すると恣意的な期間損益操作を許すことにもなり課税上著しい弊害を招くことになる。

とする内容が記されており，更正通知書はこの非公式見解の考え方を基本的に踏襲したものであって，更正通知の②を主たる否認理由とし，③を尚書に留めているが，本来，平成8年3月21日連絡文書（乙1号証）の記載数値が貸倒れ否認の根拠に成り得るかが最も重要であったことは論を俟たないと考えられる[188]。

なお付言すると，上記の更正通知①には「放棄額を直接償却した」と記すが，貸借対照表から本件債権の全額を引落す上でその債権が放棄されたかどうかは無関係であり，この①の記載は無意味であるが，②の理由を補強する意図が垣間見えるのである。

## 3　平成9年10月27日裁決と予算・法案の成立

国税不服審判所の裁決は，第4章の（一）の3にて詳述したとおり，本件解除条件を実質的に「平成8年度予算と住専法（平成8年法律93号）が成立しないこと」と読替えた上で本件解除条件は実質停止条件と解されるとして，期末の時点で未だ債権放棄の実態にないとの理由によるものであった。

しかし，本裁決の結論は請求人・原処分庁の主張・立証によるものではなく，国税不服審判所が職権調査権を行使して独自に調査した結果によるものであるが，住専法の各規定は平成7年12月19日閣議決定で要請された母体行の全額放棄など「1次ロス」の決着を当然の前提として立案されているのである。

この「1次ロス」との関係について本裁決は，興銀が平成8年3月21日に「JHL社の損失分担に関する連絡」として非母体行に通知した内容を捉えて「期末までに母体行無弁済・一般行部分弁済・農林系統全額弁済について異議なき旨の合意を得ていたと認められる」としながら，「この合意はあくまで平

成8年度予算と住専法が成立することを前提とし，それに至る合意の形成過程に過ぎない」としており，ここでも合意の効力発生について予算と住専法の成立にかからしめているのである。

既に第4章の(一)の6にて触れているが，この「前提」の意味するところは曖昧であり，後の控訴審・東京高裁平成14年3月14日判決も「大前提」とするだけで同旨の説示をなしている。本裁決の前後の文脈からみるに，この「前提」の意味するところは停止条件と解したと認められる。

そこで以下では，平成8年度予算と住専法の成立時期が如何なる意味を有するかについて詳らかにする。

## 4 平成8年度予算と公的資金の投入

先ず，平成8年度予算については，住専七社の「1次ロス」処理に投入される6,800億円の公的資金が盛り込まれており，この予算案が国会に提出されたのは平成8年1月24日であり，衆院本会議で可決され事実上成立したのは同年4月11日である（憲法60条2項には予算の議決では衆院の決議が優先すると規定している）。

その後の北海道拓殖銀行・山一證券等の破綻が相次いだ平成10年8月27日衆院金融安定化特別委員会にて，宮沢喜一大蔵大臣は「公的資金の投入によって救われたのは住専に大口融資をしていた系統金融機関に貯金していた人たちだった」とし「このことはもう疑いのない明々白々たる事実である」と答弁している[189]。この答弁は遡って平成7年12月20日未明の記者会見にて村山富市内閣総理大臣が「公的資金の投入は農村救済の一環」と明言していたのと符合している。

しかし，平成8年3月当時の新聞報道は公的資金投入の目的を曖昧にして，只管，公的資金の削減と銀行悪者論を煽るといった偏った報道に終始している。したがって，予算や住専法の審議に参加した与野党議員の認識と国会情勢を報ずる新聞記事との間に相当のギャップがあることに留意すべきである。

当時，自民党・社会党・新党さきがけの三党は与党連立を組んでおり，衆・参両院で圧倒的多数を擁していた[190]。それを背景として国際的にも注目を集めた住専問題の早期解決は，平成8年1月のG7蔵相会議における我が国の国際公約であり，平成8年6月27日にリヨン・サミットを控え政府与党は会期内成立に不退転の決意で臨んでいたと認められる。他方，野党第一党である新進党も同年3月4日に座込み戦術を採ったが，これが批判を浴び同年3月24日岐阜参院補選で大敗して座込みを解除した段階で政府・与党の方針に対抗する術を失って後は只管審議を尽くしたとの体裁を繕うことに腐心したと認められる。

　それゆえ，期末の時点で公的資金を盛り込んだ平成8年度予算や住専法が通常国会の会期内（同年6月19日）に成立することは確実に進行する既定の事実となっていたのであり，これが与野党議員の共通認識であった[191]。

　なお，住専処理を契機として平成8年当時に公的資金投入の途が開かれたことが，その後の日本長期信用銀行・日本債券信用銀行等の破綻処理に結果的に資することになり上記の宮沢喜一大蔵大臣の答弁もそのことを意識したものと推認される。逆説的に公的資金を投入した住専処理は，それに続く金融危機に備えて節目の役割を果たしたことは明らかである。また，次に述べる住専処理法は幾度となく改正され，住宅金融債権管理機構が「日本版RTC」である整理回収機構に脱皮するのと歩調を合わせている。

　このような観点からは，住専問題はバブル崩壊後の不良債権問題と金融危機の幕開けであり，長銀の破綻処理に投入された公的資金は約7兆円に上るとされ，その一割にも満たない6,800億円の投入に難色を示した一部の有識者や当時の世論は既に胎動していた金融危機に対する先見性や洞察力に欠けていたといわざるを得ない。

## 5　住専処理法の目的と構成

　住専処理法（平成8年法律93号）については，末尾（資料3）に掲載しているが，この法律の目的は住専七社の全資産が住宅金融債権管理機構に一括譲渡

された後に発生が見込まれる「２次ロス」などの後処理を目的にしており，閣議決定で斡旋され関係者が合意した「１次ロス」を律するものではない。

　この法律は，第２章［預金保険機構の業務の特例］を中核とし，将来発生する「２次ロス」の負担を政府と民間が折半する平成８年１月30日閣議了解（末尾（資料２）参照）の細目を定めるものとして構成されている。すなわち，政府側が負担する２分の１相当部分は緊急金融安定化基金（住専法６条）にて対応し，民間金融機関が負担する２分の１相当部分は金融安定化拠出基金にて対応する旨が規定されている（同９条）。その他に住宅金融債権管理機構に対する出資の許可（同５条）や同社に将来借入れの必要が生じた場合に債務保証を行う旨（同11条）などで構成されている。

　以上のとおり，この法律は将来発生が見込まれる「２次ロス」に係るものであるから，閣議決定で示された「１次ロス」すなわち母体行は債権全額を放棄することを所与の前提とするものであり，母体行債権の全額放棄を旨とする関係者の合意は「住専処理法の成立を前提にする」との見解は本末転倒である。

　本裁決はこのような見解をはじめて持ち出したのであるが，しかるに裁決文には住専処理法の内容を吟味した痕跡が全く窺うことができない。

　後の控訴審に国税側から提出された有識者の意見書（乙111号証，乙112号証，乙114号証，乙123号証）には，貸倒れ通達（法人税基本通達９−６−１）が冒頭に記す「法令の規定による」との例示から，この法律が住専向け債権の償却や切捨てを律すると誤解しているのではないかと疑われる。たとえば乙123号証には「住専法が法案の段階（これを住専処理案という）では債権の間接償却（引当金の繰入）を行い，住専法が成立した段階では債権の直接償却を行うのが公正妥当な会計処理であり，債権放棄も完全となる」と述べている。また，乙112号証には「当時の国会・世論の動向を引き合いに出して，全額放棄を既定事実とすることは租税法律主義をないがしろにするもの」と述べているが，しかるに「住専法の成立が予断を許さない」との立論は当時の新聞記事を唯一の証拠としているのであるから，これも矛盾している。

　何れにせよ，本件債権を全額放棄する旨の合意が住専法の成立を前提とする

見解は同法の各条項を吟味した上で述べるべきであり，結局，上記の各意見は"住専処理法"という語感に頼ったものに過ぎないと思われる。

## 6　解除条件付と停止条件付の債権放棄

既に詳述したとおり，本裁決は「本件債権放棄に付された解除条件は，税務上は課税の公平の観点から外形ではなく実質に応じて判断されるから，ある一定の法律の成立が期待される場合に，法律の不成立を解除条件として法律成立以前にその効果を享受することは，恣意的な期間損益操作を可能とし課税上著しい弊害を生じさせる」とし「実質停止条件付と解する」としている。この論旨は，上記2の平成8年6月17日国税庁非公式見解をなぞったものとみられるが，非公式見解は「条件の成否に左右される」ことを恣意的な操作の理由とするのに対して，本裁決は「ある一定の法律の成立以前に効果を先取りする」ことを恣意的な操作を許すとする点で両者の間に隔たりがある。

そして，本裁決の解釈は「一定の法律すなわち住専法の成立が債権放棄を正当化し債権放棄による損失の損金算入を是認する効力」を有していなければ成り立たない。また，このような判断を行うには住専法の立法趣旨や各条項の内容を吟味することが前提である。

しかし，当時の国会審議における大蔵大臣や内閣法制局長官の答弁などからは，上記5にて述べたとおり「住専法が民間金融機関の自主的な債権放棄を制約する効力を有することはなく，仮にそのような効力を有するとすれば，それは憲法29条2項（私有財産権の不可侵）に抵触し違憲性を帯びることになる」とされ，この答弁は官報に記載された公知の事実であるから，国税不服審判所が裁決に至る過程で看過したとは思われないが，何れにせよ停止条件付と読替えることは誤りであり，独自の権能を有する準司法機関として，上記の国税庁非公式見解を正すのが本来の機能であったと考えられる。

また，本裁決は，興銀が提示した文献（於保不二雄編「注釈民法(4)・総則(4)」（昭和45年，有斐閣）307頁：金山正信執筆）を部分的に摘示して「民法の理論

においても，ある一定の条件が解除条件か停止条件かについて行為の外形からは必ずしも明らかでない場合には，その実体によって判断される」とする。

　請求人である興銀がこの文献を提示したのは「解除条件付の債権放棄と停止条件付の債権放棄とは効力の発生時期を異にして，当事者の会計処理もまた効力の発生に従う」旨を立証する趣旨であった。

　本裁決は，解除条件か停止条件かは実体によって判断されるとするが，しかし，この文献の記述は賃貸契約において借主が「自宅を新築したら借家を明け渡す」とする約定を解除条件付の賃貸契約と解するか若しくは停止条件付の解除契約が付加された賃貸借契約と解するかに関するもので，何れに解しても法的効果は同じ場合を対象としている。本件解除条件付の債権放棄の場合はこれを停止条件と読替えるとその法的効果は全く異なるのであって，上記賃借契約の説示を援用することは誤りである[192]。

　しかし，その後の訴訟において，被告・国税側は裁決の判断を借用して，①本件債権放棄の効力発生は予算と住専法との成立後に確定するとするのみならず，②関係者合意の効力発生についても予算と住専法との成立を前提にするとし，更に無条件で放棄された根担保権の効力発生についても予算と住専法との成立を停止条件としたのである。そこで，金融取引における解除条件の一般的な機能と本件解除条件の背景事情について以下で言及してみる。

## (二) 金融取引における解除条件の機能

### 1 金融取引と失権約款

　金融機関の通常取引において，解除条件の付与は日常茶飯事のことで取分け意識されることもない[193]。特に金銭の貸付業務では債権保全の手段としての「期限の利益喪失条項」など，ある一定の事実が生じた場合に直ちに契約を失効させるものである。これは失権約款とも呼ばれ[194]，海外の貸付契約では"エベント・オブ・デフォルト"として広く定着している。また，保険会社の各種の約款や建設会社の請負約款などで契約失効を定める条項は解除条件を援用している。

　これらの解除条件を援用した約定は，将来の不確定な事実にかからしめており，成就・不成就の可能性は問題にならない。のみならず，これらの約定は主たる契約の附款に過ぎないのであり，たとえば金銭の貸付契約が主たる約定であって，期限の利益喪失条項はこれの附款である。そして貸付契約の相手方（債務者）が将来の時点で破産する可能性が相当程度高いと客観的に予測される場合には，そもそも貸付契約を締結すること自体が不合理であり不自然でもある。なお，念のため付言すると解除条件を停止条件と読替えたとすると，債務者が破産しないことが明らかになるまでは貸付契約の効力は発生しないことになり，貸付業務自体が成り立たないことになる。

### 2 債権放棄に解除条件が付された事例

　興銀事件の係争年度である平成8年3月期において，当時ミニ住専として注目を集めた㈱日貿信の再建計画では100社を超える関係金融機関の足並みが未

だ揃っていなかった。そこで第一勧銀をはじめとする主力6行は先行して債権放棄に踏み切ることになり，その際に主力六行は，「日貿信の再建計画が予定通りに進行しないことが確認されたときには，平成8年3月期に遡って債権放棄を失効させる」旨の解除条件を付している。この意図は再建計画と異なる方策が講じられることになった場合に既に債権放棄を先行した主力六行が不利益を蒙ることを回避するものである。同じく平成8年3月期において，大阪銀行の系列ノンバンクである㈱だいぎんファイナンスは大阪地裁に特別清算を申立てた。申立ての時点で母体行である大阪銀行は債権全額を放棄したが，その放棄契約には「特別清算の協定認可が行われないときには，本放棄契約は失効する」旨の解除条件を付している。この趣旨は特別清算の協定が法定多数で可決できず，だいぎんファイナンスが破産に移行した場合に備えるものと認められる。そしてこの両事例は解除条件の付与に関係なく平成8年3月期の損金に算入されている（日貿信：甲419号証及び420号証，だいぎんF：甲389号証及び551号証）。

この点について本裁決は，課税庁の「解除条件付債権放棄は全て未定として取扱うものでなく，法律行為の時点で損益が確定したと認められる場合は直ちに損益を計上することになる」との意見（平成9年1月14日再答弁書）を是認して他の類似事案の如何が本件に影響を与えないとしている。しかし，これは（一）の2にて触れた「解除条件付の債権放棄は住専処理に限らず一般に…課税上の弊害」とする国税庁の非公式見解と完全に相反する。また，興銀事件の控訴審である東京高裁平成14年3月14日判決は「仮に類似事案において損金算入が認められた例があるとしても，控訴人（課税庁）が被控訴人（興銀）を殊更恣意的に不公平に扱おうとしたと認めるに足りる事情は認められない」としているが，これでは明らかに舌足らずである。

## 3　解除条件付法律行為の税務処理

解除条件付法律行為による収益の認識・計上について，既に指摘した最高裁

昭和53年2月24日第二小法廷判決（民集32巻1号43頁）は，原審が「仮執行宣言に基づく割増賃料の受領は解除条件付の法律行為に過ぎず，暫定的で未確定であるから収益に計上できない」としたのを違法とし，「解除条件付の割増賃料の受領は，後日に取消しとなる可能性があるが既に金員が有効に受領されており，その時点で所得が実現したとすべきである」と自判しており，「後日に仮執行宣言が失効し解除条件が成就した場合には，その年度の所得額から返還すべき金額を控除して計算する」旨を判示している（前出注(134)参照）。この判決は金員の受領と解除条件の成就とを切離して判断していると認められる。

また，不法行為による損失の発生と損害賠償請求権との関係について，東京地裁昭和52年3月9日判決（前出注(157)参照）が「法人税法は発生主義のうち権利確定主義を採用し，収益は収受すべき権利が確定した時を，損金は履行すべき義務が確定した時をそれぞれの年度帰属の基準とし，不法行為による損失は損害賠償請求権の実現を待って損失に計上すべき」とした。しかしこの判断に対して，控訴審・東京高裁昭和54年10月30日判決（前出注(157)参照）は，この第一審・東京地裁昭和52年3月9日判決を違法として取消している。その理由として，「法人税法22条は損金・益金の各項目につき金額を明確にして計上すべきことを制度本来の趣旨とするから，損失及び収益が同一原因により時を隔て確定するような場合には，各個独立に確定することを原則とし両者互いに他方の確定を待たなければ一方の確定を妨げるという関係に立つものではない」旨を判示している[195]。この判決も損失の発生と時を隔てた収益の計上とを切離していることは明らかである。

そもそも解除条件付法律行為の税務上の取扱いについては，法人税基本通達2−1−15注書において「転用未許可の農地に関わる権利売買」では契約締結と同時に損益を認識し計上するとされているのである[196]。

## 4 権利・義務の確定と管理支配基準

税法・税務会計では，企業会計と異なって確定を基準とする見解が存し，上

第6章　条件付債務免除の会計上・税務上の諸問題　133

記の東京地裁昭和52年3月9日判決もその流れに沿うものである。興銀事件においても既に述べたように，国税庁非公式見解や本裁決は実質的に停止条件と読替えて意思表示の時点で効力が発生することを否定しているが，東京地裁・第一審の初期段階では，被告・国税側も私法上の効力は経済的実質の観点から読替えが可能としたが，途中から私法上は有効であっても解除条件が付された法律行為は確定しないとの立論に切り替えている。東京高裁・控訴審では，国税側は「確定しない」とするほかに，予備的に解除条件付の債権放棄は債権者が引続き「本件債権を管理支配している」と主張している。そこで，確定と管理支配について触れておく。

　先ず，収益に係る権利確定については，法人税法の規定に手掛かりを見出すことができず，清永敬次教授は「権利確定の段階も様々であって唯一の収益計上時期を提供するものではない」と述べている[197]。また，法人税法22条3項2号を根拠とする債務確定は，昭和35年12月税調答申が未払退職給付費用を停止条件付債務と解しており，これを引用する学説もみられるが（武田・前出注(53)103頁参照），今日の会計理論では退職給付費用は不確定期限付債務であり停止条件付債務ではないとするのが通説である。

　この債務確定は「最終的に金額の合理的な算定によって担保される」と解され[198]，判例・学説もこれを支持していると考えられる[199]。

　また，管理支配基準は帰納的な概念であり金子宏教授が「その適用範囲をみだりに拡張すべきでない」と指摘するものである[200]。本来，債権・債務の契約においては金員が債権者から債務者に移転して発効し，債務者から金員が債権者に返還されて回収が完了する。本件債権は既に述べたように，平成5年4月から弁済が凍結されており平成8年3月末で債権者が回収を断念したかどうかに拘らず，本件契約に伴う金員は引続き債務者の手元に留置されている。したがって，本件債権放棄が解除条件付の故をもって，債権者である興銀は「未だ本件債権の管理支配を喪失していない」との立論は理解に苦しむものである。

## 5 解除条件付債権放棄と二取引基準

　今日の会計理論では発生主義に基づく期間計算を旨としており，これによれば債権放棄と時を隔てた解除条件の成就とは別個の取引と認識すべきである。たとえば，外貨建取引の換算に関する会計処理の基準として，我が国では，外貨建の輸出入取引と決済取引とを独立した取引として処理を行う「二取引基準」による方法が公正妥当な会計慣行とされている。因みに，外貨建の輸出入取引と決済取引とを一連の取引とみなす（「一取引基準」）と収益の額が為替決済完了の時まで確定しないことになる[201]。

　この外貨建輸出入取引と決済取引とは，前者が発生すれば時を隔て後者の取引は必ず生ずることになる。しかし，解除条件付債権放棄では，債権放棄による損失が法律行為の時点で発生しても，時を隔て解除条件が成就するか否かは不明であり，仮に解除条件が成就したとしても何がしかの雑益が実現するかどうかも不明である。解除条件が不成就の場合は法律行為の時点で発生した損失がそのまま持続することで確定することになる。したがって，将来，発生するかどうかが不確かな解除条件の成就については債権放棄による損失の計上とは切離し別個の取引として認識するのが公正妥当な会計処理の基準に適合することになる。また，上記3の判例の論旨からも債権放棄と解除条件の成就とは別個の取引と解するのが妥当である。

## 6 解除条件付債権放棄の会計処理

　債権放棄による損失は，解除条件付であれ無条件であれ，法律行為の時点で損失を計上することになる。ＪＨＬ社は期末の時点で債務免除益を計上しており，これと表裏の関係にある債権放棄損を計上するのが正しい会計処理である。たとえば，興銀の請求を棄却した控訴審・東京高裁平成14年3月14日判決も「ＪＨＬ社は平成8年3月期に3,760億円の債務免除益を計上した」（同判決文

第6章 条件付債務免除の会計上・税務上の諸問題　135

37頁）と認定している。なお，本件が停止条件付であれば期末の時点で債務免除益は計上されず同時に債権放棄損も計上されない。

次に，解除条件が成就した場合であるが，商法34条3項は「債権金額より取立不能見込額を控除した額を超えることを得ず」と定めているから，債権が復活しても貸借対照表能力を有するのは回収が実現する額だけである。

すなわち，既に(一)の1で指摘したとおり，本件解除条件は平成8年12月末日の経過により復活するが，ＪＨＬ社は期末日の現況で6割を超える債務超過の状態で且つ日を追って悪化を辿っていたから，それが9ヶ月間野晒しとなると新たな延滞の発生や更なる資産劣化が進捗することになり，期末の現況で9ヶ月後に本件債権から如何なる回収額が実現するかを合理的に見積ることなど不可能である。

上記4で述べたとおり，債権放棄と解除条件の成就とは別個の取引と解したとしても後者の取引が発生するかどうかは期末の時点で全く不明であり，現実の流れは興銀の確定申告の時点で条件不成就が確定しているのである。

ちなみに，国税通則法23条2項は後発的事由による更正の請求制度を設けており，東京地裁昭和60年10月23日判決（訟月32巻6号1342頁）は，所得年度の終了時に締結された契約が法定申告期日の前日に合意解除されたため譲渡所得は発生しなかったとして申告した事案について「国税通則法23条2項の趣旨に鑑み，法定申告期日までに合意解除があり，それが真実であれば譲渡所得がなかったものとして当該申告に反映することは許される」と判示した[202]。この判示からは，本事案の場合には法定申告期日（平成8年6月末）までに「予算や住専法が成立し施行されていた」から本件申告を否認することは更正の請求制度の趣旨に反するものである。

本来，租税債権・債務は「期末の時点で抽象的に発生し，納税者の確認の作用を経て法定申告期日に税務官庁に通知することによって具体的に確定する」から[203]，期末時点の判断を申告時点までに発生した後発的事実で確認することは当然に妥当である。

また，法人税法の取扱いでは，契約解除の事実が生じた場合に既往に遡って

課税関係を修正することなく，解除の事実が発生した時点で前期修正として特別損益を計上することになる[204]。この約定に基づく解除権の行使と解除条件の成就とは前者が契約締結時に遡及するのに対し後者は原則として遡及しないのである。したがって，前記(一)の2に記した国税庁非公式見解のように，後者のみが"課税上の弊害"とするべき根拠がないと考えられる。

### 7　消滅した債権と復活したときの債権

期末時点で消滅した債権が平成8年12月末日の経過により復活したとしても，両者の間に同質性は認められない。本件の債権総額3,760億円は，甲4号証記載のとおり手形形式の貸付契約（1件：1,570億円）と証書形式の複数貸付契約（19件：計2,190億円）から構成されており夫々の貸付契約はその成立時期や債権金額を異にしている。そしてこの証書形式の貸付契約（2,190億円）は，期末日に根担保権が無条件で放棄されており，興銀が証書貸付に係る根担保権を放棄したことは債権譲渡担保契約書7条の規定（甲25号証）に則りJHL社が他の担保権者に書面にて通知しているから権利移転は完結している[205]。ちなみに手形形式の貸付契約（1,570億円）は，平成4年の第一次再建計画の経緯から既に無担保の状態にあった。

また，本件債権が復活するのは，政府の住専処理策が進捗せず平成8年12月末日の経過をもって条件が成就した場合である。銀行取引約定書4条1項には「債権者からの請求により人的・物的担保の提供義務を債務者が負う」旨を定めているが，この銀取約定書4条1項所定の請求権は債務者が特別清算や破産に至った場合には行使できないから[206]，任意弁済請求権は法的整理に移行した場合には消滅している。

このことから，仮に条件が成就して本件債権が復活したとしても，それは全額無担保であるから無価値の債権が復活するに過ぎず，回収可能性の見地から条件成就や法的整理移行の可能性を問題にする実益は存しない。

## （三） 興銀事件に係る学説の動向

### 1 貸倒れを確定損とみる見解

　谷口勢津夫教授は、冒頭に摘示した評釈において貸倒損失は確定損であるとして、興銀事件の最終審である最高裁平成16年12月24日第二小法廷判決は「債権放棄を要請している」と解するようである（前出注(123)参照）。すなわち〈谷口評釈〉519〜520頁は「上記最高裁判決が当該金銭債権の…全額が回収不能であることは客観的に明らかでなければならない」との表現を捉えて「この客観的には三つの意味に解される」とし、「第一は債務者の客観的な財務状況の意味であり、第二は本件債権の放棄が公知の事実となっているとの意味であり、第三は客観的な経済的環境との意味である」としている。

　しかし、本事案は、ＪＨＬ社の破綻処理に際して、立場の異なる複数の債権者が存し夫々の利害が錯綜したが、最終的に2度に亘る再建計画の経緯・合意に鑑みて政府が斡旋した処理策に沿って調整が図られ合意に達したものである。その結果として本件債権が弁済順序において最劣後に位置することになり全額無価値に帰したのであり、谷口評釈の第二で強調されている「本件債権の放棄が公知の事実となっている」かどうかとは無関係であると考えられる。

　また、〈谷口評釈〉525頁は「本最高裁判決は貸倒損失を確定損として捉えており、それは評価損と区別されるもので、債権の滅失・無価値化を内容とする確定損の発生をもって損金に計上される」旨を説くがこの論理は難解である。何故なら、本件債権が無価値に帰したときには貸借対照表能力を喪失しており、簿外の請求権をも滅失させるべき必要性は存しないからである。

## 2 債権の全部放棄と部分的放棄に関する見解

谷口教授は「本最高裁判決は，債務免除による貸倒損失の損金算入と子会社等の整理損失等の負担の損金算入との棲み分けを明確にした」とし「債権の全額放棄の場合には前者の処理，債権の部分的放棄の場合には後者の処理にそれぞれ一本化することによって，課税実務に根強い後者による不良債権処理に対して明確な射程と正当な位置付けを与えたもの」と評価されている（＜谷口評釈＞521頁）。しかし，子会社等の撤退損の場合で法人税基本通達9－4－1を適用する局面は，債権の部分的放棄の場合に限定すべき理由がなく，また本最高裁判決が債権の全部放棄と部分的放棄との棲み分けを明確にしたと解することは独自の見解である。また，＜谷口評釈＞520頁の和歌山銀行の場合は総合住金（住専七社の一つで第二地銀が母体行）に対する「母体行債権を全部放棄」する事例であるから，子会社等の整理損失として債権を部分的放棄する場合に当らないのである。なお，和歌山銀行の場合は無条件の債権放棄であったから直ちに損金算入が認められたと解するようであるが，同行の場合は「政府案以外に住専処理の方策は考えられず，総合住金も再建を断念している」ことを旨として平成8年3月期に債権の全額放棄に踏み切ったのであり（日経新聞平成8年4月4日朝刊），それからは，同行の債権放棄は政府案の成立を前提とし黙示の解除条件と解する余地はある。

さらに＜谷口評釈＞520頁は，渡辺評釈（前出注(179)415～416頁）や興銀の控訴審での主張を参照とするが，興銀が控訴審で主張した論旨と渡辺評釈の論旨との間には何等の脈略もなく，かつ渡辺教授の論旨は専ら憶測によるものであるから（第5章(三)の1参照），これらを参考にしても論理の補強にはならないであろう。

## 3 本事案の事実認定とこれに対する疑問

　青柳達朗教授は，冒頭に摘示した評釈において「本最高裁判決が，債権の全額が回収不能であることが客観的に明らかとする認定基準に照らして，本件債権が平成8年3月末に回収不能とした事実認定には疑問が残る」とし，その理由として住専七社の他の大部分の母体行は住専向け債権の貸倒れ処理を見送ったことなどを挙げている（＜青柳評釈(下)＞68頁）。これに先立ち青柳教授は，＜青柳評釈(上)＞にて本事案の事実関係を要約しているが，これは原告・興銀と被告・課税庁との主張・立証を客観的に対峙するものとは言い難い。また，平成9年10月30日に長銀が東京地裁民事三部に訴訟を提起した事実に関して，「和歌山銀行は法人税基本通達9－4－1の適用が否定されなかったが，長銀は損金算入が否認されたものの，その後長銀が経営破綻し国有化されたためか，訴訟には至らなかった。この両行を除いては他の母体行は平成8年3月期での債権放棄は時期尚早と判断し見送っている」旨を述べているが（＜青柳評釈(上)＞72頁），長銀が訴訟に至らなかったとの記述は，おそらく渡辺評釈(前出注(179)412頁)の記述を引用したか[207]，若しくは正確性を欠く伝聞を引用したものと推測される。

　判例評釈では判決文に記載されていない事柄を採り上げて論理の補強に用いるには，それに先立って事実関係を確認すべきであろう。

## 4 法人税基本通達9－4－1の適用と貸倒処理

　既に(一)の2にて触れたとおり，国税庁は「寄附金規定の解釈通達9－4－1が適用されるには住専七社の全母体行が揃って債権放棄を行うこと」との方針に拘泥したことは明らかである。このことは逆に「母体行の足並みが揃わなければ寄附金課税を示唆」したのであり（日経新聞平成8年3月27日朝刊，平成8年3月29日ニッキン），行政上の目的が如何なるものであるにせよ，この

ような通達の適用を納税者に対する牽制手段として用いることは行政裁量の範囲を超え妥当性を欠くものである。この点は措くとしても青柳評釈は興銀・長銀・和歌山銀行を除く他の母体行の処理について，同評釈(下)では「貸倒処理を見送った」とし，同評釈(上)では「債権放棄を見送った」としている点である。しかし，大部分の母体行は系列住専向け債権の全額を間接償却にて損失に計上しているのであるから「貸倒処理を見送った」とするのは妥当ではない。また他の母体行が「寄附金算入を危惧し放棄を留保して損金算入を自己否認した」ことが，損金に算入して申告を行った3行の認定に影響を及ぼさず，まして課税の公平を害することはない。

　また，青柳教授は「本最高裁判決と本高裁判決の違いは，国策としての住専処理計画と課税の公平の何れが優先するかという価値判断の序列付けが異なるのではないか」と結んでいる。しかし，本高裁判決は「債権者を取巻く事情は全て他事であって考慮すべきでない」としているから，3行（興銀，長銀，和歌山銀行）のみが債権放棄を行い他の大多数の母体行が債権放棄を見送ったか否かは「債権者側の固有の事情」であって，青柳教授が母体行の足並云々を"課税の公平"に結び付けることは，本高裁判決が他事として斥けた「債権者側の事情」を考慮した結果であり，論理の辻褄が合わないのである。

## 5　本件債権放棄と解除条件の付与

　青柳教授は「なぜ解除条件を付したのか，社会通念に照らしても理解に苦しむところである」と述べているが（＜青柳評釈(下)＞74頁），次にこの点に触れて置きたい。

　解除条件の付与については，国税庁係官と興銀の顧問税理士との間で助言と確認が介在し興銀が慎重を期したことは紛れもない事実である[208]。この点を措くとしても平成8年2月9日衆院予算委員会にて，江田五月議員から法的整理の実例に鑑みて「住専処理に伴う債権放棄に解除条件を付す工夫」について提唱されており，同委員会に陪席していた国税庁幹部はこのことを知悉してい

たのである(209)。

　後日に国税庁が，(一)の2に記す「住専処理に限らず一般に解除条件を付すことは課税上の弊害」とすべき根拠が存するのであれば，国会審議において所論を明らかにすべきであったと考えられる。この国権の最高機関で交わされた議論は官報に記載されており，興銀はその内容を余すことなく精読し検討している。国会審議で国税庁幹部が「解除条件を付す」ことに異議を呈しなかったのであるから，国税庁係官の「損金算入に差支えがない」との助言の傍証と解することは無理からぬ面がある。それゆえに国会終了後に国税庁が「解除条件を付すことが税務上の損金算入に支障をきたす」とすることは納税者にとって全く予想外のことであると認められる。

　青柳教授が，本件解除条件の付与が不合理と評価するのであれば，それに先立ち原告・興銀が解除条件の付与について主張・立証した内容を検討すべきである。その上で(二)の2にて指摘したような，たとえば，同一事業年度に行われた①日貿信に対する主力六行の解除条件付債権放棄やだいぎんファイナンスに対する母体行の解除条件付債権放棄が直ちに損金として認容された事実と興銀事件におけるJHL社向け解除条件付債権放棄が否認された事実とが"課税の公平"の観点から妥当かについて吟味すべきである。このような検証を欠いたまま課税庁の主張を是認するのでは，本評釈の客観性に疑義を拭えない。

　なお，青柳教授は民法上の意思解釈に触れているが（＜青柳評釈(下)＞73頁），本件解除条件は興銀の意思表示が一義的に明確であり（末尾の（資料４）を参照），且つ書証の記載から疑問を差し挟む余地はなくそのような詮索は不要である。

　民事訴訟法の学説においては，既に第4章の(一)の3にて指摘したように，意思解釈は，内心の意思の推定だけでは足りず真意の推定と矛盾する意思表示がなされた旨の証明を要するのであり，逆に矛盾する意思表示がなされたとの具体的な立証を欠く場合には虚偽の証拠による事実の認定として排斥されるのである。さらに，最高裁昭和59年3月13日第三小法廷判決（金法1077号32頁）は「ある行為がなされるに際して作成された書証がある場合には，特段の事情

がない限り，その書証の記載事実を認めるべき」旨が明示されており，いずれにせよ意思解釈をもって解除条件を別意に解する余地はない。

## 6 本件債権の回収不能に係る見解

醍醐聡教授は，冒頭に摘示した評釈にて興銀事件の控訴審判決を要約して，①「平成8年3月末の時点でJHL社にはなお負債総額の43.9％に相当する1兆817億円の総資産が残されていた」とし，②「JHL社の母体・一般・系統の金融機関は，本件事業年度中に，本件閣議決定及び閣議了解に基づく住専処理計画に同意していたが，その同意はあくまでも，住専処理法及び住専処理に係る予算が成立して公的資金が導入されることを大前提とするものであった」として，③「JHL社の関係金融機関は，その後，翌事業年度に入ってから，住専処理法が成立し，JHL社がその営業を譲渡したのを受けて，預金保険機構が示した住専処理に係る基本協定に同意したのであるから，行政機関の斡旋による当事者の協議が成立したのは翌年度においてであったというべきであり，…本件事業年度中における損金算入は認めることはできない」と強調している。

これに関する事実経過の流れは，預金保険機構が基本協定を示したのは平成8年8月29日であり，JHL社が住宅金融債権管理機構に営業譲渡を実行したのは同年10月1日であって，関係金融機関が基本協定に同意したのは同年12月25日である。この間の同年9月末日にJHL社の残る母体行（日債銀）や全一般行の債権放棄が完了していたのであるから，仮に「JHL社が営業譲渡をしたのを受けて，JHL社の関係金融機関は預金保険機構が示した住専処理に係る基本協定に同意した」のであれば，JHL社の残る母体行や全一般行は「関係金融機関の同意」を待たずして債権放棄を行ったことになるのである。しかし，関係金融機関は本件事業年度中に既に政府の住専処理計画に同意していたのであるから，再度の同意は不要である。仮に再度の同意を要するとしてもそれは既に成立した同意の確認に過ぎないと解するべきである[210]。

また，第2章の(三)の2にて触れた本控訴審判決の論旨が正しいとは思われ

ない。すなわち，本控訴審判決は，「関係金融機関は平成8年8月29日基本協定に改めて同意したから，この頃に行政機関の斡旋による当事者の協議が成立した」と判示している（控訴審判決文37頁，38頁，40頁，45頁）。しかし，その同意が仮に「平成8年度予算及び住専法の成立を前提とする」としても，予算や法案が成立した段階では自動的に効力が生ずるのであって改めての同意は不要である。

のみならず本件閣議了解では，各住専から住管機構への営業譲渡後に発生が見込まれる「2次ロス」の対策として関係金融機関に「金融安定化拠出基金」への出資を提唱している（控訴審判決文32頁）。この預金保険機構の下で創設される「基金」に対しては，同年7月26日に公的資金導入により住管機構が設立され（甲270号証），それ迄に全ての関係金融機関が総額1兆円の出資払込みを完了していた（甲271号証）。

同年7月26日の段階で既に「2次ロス」対策が完了していたことは，それに先立ち「1次ロス」の分担が確定していたことを証するのであり，関係金融機関が「1次ロス」の合意を確認することなく見切り発車で「2次ロス」の分担を実行することは有り得ないからである。そして，このことは控訴審判決が「1次ロス」に関する関係金融機関の協議成立は同年8月29日頃の時点とする判断と矛盾する。

なお付言すると，そもそも，預金保険機構が示した基本協定の内容は，既に本件閣議決定で示された低利融資に係る貸付利率や弁済方法などの細目を定めるものであって，ここに至って地銀・第二地銀は系統金融機関と「貸付利率や弁済方法」で格差が付くことに猛烈に反対して，この協定に対する同意は同年12月25日まで期間を要することになったのである（甲265号証及び末尾の（資料6）の(四)の1を参照）。

## 7　JHL社の資産状況と最高裁判決の論旨

醍醐教授は，前記①において，平成8年3月末の時点でJHL社には負債総

額の43.9％に相当する１兆817億円の総資産が残されていたとするが，しかるに控訴審判決は「第三（証拠関係）の二（本件債権放棄に至る経緯）で認定した事実による」として根拠を不明確にしたままで「その当時，ＪＨＬ社には負債総額の４割に上る１兆円の総資産が残されていたと推認される」との曖昧な表現を採っている（控訴審判決文38頁）。

醍醐教授が，１兆817億円の総資産と摘示するからには，これはＪＨＬ社平成８年３月期有価証券報告書（甲359号証）に依拠していることは明らかである。そうすると以下の諸点の関係を詳らかにする必要がある。先ず，ＪＨＬ社平成８年３月期有価証券報告書には3,760億円の債務免除益が計上されており，ＪＨＬ社が損益計算書に免除益を計上したことについて会計上・税務上も特段の批議がみられない。そうであればＪＨＬ社貸借対照表上の負債総額には興銀からの借入債務3,760億円が除外されていることを認めるべきであり，除外された債務を加算して"負債総額の43.9％"とすることは自家撞着というべきであり，複式簿記の原則と相容れない。

次に，ＪＨＬ社は平成８年３月27日に再建を断念し解散の方針を機関決定しているのであるから，同社の資産価額は清算価値で把握されることになる。そして「２次ロス」などを内包した１兆817億円の総資産は「政府案が確実に実現する」ことを前提にしていることは，同社の平成８年６月26日定時株主総会の後に調製・作成された有価証券報告書の冒頭の記載からも明白である。そうすると，政府案が実現する場合を前提とする１兆817億円の総資産を持ち出して，政府案が実現しない場合を前提とする法的整理の可能性と併用することは（＜醍醐評釈＞72～74頁），同時に両立し得ない事象に依拠することになり論理矛盾というべきである[211]。

ちなみに本最高裁判決は，平成５年の第二次再建計画の経緯・合意を重視しており，平成５年３月２日大蔵・農水覚書には「金利の高い先から返済する」と明示している。そして本最高裁判決は，第二次再建計画に伴って新規供与された母体ニューマネー（総額600億円，内興銀300億円）が本件閣議決定の後の平成７年12月29日に全額回収された事実を重くみて，次は系統金融機関の金利

軽減債権（約1兆円）が優先すると解することに無理からぬ面があると判示しているのである。

　このような再建時の約定が整理時に順守されるべきことは信義則の問題であり，法的整理の場合にも当然に尊重される。したがって，倒産法の理念に照らすと，醍醐教授が「法的整理が選択される可能性を無視した原告ならびに本件第一審判決，本最高裁判決は事実認識を誤った」とすることには疑問がある。そもそも法的整理は裁判所が監督する処理であり裁判官は民事訴訟法や倒産法の理念に拘束されるのである。そして本件第一審は，既に指摘したように「原告のような立場の者は債権届出を辞退して回収を断念するのが破産裁判所で顕著な事実」と判示しており（第一審判決文239頁），事実認識を誤ってはいない。

## 8　解除条件の成就・不成就と会計処理

　醍醐教授は，解除条件が付されたことが債権放棄の効力にどのような影響を及ぼすか，ひいては債権放棄損の実現・未実現にどのように関わるかを検討する必要があるとし，民法127条の規定を噛み砕いて検討している（＜醍醐評釈＞76頁）。しかし，その噛み砕き方自体が適正とは考えられない。

　先ず，停止条件については「入学試験に合格したら時計をあげる」と要約されておりこれは多くの文献に採られている一般的な例示である。しかし，解除条件について「入学試験前に時計をあげるが，試験に不合格なら返してもらう」と噛み砕くことは甚だ疑問があり，条件に関する文献にはこのような奇妙な例示は皆無である[212]。

　これを敢えて善解すると，試験合格の可能性が高く予め時計をあげるが，試験で油断なきよう促す趣旨で「万一不合格なら返してもらう」と訓告する場合しかないであろう。これは一般的な解除条件の例示として「奨学金を支給するが，成績が落ちたら支給を止める」とする例示[213]と類似した考え方である。このことは，醍醐教授の意図と反し解除条件は「不成就の可能性が高い」ことを黙示の前提としていると解するべきである。そして停止条件と異なり，"時

計が既に相手方に移転している事実"において時計を試験前に無条件であげるのと同じである。

　それゆえ，停止条件と解除条件とを「条件成就の可能性」にのみ依拠して，債権放棄損の実現・未実現と結び付ける試みはその前提において破綻しているのである。また，債権放棄のみならず法律行為に解除条件を付すことが合理性を欠くと判断されるのであれば，附款それ自体が無効と解すべきであり，本件債権放棄については附款が無効であれば無条件の債権放棄に帰することになる（末尾の（資料4）を参照）。

　さらに法人税法の上では，民商法や企業会計の基準を超えて別段の定めとしての寄附金規定が用意されており，条件の成就の可能性や債権放棄損の実現・未実現の検討を待つまでもなく，放棄された債権が有価値であれば，その有価値の部分だけが寄附金の対象となり，無価値の部分は損金となるのであるから，かかる検討は不要である。

　そもそも条件は将来の不明な事実にかからしめるのであるから，条件成就の可能性も不明であり，その成就の可能性をあれこれ詮索すること自体が無意味なのである。

## 9　住専処理と監査法人の適正意見

　醍醐教授は，平成8年3月期における興銀のJHL社向け債権処理と平成8年3月期における大東銀行・長野銀行の有価証券報告書の注記事項を含めた決算処理とを対比し同じ中央監査法人が何れも無限定適正と評価したことを殊更に取り上げて「大東銀行・長野銀行が採用した会計処理の方が実態を反映した処理であり，これと相反する興銀の財務諸表に無限定適正意見を表明した監査は疑義を拭えない」と結論付けている（＜醍醐評釈＞77～79頁）。これは，平成8年3月末において，政府の住専処理策の実現が予断を許さない状況にあり法的整理移行の可能性が相当あったとする所論を前提として分別するものである。しかし，この結論は正しくない。

先ず，長野銀行・大東銀行が平成 8 年 3 月期に総合住金向け母体行債権額の48％相当額を償却した事実をみるべきである。おそらく「両行は法的整理の可能性を考慮して部分間接償却に止めた」と醍醐教授が理解したと推測されるが，平成 8 年 3 月期における総合住金の債務超過の割合は56％超に達しており，現に総合住金の一般行であった興銀が同社の幹事行である名古屋銀行（第二地銀協会長行）からの通知により部分償却した割合は56％であった。したがって，長野・大東の両行が政府案の成立は予断を許さないとして，法的整理の可能性を考慮し「プロラタ負担」を下回る48％相当の部分償却を行ったとすると償却不足となってしまうのである。

この債権額の48％相当額を償却し損失に計上する方策は有税償却に伴う税負担の取戻効果（当時の実効税率は52％）を援用し要償却額を補完するものとされており（日経新聞平成 8 年 3 月29日朝刊），第二地銀の中で多数の銀行が採用した方策である。このような税効果を先取りした会計処理（要償却額×（1－実効税率）＝実際の償却額）は，平成 7 年 9 月中間期において兵庫銀行系ノンバンクの特別清算の申立てに伴う償却処理に際して，大蔵省金融検査部と主要行との間で検討された緊急避難的な措置であるが，住専処理においても従前から分割償却の要請が強かった第二地銀と大手監査法人との間で選択された苦肉の策というべきものである（前出注(64)参照）。

そして，この税効果を先取りした会計処理（ネット・オブ・タックス）が成立する要件としては，①当期の有税償却が必ず無税償却に認容されること，②翌期の無税振替時に十分な課税所得の発生が見込まれることが前提となる[214]。特に①の要件を充たすには翌期に政府の住専処理策が確実に成立することであるから，政府案の成立は予断を許さないとの認識と48％相当額の間接償却とは両立しないのである。

ちなみに，興銀は控訴審に長野銀行・大東銀行の平成 8 年 3 月期損益計算書を証拠として提出しているが（甲646号証，甲647号証），この両行の損益計算書には「特別利益として償却債権取立益が計上」されている。このことは過年度に貸付債権を直接償却し無税処理が認められていたが，その償却された簿外

の請求権から平成8年3月期に幾許かの回収が実現した事実を表している。このことは，当該債権を直接償却すべき事実が発生していれば，債権放棄の有無に拘らず損金に認容するのが金融機関の債権償却に定着した公正なる会計慣行であり税務上の慣行である。

中央監査法人は，この金融慣行や税務上の慣行を斟酌して平成8年3月21日付『日本ハウジングローン向け貸付金の会計処理』と題する個別意見書にて「期末に本件債権の全額を直接償却するのが公正妥当」と記しており，醍醐教授が「興銀に無限定適正意見を表明した監査は疑義を拭えない」とする見解に賛同できない。

## 10 法的整理移行の可能性について

醍醐教授は，政府の住専処理策が頓挫する可能性すなわち本件解除成就の可能性について上記8及び9のほかに様々な理由を挙げているが（＜醍醐評釈＞73～76頁)，その何れも妥当とはいえない。

先ず，平成8年6月13日参院特別委員会における「久保亘大蔵大臣の政府の住専処理策が白紙の戻ることになると，方法としては法的整理以外になくなると思っている」との答弁を引用して，醍醐教授は「住専処理策が成立しない場合には法的整理に移行する公算が高いことを明言している」とする。しかし，この答弁からは「法的整理の可能性が高い」と評価することは論理が飛躍する。興銀事件の第一審である東京地裁平成13年3月2日判決は，この答弁が既に平成8年予算が成立し住専処理法が同年6月8日に衆院本会議で可決した後であることを斟酌して，「公的資金の導入に難色を示す野党側を久保大蔵大臣が牽制したものに過ぎない」と判示している（第一審判決文237頁)。また，後の控訴審に提出された平成12年9月10日久保亘所見（甲644号証：末尾の（資料5）を参照）にも「野党の抵抗で審議が長引くことを牽制し早期に政府案を実行すべき」旨を示唆したものであると明言している。

また，この答弁の時期に中坊公平氏が住管機構の初代社長に内定するなど

（甲651号証），政府の処理策が確実に成立することを所与の前提として具体的な手続きが着々と進められていたのであり，何れにせよ平成 8 年 6 月13日の久保答弁をもって政府の処理策が白紙となる可能性があったとすることはできない。

次に，醍醐教授は，興銀自身の認識を問題とし，課税庁が証拠として提出した平成 8 年 5 月24日付け文書「当行のＪＨＬ社向け債権放棄契約の効力」の記載を部分摘示して，「この内部資料が興銀の真意を正確に表しているとみなすのが自然であるから，法的整理に移行した場合に債権者としての地位は名目的なものにすぎないとする興銀の主張は信憑性に乏しい」と指摘している。しかし，この文書は，筆者が当時経理部長として作成し国税調査の説明資料として提出したものであって，興銀の取締役会に付議されたものではない。興銀の平成 8 年 3 月29日取締役会議事録には被告も認めているように「現時点では政府案の成立が危ぶまれる材料はない状況である」と記載されており（第一審判決文39頁），法人である興銀の真意を問題にするのであれば取締役会議事録を吟味するのが筋である。なお，興銀が「名目的な地位に過ぎないと主張した」のは回収を断念し包括担保権を無条件放棄した事実を背景とするのである。

さらに付言すると，醍醐教授の見解は，訴訟の過程において原告・被告が主張・立証した内容のうち被告の立論を重ねて摘示しているように思われる。

## 11 解除条件成就の可能性に関する検討

醍醐教授の論旨は，平成 8 年 3 月末の現況で本件解除条件が「成就の可能性が高い」ことを唯一の前提としていることは明らかである。しかし，民法の文献には，「条件たる事実は発生するかどうか不明なものである」と定義して[215]，解除条件付法律行為について意思表示の時点で効力が生ずるとする。

これを醍醐教授の噛み砕いた要約に当て嵌めると「試験に合格するかどうかは不明であるが時計が相手方に移転した事実」にかんがみて，本件では「ＪＨＬ社に3,760億円の債務免除益が計上」され「興銀では債権放棄損を計上」す

ることになる。

　そもそも会計上・税務上の「損失」は事実の発生によって計上することになり，それは成否不明な解除条件の帰趨に左右されるものではない。なお付言すると，期末からの現実の経過の流れをみれば「条件成就の可能性は皆無」であったことが歴然としており，本章(一)の4で指摘したとおり，期末の時点で平成8年度予算や住専法の成立は確実に進行する既定の事実であって，本件解除条件の不成就もまた揺ぎないものであった。かかる事実経過の流れを直視せず「成就の可能性が高い」とする類の議論は単なる水掛け論に過ぎない。

　なお，政府の処理策に対する当時の世論等の反対は，専ら母体行に公的資金の肩代わりを求めるものであり，仮に公的資金の導入が挫折したとすると新たな追加負担が母体行に課される危険性が生ずるのである。興銀事件の第一審である東京地裁平成13年3月2日判決は，「仮に政府の住専処理策が全体として成立しなかったとしても，母体行債権の全額放棄を前提とする新たな住専処理策が策定されることは確実な状況」と判示しているのである（第一審判決文241頁）。

第6章　条件付債務免除の会計上・税務上の諸問題　151

## ＜この章のまとめ＞

　租税法学者の見解によれば，本件更正処分について「解除条件付の債権放棄の効力は意思表示の時点で発生する」とし「本件の放棄された債権は無価値であったと解するべきであり，現に課税庁も本件放棄を寄附金非該当としている」と述べている[216]。そして租税法学者は「解除条件が成就して債権が復活するか否かは無価値の債権が後日に一部有価値に回復するか否かにかかっているから，条件の成否が確定しないとの理由によって否認することは理論的に誤っている」としている。

　また，会計研究者の見解によれば，解除条件付の債権放棄について「法律行為の時点で債権放棄損を計上するが，時を隔てて条件が成就した場合にはその時点で取立益を計上するのが一般に公正妥当な会計処理の基準に適合する」としている。この場合に会計研究者は「条件が成就しても商法34条3項の規定から回収が実現した金額を収益に計上すべきことになり回収が実現しない場合にはゼロとなる」としている。

　興銀事件の第一審である東京地裁平成13年3月2日判決は，600点を越える証拠を3年余の歳月を費やして精査し，本件債権が平成8年3月末の時点で既に無価値であったと結論付けている。既に指摘したとおり，この第一審判決は最高裁判決にて「正当」とされているが，そもそも最高裁は5段階評価で下級審判決を査定し，トップランクとされる「正当」の意味は全面的な支持を表するものである[217]。

　その意味で本件損失は，谷口教授が指摘する「確定損」に該当するかは余として，債権放棄の有無に関係なく平成8年3月期の損金の額に算入されるべきものである。この場合，債権放棄を実行する意義は債務者であるJHL社が債務免除益を計上し清算手続きの促進に弾みを付けることに主眼を置くものである。

　このことはJHL社からの平成8年3月27日「債務免除要請書」には同社の

方針として「早期に解散と営業譲渡の実行に向けて注力する所存」と記載されていたから、この方針を解除条件とし同社に対して方針の実行を督促・確保することに何等の批義を受けるべきいわれがない（末尾の（資料4）を参照）。

青柳教授は、解除条件を付すこと自体に疑問を示すが、これには国税庁の関与など事実関係を精査するのが先決である。また、醍醐教授は「興銀は法的整理に移行する可能性を考慮していた」とするが、およそ企業経営は不測の事態に備えることを旨とするから、あらゆる可能性を慎重に検討することは当然のことである。

本事案では、国税庁の方針は「母体行の債権放棄の足並みを揃えること」にあったから、興銀・長銀・和歌山銀行の平成8年3月期における債権放棄を抜き駆けとみた上で、解除条件を手掛りにこれを否認したと思われる。しかし、既に本章(三)の9で述べたように第二地銀の一部（48行：その額は母体行債権3兆5千億円の5％にも満たない）が部分償却した以外には、殆どの母体行が債権全額を平成8年3月期の損失に計上しているのであるから、これの損金算入を時期尚早とした国税庁の方針に誤りがあり、解除条件云々は枝葉末節の問題に過ぎないのである。

そもそも銀行の会計処理は未だ一般的に理解が得られているとは言い難い。したがって、金融機関にとって積極的に情報公開を図ると共に金融の特質とその機能について世間一般の理解を得るべく不断の努力が必要である。

そして、住専問題は当時の通常国会における最大の関心事として連日に亘って審議が重ねられたのであり、その意味では異例の展開を辿ったのであるが、同時に最高裁が金融機関の貸倒れについて初めて判断を示したものであって、仮に銀行が類似の事例に遭遇した際には経営判断を行う上で示唆に富むものである。

＜注＞
(188) 興銀事件の第一審である東京地裁の審理に提出された平成11年2月22日被告準備書面(九)25頁にて国税側は「平成8年3月21日連絡文書は政府案の実現を前提にする」として貸倒れ否認の根拠として薄弱であることを自ら認めている。

第 6 章　条件付債務免除の会計上・税務上の諸問題　153

(189)　平成10年 8 月27日衆院金融安定化特別委会議録 3 号 3 頁，平成10年 8 月27日朝日新聞夕刊，平成10年 8 月28日読売新聞朝刊。
(190)　係争年度の前年度では，衆参両院における与党三党の圧倒的多数を背景に内閣提出の法案（102件）は通常国会の会期期限内に100％成立している。
(191)　本件第一審に提出された平成10年 6 月19日鮫島宗明（当時，新進党所属の衆院議員）意見書（甲218号証）。本件控訴審に提出された平成13年 6 月11日錦織淳（当時，与党所属の衆院議員）意見書（甲651号証）。
(192)　この点についての詳細は，中井・前出注(126) 9 頁を参照のこと。
(193)　横内・前出注( 9 )152頁。
(194)　我妻・前出注( 3 )236〜238頁には，「契約当事者の意思表示によって，既に有効に成立した契約の効力を解除させる場合とは別に，当事者が一定の事実が生ずれば契約は当然に効力を失う旨を約束することがあり，これは一種の解除条件であって特に失権約款と呼ばれる」とする。
(195)　本第一審判決の評釈（吉良実「詐欺等の犯罪による被害損失の損金算入」シュトイエル186号 9 頁）には，「法人税法22条 3 項 2 号の債務確定は収益と期間対応する費用に関する規定であって収益と対応しない損失に持ち込むべきではなく，同22条 4 項の一般に公正妥当な会計処理の基準からは，同22条 3 項の損失の額は当年度に発生した損失の額と解するべき」とし「第一審判決が，損失も確定時に計上すべきとし且つ収益と同一年度に計上すべきとするのは矛盾する」として，本高裁判決と同じ視座から第一審判決の問題点を指摘している。
(196)　奥田・前出注(94)83〜85頁。
(197)　清永敬次「権利確定主義の内容」税経通信20巻11号95頁。
(198)　富山哲「法人税基本通達の重要事項」週刊税務通信1074号10頁。
(199)　中里実「企業課税における課税所得算定の基礎( 5 完)」法学協会雑誌100巻 9 号42頁。なお，判例については，前出注(156)を参照。
(200)　金子・前出注(46)242〜243頁。
(201)　伊藤・前出注(88)657〜660頁。
(202)　この地裁判決は最終的に最高裁平成 2 年 5 月11日第一小法廷判決（訟月37巻 6 号1,080頁）にて支持され確定している。
(203)　園部逸夫「租税債権債務関係の確定」『租税法講座第三巻—租税行政法』（昭和50年，ぎょうせい） 8 〜 9 頁。
(204)　奥田・前出注(94)178〜180頁。
(205)　民法255条の規定から放棄された持分権は直ちに他の担保権者の持分に帰属する。ＪＨＬ社の行為が仮に通謀虚偽表示であったとしても通知を受領した他の担保権者には対抗できない（民法94条 2 項及び前出注(21)を参照）。
(206)　西尾信一『銀行取引の法理と実際』（平成10年，日本評論社）251〜258頁。この点は第 5 章の(三)の 3 を併せ参照。
(207)　詳細は中井・前出注(126)15頁を参照。
(208)　この経緯については，中井稔「附帯税の賦課処分と課税要件事実」税経通信61

巻1号32頁を参照。
(209) 平成8年2月9日衆院予算委員会議録10号27頁。及び本件第一審に提出された平成10年6月9日江田五月（当時，新進党所属の衆院議員）意見書（甲497号証）。
(210) 詳細は中井・前出注(126) 9頁を参照。
(211) この点を的確に指摘するものとして，醍醐教授も引用する河本一郎＝渡辺幸則「住専向け債権の貸出金償却を巡る東京地裁判決」商事法務593号(注45)77頁を参照。
(212) 醍醐教授が引用した星野英一『民法概論Ⅰ』（昭和59年，良書普及会）239～242頁。須永醇『新訂民法総則要論（二版）』（平成17年，勁草書房）181～188頁。吉田豊『民法総則講義』（平成12年，中央大学出版部）529～546頁。
(213) 遠藤浩ほか編『民法(1)総則(三版)』（平成7年，有斐閣）222頁。
(214) この諸点は控訴審に提出された平成13年9月11日村田邦弘意見書（甲649号証）3～4頁及び末尾の（別紙6）の(二)の3を参照。
(215) 我妻栄＝有泉享『民法Ⅰ総則・物権法』（昭和41年，一粒社）173頁。
(216) 寄附金規定との関係は，中井稔「貸倒れと法人税法22条及び同法37条との関係」税経通信61巻10号33頁以下を参照。
(217) この点について大野・前出注(115)を参照。

# 第7章

# 貸倒れの年度帰属と
　　　　更正・再更正

＜本章における問題の所在＞

　興銀事件では，直接訴訟の対象となった平成8年3月23日更正処分（原処分）と平成10年3月31日再増額更正処分のほか，直接の対象ではない平成9年7月29日減額更正処分と平成17年2月28日再々増額更正処分とで構成されている。この平成9年7月29日減額更正処分は本件債権が平成8年3月期の貸倒れではなく，平成9年3月期に帰属するとした課税庁の判断に基づくものである。そこで本章では，租税債務を確定させる更正と再更正との関係について要約し，さらに更正と再更正とが年度を跨いで行われた場合について検討することにする。この命題は国税通則法70条・同71条と密接に関連するが，これに係る事例に沿って所見を述べる。そして貸倒損失の年度帰属は法人税法の規定からは「複数年度で通算する」として判定すべき旨を論証する。

## （一）更正・再更正に係る具体的な問題

### 1 更正・再更正と国税通則法の規定

　法人税法74条は納税者の確定申告について株主総会で承認された確定決算に基づくべき旨を定めており、決算期末日に抽象的に成立した租税債務は確認の作用を経て申告期日に具体的に確定するが、この確認の作用とは「納税者が課税対象となる事実を認定した上で租税法令を適用し課税要件を充足したことを確認し課税庁に通知すること」とされている[218]。この確定申告が税務調査により更正処分をうけたときには、通則法24条からその更正によって確定することになり、さらに通則法26条から更正の後に課税標準および税額が過大又は過少であることを知ったときには、調査により当該更正に係る課税標準または税額を再更正するとされている。なお学説は、更正と再更正との関係について消滅説・吸収説・併存説などに分類しているが[219]、以下に述べる具体的な事例はこれらの分類では必ずしも説明できないように思われる。

### 2 更正・再更正の具体的な事例

　最高裁昭和42年9月19日第三小法廷判決（民集21巻7号1828頁）の事案（①）では、更正処分（第一次処分）の取消を求める訴訟の係属中に、更正処分の瑕疵を是正するために係争年度の所得金額を確定申告書の記載金額に減額する旨の再更正処分（第二次処分）と、更正の具体的根拠を明示して申告にかかる課税標準および税額を第一次更正処分のとおりとする再々更正処分（第三次処分）とが同日付で行われている。

　また、最高裁昭和48年12月14日第二小法廷判決（訟月20巻6号146頁）の事

案(②)では，更正処分（第一次処分）の取消しを求める訴訟の係属中に被告・課税庁が理由付記に不備があったとして自ら取消す再更正処分（第二次処分）をした上で，改めて理由を追完して再々更正（第三次処分）をなした場合を対象とする。

この上記の両事案については，課税庁が第一次更正処分の理由の記載に瑕疵があることを知り，理由を差替えるものであり，裁判実務では，課税庁の理由の差し替えが時期に遅れた攻撃防御として排斥されることは稀であるから[220]，ことさらに再更正・再々更正を行う必要性がなかったとみられる。

最高裁平成2年4月17日第三小法廷決定（税資176号595号）の事案(③)では，更正処分（第一次処分）の後に雑所得額の一部を減額する再更正処分（第二次処分）をなし，これの取消を求める訴訟の係属中に経費の計算に一部誤りがあり課税庁はこれを減額する再々更正（第三次処分）を行った場合を対象としている[221]。この事案は更正処分に計算上の過誤があってこれを修正するものであり，納税者に不利益を与える処分でなく訴えの利益がないとされたのであり，上記の両事案とは局面を異にするものである。

最高裁平成16年12月24日第二小法廷判決（民集58巻9号2637頁）にて確定した興銀事件(④)は，平成8年8月23日更正処分（第一次処分）にて係争の対象となった本件債権の損金計上が否認された。その後，平成10年3月31日には再更正処分（第二次処分）にて追加更正処分が行われ，国税特別調査官は，「後の処分は前の処分に優先するから，第一次処分は取消を求める訴えの利益が失われた」と強調した。そこで興銀は同年4月13日に「訴えの変更申立て書」を東京地裁に提出し直ちに受理された[222]。

この第一次処分に先立つ調査は僅か1ヶ月で終了したが，これについて国税庁首脳は「通常の調査期間を費やすと延滞税が嵩むから」としており，これからは更正処分を与件としていたことが垣間見える。逆に第二次処分に先立つ調査は，平成9年後半から約半年を費やし，本件債権以外の取引を対象に第二加算税・重加算税を課す処分をなしているが，これは総額主義に依るとしても，第一次処分と第二次処分は取引の対象を異にし，同一年度に係る増額更正処分

であるが両者は別個のものである(223)。

## 3 各事例における再更正の意図と問題点

　上記①～③で取上げた各事例では，課税庁の調査不足が訴訟の過程で顕現しこのまま放置するのは不利とみて，これを追完するのが再更正・再々更正であるが，これにより課税庁が敗訴を免れたとしても，調査に不備があった事実は消えることはない。

　また，上記④の興銀事件では，同一年度に二つの増額更正を行うものであり(224)，後の増額更正は，訴訟を有利に導くべく同一年度に重加算税賦課を相当とする取引が存することを裁判所に印象付けようとしたものである(225)。しかし，第一次処分が取消となると係争年度の所得額がマイナスとなり，このマイナスに第二次処分の全てが吸収され消滅するから，この第二次処分は納税者の訴訟遂行を攪乱するものに過ぎず，課税庁が強調した「再増額更正は消滅説が適用される」との一般論(226)は，実質的に本件には妥当しないと思われる。

　そして，確定申告によって確定した租税債務は更正処分によって改めて確定し，それが再更正処分によって更に確定することになるが，通則法26条の下では確定は何度も繰返されることになる。しかし，課税庁が再更正処分を必要とするのは，推計課税に類する補充的代替手段などを用いた場合は別として(227)，納税者の申告を否認した第一次更正処分に瑕疵があり，それは調査に不備があったか課税庁が法令解釈を誤ったかに起因するものである。この点につき，文献には「再更正は除斥期間内であれば何度でもできるが，課税は正しくあるべしとの究極の目的によるから」と説くものがある(228)。しかし，通則法1条にはこの法律の目的として「国税に関する法律関係を明確にすると共に税務行政の公平な運営を図り，もって納税義務の適正かつ円滑な履行に資する」と明示していることからすれば，課税庁は事実認定に慎重をきし正しい法令解釈をなすべきであるから，再更正が幾度も繰返されることは好ましいことではない。

## （二） 更正権の行使と期間制限

### 1 通則法70条と期間制限

　通則法70条は課税庁の更正権の行使に期間制限を設けているが，この制限は除斥期間を採用しており，通則法72条が徴収権について消滅時効により制限するのとは法的な構成を異にする。この除斥期間は，不安定な法律関係を一定の期間内に確定させる制度であり時効と異なって中断がなく当事者の援用を要しないものである[229]。そして，更正など賦課権は「確認を内容とする行政処分であるから中断とは馴染み難い」との見解もみられるところである[230]。この通則法70条5項には「偽りその他不正の行為により不当に税負担を免れた場合」すなわち脱税の場合であっても除斥期間は7年と定めているが，この意図は何よりも一定の期間が経過した場合には現状維持を優先させ法的安定性を図る趣旨とされている[231]。

　また，通則法71条には，一定の後発的事実が発生した場合については，除斥期間の特例が設けられており，通常の除斥期間が満了した後であってもなお，所定の期間内に更正権の行使ができると定めている。この特例を設けるのは，通常の除斥期間の満了に阻まれて課税を諦めることは租税確保の観点から望ましくないとの理由によると思われる。しかし，脱税が発覚しても既に7年を経過した場合に課税を諦めるのが原則であるから，脱税以上に著しく課税の公平を害する事案に限ってこの特例を適用すべきであろう。このことは，更正権に消滅時効ではなく除斥期間を選択しながら，これを中断させる異例な法形式を採り，通常の除斥期間を定めた同70条の特例として同71条を設ける上で当然の事理であると考えられるからである[232]。

　しかし，前述の最高裁平成2年4月17日決定の原々審である広島地裁昭和59

年3月23日判決（税資135号388頁）には，「納税者が処分取消を争っている場合には課税庁と紛争状態が生じているから，法的安定性の要請は後退する」と判示している。この事案では除斥期間の5年が徒過したにも拘わらず，税務官庁が減額更正を行ったことを広島地裁が是認するものであるが，この論旨には賛同し難い。なぜなら，通則法71条2項の条文からは本地裁判決の文理解釈を導き出すことはできないからである。また，納税者と課税庁との間で紛争状態がある場合には期間制限に拘束されないのであれば，後述する通則法71条1項に期間制限に係る特例を設ける必要はないと考えられる[233]。そして，訴訟が提起され係属中であれば当初の更正の是非を判定するのは裁判所であるから，課税庁は新たな処分を追加するよりは，論点に係る攻撃・防御に真摯に取組むのが本来であると考えられる。

## 2　通則法71条の趣旨と「伴い更正」の解釈

　通則法71条1項の特例について「判決による原処分の異動に伴ってする他の年度の更正」と規定されており，法人税のような期間税については判決確定によって当年度の所得額が変動し，それに伴って他の年度の所得額が変動を来たすような場合があるが，更正処分について，納税者が不服審査を経て取消訴訟を提起すると，その解決に長い歳月を要することになり，判決確定の時点では更正処分の除斥期間が満了することも十分に予想されるからこの条項が設けられ，これは「伴い更正」とも呼ばれている。

　この法律の立法担当者が編纂した解説書には「当年度の所得額の異動に伴って他の年度の所得額について原状回復を図る場合」としており[234]，確定判決の既判力によって原状回復を図るべきことに論理必然的な牽連性があって，課税標準等に異動をきたすことが予め客観的に明白な場合に限られると解される[235]。具体的事例として，当年度の事業税の額は翌年度の損金の額を構成するから，判決により当年度の事業税額が変動した場合には翌年度の損金の額が変動して必然的に課税標準及び税額の修正を要することになり，これは「伴い

更正」に該当する[236]。

　この「伴い更正」について，前述の解説書には「課税庁が，期末残高に含まれるとした判断が判決等で含まれないことになった場合と，収益の年度帰属について判決等によって課税庁の解釈が斥けられた場合には該当しない」旨を記すが[237]，これについて以下のとおり二つの相反する解釈がみられる。

　広瀬正元国税審判官は，「収益の年度帰属が誤っているとして更正処分が取消された場合にも，原処分の異動に伴ってする他の年度の更正が許されるかについて疑義があるが，積極的に解してよいであろう」とするが，積極的に解する具体的な理由が示されていない[238]。この見解を支持する実務書には「ある法人が当年度の売上高に計上し確定申告をなしたが，その後，前年度に属するとして修正された場合，当然に，当年度の売上高は過大となるが，通常の除斥期間が徒過して利用できないことになっても，本特例にて救済され納税者に有利に働くから」としている[239]。しかし，本実務書が引用する岡山地裁昭和55年3月31日判決（税資110号1145号）は修正申告が対象であるから，通則法71条1項を巡る解釈は傍論に過ぎず規範性を有しない。

　磯部律雄元国税庁長官は，「申告漏れの事実についての調査が不十分であったため，または法令解釈を誤ったため年度帰属を誤って更正し，訴訟によって他の年度に帰属することが明らかになった場合は，伴い更正に含まれない」旨を説示する[240]。これも直截の理由が存しないが，この記述に先立ち「その年分の課税標準または税額が他の年度に係る課税標準等の計算基礎とされ，それと異なる計算が許されないような関係がある場合は伴い更正に含まれる」としており限定的に解する趣旨と考えられる。

## 3　再更正と法人税法81条との関係

　そもそも法人税法では，収益・費用等の年度帰属について，明文の規定がある場合を除き，同法22条4項の一般に公正妥当と認められる会計処理の基準に委ねられているが，会計原則のみならず確立した会計慣行の範囲もそれほど広

くはなく，結局，何が公正妥当な会計処理の基準に適合するかの判定は最終的に裁判所の任務であるとされている(241)。しかし，収益と対応しない損失については発生の時点とする以外になく，この発生時点を誤認すると損失の二重引きを誘発することになりかねず，更正処分には慎重な事実認定を要することになる。

　この損益の年度帰属と「伴い更正」との関係は同一取引について増額更正と減額更正とを年度を跨いで別個に行うべき必然性・合理性があるか否かの問題に帰着すると思われるが(242)，田中二郎元最高裁判事は，「係争の過程における更正権の行使が，被告・課税庁が敗訴を免れるために意識的に行った場合には，更正権の濫用または信義則違反として，その効力を否定できる」旨を指摘されている(243)。

　また，法人税法81条は，「欠損金は1年遡及して前年度の所得と通算される」とし繰戻し還付制度を定めているから，課税庁が，納税者の損金とした申告を一旦は否認して増額更正をなし，改めて翌年度の損金と認める減額更正を行った結果，翌年度に欠損金が生じた場合，両年度の所得通算によって当初の増額更正が解消されることになる。このように法人税法81条の機能は，年度を跨いだ別個の処分であっても当初の増額更正を遡って消滅させることになるから，同81条が有効に作動している局面では年度を跨ぐ増額更正と減額更正とを行うべき必然性も合理性も存しない。

　そして，課税庁が年度を跨いで追完を行わなければ原処分を維持できないのであれば原処分それ自体を撤回すべきであると思われる。

## （三） 通則法71条の具体的事例とその問題点

### 1　興銀事件における翌年度の減額更正

　この事案では，東京国税局が平成9年7月29日に減額更正をなし「本件債権は平成9年3月期に帰属する損金」であるとした。この平成9年7月の時点では，既に母体各行が債権全額を損金とした確定申告が揃っていたから，最大の母体行である興銀の本件債権を「母体行の足並みが揃った段階で損金に算入する」との国税庁方針を一貫させるべく上記の減額更正を実行したものと認められる。

　本件債権の償却額（3,760億円）は，興銀にとって直近期の課税所得額（800億円）を遥かに凌駕し直近5年間の累計所得額（3,800億円）に比肩する極めて重いものであった。そして，平成8年3月末には，平成4年4月からの「繰り戻し還付制度」の一時停止は期日が到来したが，しかし一時停止はそのまま延長された。若し法人税法81条が機能を再開していたとすれば，東京国税局は本減額更正を回避していた筈である[244]。

　この第一増額更正について興銀は最終的に取消されると確信して，平成9年3月期以降の確定申告では本減額更正を無視して東京国税局に通知した。興銀は一連の更正処分は不当であるとして機関決定をなし訴訟を提起したから，勝訴を前提に申告しないと筋が通らないことになる。ちなみに，平成10年3月期〜平成14年3月期の興銀の課税所得は5年間の累計で1,000億円となり税額（含む地方税）は400億円となっていた。しかし本減額更正に遮断され徴税されなかったから未払税額が負債に計上されたままで平成16年12月24日に最高裁判決を迎えるに至った。

　翻って，東京国税局が行った第一増額更正は期末時点で本件債権が貸借対照

表に含まれているとするものであるが，他方，平成8年6月17日国税庁見解においては「解除条件付の債権放棄は私法上有効である」と認めており，これは「本件債権放棄の私法上の効力は意思表示の時点で生ずる」(控訴審判決文43頁)とするのと符合している(245)。したがって，本件債権は放棄効力により平成8年3月期貸借対照表から除外され株主総会の承認を経て申告されているから，本件債権の消滅は法人税法74条1項に準拠して確定している(246)。にも拘らず国税当局が本件損失の発生を否認することは正規の簿記の原則に反し法人税法22条4項にも適合しない(247)。

結局，本減額更正は，既に消滅した本件債権を翌年度に貸借対照表から再度除外するのであるから，更正権行使の対象を欠く強引なものであり，国側敗訴が確定した場合には損失の二重引きを招くことは必定となる。

## 2　本減額更正と最高裁判決後の処分

以上のとおり，本減額更正には当初の更正処分との論理必然的な牽連性はなく，本減額更正を行うべきか否かの判断は判決確定を待つべきであったと思われる。

平成16年12月24日最高裁判決の後，東京国税局は平成17年2月28日に再々増額更正を実行したが，それは「平成16年12月24日最高裁判決（平成14年（行ヒ）147号）により本件損失は平成8年3月期の損金に算入され平成9年3月期の損金に算入されない」との理由によるものであり，この欠損金3,760億円の削減を受けて平成10年3月期～平成14年3月期の5年間の各増額更正が順次実行された(248)。

この再増額更正に先立ち，平成17年1月17日金融財政事情（「報道の盲点」17頁）には，「国税庁は平成9年3月期の課税所得を更正して税を追徴する可能性が残っているが，しかし，平成8年3月期で損金に算入した興銀の申告を否定した過去の経緯と矛盾する処分を下せるかという難しい判断を迫られるかもしれない」としている。この観測記事からは国税庁が「本減額更正を解消す

べく再々増額更正を行う」ことに躊躇いがあったことが窺える。

　この件で国税当局が当初の減額更正を留保していれば，再々増額更正は不要である。また，仮に本再々増額更正を見送った場合には本件債権から損失の二重引きが生ずることになり，国税庁・東京国税局にとって耐え難いことであっても，これは納税者が意図した訳ではなく納税者が責めを負うべき筋合いのものではない。そして，この損失の二重引きは「偽りその他不正の行為により不当に税を免れた場合」に該当するものではなく，かつ既に除斥期間7年を徒過している訳でもあるから，現状維持が優先するとの解釈は当然に成り立つと思われる[249]。

＜この章のまとめ＞

　納税者が法令解釈を誤って年度帰属を誤った場合，更正処分だけでなく附帯税の賦課などの行政制裁や甚だしい場合には刑罰が科されることになる。他方，課税庁が法令解釈を誤って年度帰属を誤った場合には，何らの制約や制裁を受けることなく原状回復の名目下で治癒されるとすれば著しく権衡を欠くことになる。そして，課税庁が，翌年度の更正によって追完を要する場合には原処分それ自体に不備や瑕疵を帯有するのであり，敗訴を免れるための追完は権利濫用の虞があり厳に慎むべきである。

　また，一般的に納税者が興銀事件と同じ経過を辿った場合に，その後の申告で「敗訴を前提にする」ことは無理からぬ面がある。若し，納税者が翌年度の減額更正を援用していた場合には，判決後に何らの備えもなく延滞税だけでなく新たな負担を強いられることになる(250)。この場合，納税者に生ずる不利益を回避するには通則法71条1項を限定的に解するのが妥当であると考えられる(251)。

　既に述べたとおり，今日の会計基準では平成10年から金融機関をさきがけとして税効果会計が導入されているが，これは企業会計と税務会計との一時差異を調整する制度である。しかし，るる述べたように企業会計と税務会計との調整は法人税法の繰戻し還付で調整を図るのが本来でありシャウプ勧告以来のルールである。

　金融機関の不良債権問題に対応するべくアメリカが1980年代に不良債権償却に伴う欠損金に限って10年遡及し税還付を行ったが（日経新聞平成10年9月9日夕刊)，これを参考に平成11年に経団連は「平成4年から凍結されている遡及還付制度を再開し併せて従前の1年を3年に改正する」よう求めている（日経新聞平成11年4月6日朝刊)。その点は措くとしても，貸倒れの年度帰属の問題は法人税法81条の法意からして「複数年度に通算して帰属する」と解して判定するのが妥当である。

今日の銀行経営には法令遵守と企業統治が必須であるが、確定申告書には最高経営責任者の署名・押印が求められ、国税通則法は過少申告行為や仮装・隠蔽行為に行政制裁を課す旨を定めており、見解の相違から行政制裁が課された場合には銀行は深刻なダメージを被ることになりかねない。かかる観点から銀行に限らず公開企業は通則法の各規定について十分に吟味しておくことが大切である。

<注>
(218) 園部・前出注(203) 8〜9頁。
(219) 金子・前出注(46)652〜654頁。園部逸夫「いわゆる減額再更正処分の取消を求める訴えの利益の有無」最高裁判所判例解説・民事編（昭和56年度）279〜293頁。園部逸夫『現代行政と行政訴訟』（平成4年、弘文堂）145〜163頁。
(220) 中尾巧『税務訴訟入門（新訂版）』（平成5年、商事法務）196〜204頁。
　　また、東京高裁平成16年1月28日判決（判時1913号51頁）は、旺文社事件にて原告・納税者が追及した「被告・課税庁は、更正理由で法人税法132条1項を論拠としていたのを訴訟に至って同法22条2項に差換えたとの訴え」を斥けており、最高裁平成18年1月24日第三小法廷判決（判時1923号20頁）もこれを支持している。
(221) この事案の解説として、佐藤孝一『国税通則の法解釈と実務（増補改訂版）』（平成15年、大蔵財務協会）629〜634頁。
(222) 訴えの変更について、園部・前出注(148)313〜319頁（青柳薫執筆分）を参照。
(223) 再更正と総額主義について、加藤幸嗣「更正・再更正の法的構造について」『金子宏先生古希祝賀：公法学の法と政策・下巻』（平成12年、有斐閣）31頁を参照。
(224) この第二次処分は、原処分が破棄されると平成8年3月期の所得額が132億円のマイナスとなり消滅する。この点は中井・前出注(208)33頁を参照。
(225) 課税庁は「債権放棄に解除条件を付したのは真意を隠し取引を仮装した」とみなすのが本音であって、学説は「納税者が仮装・隠蔽した場合に限って、表面上の法形式を真意に則した法形式に引き直すことが許される」とする（清永敬次「租税回避の研究」（平成6年、ミネルヴァ書房）366頁）。また、前出注(136)にて引用した東京高裁平成11年6月21日判決は、岩瀬事件に関して「納税者が節税を目的とし迂遠な法形式を選択したとしても、それが真意を隠し取引を仮装したのでなければ法律の規定なく否認できないとしている。したがって、課税庁が「解除条件を別意に読替えるには、興銀が同一年度の取引で仮装・隠蔽に類する行為をなし重加算税の賦課が相当」と補強すべきとしたものと推測される。
(226) 消滅説の根拠としては、最高裁昭和55年11月20日第一小法廷判決（判時1001号31頁）、金子・前出注(46)653頁、加藤・前出注(223)37頁を夫々参照のこと。

(227) 推計課税について、金子・前出注(46)654～656頁及び田中治「推計課税の本質論と総額主義」前出・金子先生古希祝賀注(223)119～121頁を参照。
(228) 成松洋一『法人税セミナー(三訂版)』(平成16年、税務経理協会)316頁。
(229) 除斥期間について、加藤雅信『新民法大系Ⅰ(二版)』(平成17年、有斐閣)412～416頁。内田・前出注(184)330～331頁。最高裁平成元年12月21日第一小法廷判決(民集43巻12号2209頁)。
(230) 磯部律雄『研修国税通則法』(昭和59年、新都心文化センター)281頁。
(231) 金子・前出注(46)642頁。武田・前出注(91)193～202頁。成松・前出注(228)320頁。
(232) 中川一郎ほか編著『コンメンタール国税通則法』(昭和38年、三晃社)J103～J110頁。
(233) 京都地裁昭和51年9月10日判決(判タ351号335頁)は、京都府民商に加盟する納税者が除斥期間五年を徒過した減額更正の可否を争った事案において、「減額の再更正は実質的に更正処分の取消であって納税者に有利な処分であるから、期間制限によって行使を阻まれることは納税者に不利益をもたらすことになる。また、国税通則法71条1項の例外規定との関係で検討しても、判例により原処分を取消すことは税負担の適正公平を図る上で何らの期間制限がないことを当然の前提としており、訴訟係属中に税務官庁が原処分の誤りに気づき、これに減額更正が必要な場合にも、判決による原処分の取消を待たなければ行使できないとするのは、余りにも硬直した法解釈といわざるを得ない」としているが、この判決は通則法71条1項の条文をつとに拡張解釈するものであって妥当とは考えられない。
　また、田中二郎『租税法(三版)』(平成2年、有斐閣)223頁は、「減額更正は行政処分取消の一態様であるから、期間制限を設けるべきでないとの考え方もある」旨を説かれる。
(234) 志場喜徳郎ほか共編『国税通則法精解(九版)』(平成8年、大蔵財務協会)700頁。
(235) 通則法71条2項は「課税標準の基礎たる事実に含まれていた経済的成果が行為の無効に基因して失われた場合」に適用され、学説には「いったん課税の対象とされた未収の債権が後に貸倒れとなった場合がこれに該当し、納税者は通則法23条の更正の請求を求めることもできる」旨が説示されている(金子・前出注(46)665頁。しかし解説書には「事業所得に係る所得税や法人税では収益と費用とが期間的に対応するから後発的事由による更正の請求は大部分適用されない」との見解を述べている(志場・前出注(234)308～309頁)。
　また、最高裁平成15年4月25日第二小法廷判決(平13(行ヒ)230号)は、遺産分割の合意が虚偽表示であり別訴によって無効となったため、相続税過納額の返還を求める請求に対して、「納税者が法定期限内に請求をしなかったことに真にやむを得ない理由がない」としており、「行為の無効」に基因して還付を認めることは限定的である(本判決は公刊物未掲載)。この71条2項との権衡からしても71条1項の適用は限定的に解すべきであろう。

(236) 大淵・前出注(65)18頁。
(237) 志場・前出注(234)700〜701頁。
(238) 広瀬正「判例にみる税法解釈と適用」税務事例19巻1号64頁及び広瀬正『国税通則法要義』（昭和60年，新日本法規出版）182〜184頁。
(239) 武田昌輔監修『会社税務釈義』（昭和39年，第一法規出版）8巻13章2節4873頁。
(240) 磯部・前出注(230)287頁。
(241) 金子・前出注(46)271頁。
(242) 課税庁が興銀の当初申告を否認するには，法人税法37条を適用すべきであるが，寄附金規定適用の場合には，それだけで決着し翌年度の減額更正は不要である。
(243) 田中・前出注(233)205頁。
(244) この点について，岩倉正和「興銀住専向け母体行債権損金算入否認事件判決のポイント」銀行実務2001年9月号65頁を参照。
　　なお，興銀の平成8年3月期における所得額は，当初更正処分によって3,628億円（本件債権額3,760億円から当初欠損額132億円を控除）のプラスに転じていたが，平成9年3月期所得額は他の住専向け一般行債権の償却額（1,255億円）が損金に振替となって，本減額更正額（3,760億円）に加算され，前年度の更正後所得額を上回る欠損額が生ずることになるから，平成8年3月期の所得額と平成9年3月期の欠損額を通算すると当初更正処分は本減額更正にて解消される。
(245) 本件では，「税法上は解除条件不成就の時点で債権が消滅する」と敢えて読替えたとしても，当年度の増額更正と翌年度の減額更正とを一対にして両者を更正理由書に併記すべきであった。その場合には判決の既判力によって両者が同時に取消されることになる。しかし，税務官庁は何故か両者を併記することを回避しているが，これは読替え自体が根拠薄弱であり，翌年度の減額更正で追完を要したからである，すなわち，法律行為の時点で債権放棄の効力が確定しないとしたため，全ての母体行の足並が揃った条件不成就の時点で債権放棄の効力が確定したとする必要が生じたのである。
(246) 居林次雄「銀行の住宅金融専門会社に対する貸金債権が全額回収不能と認められない為，同債権相当額を法人税法の計算上，当該事業年度の損失の額に算入することはできないとされ，同解除条件の不成就が確定したときの属する事業年度の損金として計上すべきとされた事例」金融・商事判例1145号63〜64頁。
(247) 大淵・前出注(65)13頁。
(248) 仮に興銀の申告を前提にして，国税当局が平成10年度〜平成14年度の間に徴税したとすると，国税勝訴で確定した時には，この間の徴税額に還付加算金を付して納税者に返還することになる。したがって，この減額更正は，国税側が勝訴の場合に還付加算金を付す事態を回避させる効果をもたらすが，反面，国税敗訴の場合に納税者は地方税を含めて延滞税を負うべきことになり，何れの場合でも納税者に不利益をもたらす。
(249) この損失の二重引きは無効な行為（本減額更正）に基因するものであるから，前出注(235)のとおり，法人税のような期間税では課税庁の無効な行為が消滅し

たからといって，それに基因して納税者に新たな負担を強いることは許されないと解するべきであろう。いずれにせよ本減額更正は「国税側が勝訴する」との予断に依拠するものであり，判決確定を見守り，それまで更正権行使を留保するのが正しい対応であった。

(250)　納税関係書類は法定の保存期限5年を既に超えており，再増額更正に先立つ調査に万全を期すことは理論的に困難であり，「課税は正しくあるべし」との命題（成松・前出注(228)316頁）は最早成り立たない。

(251)　大淵・前出注(65)18頁には「本件平成9年3月期の減額更正の誤りを是正するために，期間制限の特例が適用されるとすれば，損益の年度帰属の争いについて訴訟を提起する納税者は皆無となろう」と指摘するが，確かにこの更正は将棋でいえば"二歩"である。

# 第8章

# 興銀事件における財務決算をめぐる論点

＜本章における問題の所在＞

　興銀は，平成8年3月期に創業以来の赤字決算を選択し本件債権(3,760億円)を含め不良債権8,500億円の償却を行った。この巨額の債権償却に伴って株式含み益4,500億円を顕現した(株式売却損・株式償却差引後)。

　これに対して被告・国税側は，①「興銀は，既往年度の4倍強に達する巨額の株式売却益を計上していたから，時期尚早にも拘らず4,603億円の売却益に対する課税を免れるため本件債権を直接償却して損金に計上した」とか，②「興銀は本件債権の引当金不足による商法上の責任追及を免れるため直接償却を行った」などと主張した。興銀事件の控訴審・東京高裁平成14年3月14日判決は，被告・国税側の主張を受け入れて，「本来，無条件で債権放棄ができないにも拘らず，ジレンマの中で苦肉の策として解除条件付の債権放棄を行った」と断じている。

　そこで本章では，この①②の論点について事実関係を解析し言及した上で，金融機関において貸倒損失の計上が財務決算に及ぼす影響について補足することとする。

## (一) 不良債権問題をめぐる当時の状況

### 1 バブル崩壊後の政府の方針

　平成3年から4年にかけて所謂バブルの崩壊が深刻化し，住専各社に対して平成4年に第一次再建計画が翌5年には第二次再建計画が策定され実行された。
　この間にも金融機関の不良債権問題は悪化の一途を辿っており，政府・大蔵省は相次いで施策を発表している。すなわち，
　平成6年2月8日に至り政府は，総合経済対策の方針並びに大蔵省銀行局長の通達（同212号）を発出して「各金融機関は，実質的な引当金である株式含み益等を活用して不良債権償却の一層の促進を図り，横並び意識に固執することなく各々の立場で実態に合った適正な処理を行う」旨を示達した。
　平成7年4月14日経済対策閣僚会議は「金融機関は従来からの発想にとらわれることなく問題解決に目処を付けなければならない」とし，平成7年9月20日経済対策閣僚会議は「不良債権償却を先送りすることなく引続き果断に対応し住専問題も年内に対応策がまとまるよう取組む」旨を明示するに至った。
　これらの方針からは，政府・大蔵省は，従前から批判があった銀行行政における護送船団方式の旧弊と決別したものと考えられ，不良債権の償却処理に聖域を設けないことを明らかにしたものと理解された。
　後の本件訴訟において，被告・国税側の主張にみられる「他の大多数の母体行が債権放棄を平成8年3月期に見送ったから，興銀が解除条件付債権放棄を行って直接償却をしたのは抜き駆け」とするのは，国税庁の「母体行は足並みを揃えて債権放棄を行うべし」との判断をなぞったものであるが，政府・大蔵省が横並び意識に固執すべきでないとした方針と相容れないことは明白である。

## 2 住専向け債権をめぐる当時の情勢

　住専七社のうち最先発であり東証１部上場会社であった日本住宅金融㈱を先導役として平成５年４月から第二次再建計画が合意され実行されたが，日を追って状況が深刻化する趨勢にあり，10年後に再建計画が効を奏すると期待することは困難であった[252]。この住専問題がバブル崩壊後の不良債権の象徴的な問題と理解され，大蔵省金融検査部は住専七社に対して第二次立入調査を開始した。

　この平成７年６月末日を基準日として平成７年１月時点の路線価を用いて査定した第二次立入調査の結果からＪＨＬ社は５割を超える著しい債務超過の状態にあることが判明した。これを受けて同社の出資５社は協議し「整理の方針」を確認して，第二次再建計画で合意された弁済順序に従って母体ニューマネー第一回約定分（総額の４分の１相当）を回収した（この回収については，第５章の(三)の６を参照）。

　政府・与党は同年９月に住専問題プロジェクト・チームを立ち上げて住専各社毎に母体行と系統金融機関による協議を促しており，プロジェクト・チーム座長指揮の下，この協議は同年12月まで５回に亘って継続された。

　また，ＪＨＬ社の法定監査をになう中央監査法人は平成７年９月中間期の監査報告書において，同社の財政状態が債務超過に陥ったことなどを踏まえ「同社は再建を断念せざるを得ず存続は困難ある」旨を明記した。

　興銀はこのような客観的状況のなかにあって平成７年11月27日に中間決算の公表を迎えるに至った。

## 3 興銀の平成８年３月期の決算見込

　平成７年９月中間期決算を迎えるまでの興銀は，実態的な期間収益力を表す業務純益（株式売益や債権償却など臨時的な損益を除く）は年2,500億円前

後であり，これに対し不良債権の年償却額は1,500億円前後で，株式処分による売却益は1,000億円弱の水準で夫々推移しており，平成7年3月期までの過去5年間の経常利益及び課税所得の累計額は3,800億円強であった。

貸借対照表の「資本の部」のうち，利益剰余金の額は6,800億円であってこれに資本金・準備金を加算した自己資本比率（バーゼル国際決済銀行（BIS）の基準：TierⅠ比率）は5％弱であり国際業務を営む銀行に求められていた4％以上はクリアしていた。

平成8年3月期に見込まれる不良債権の償却額は，住専向け債権の他に親密先や協調融資による海外プロジェクト債権，関西地銀系ノンバンク向け債権などが加わり，直近期の水準の5倍を超えることは必至な情勢であった。

この場合，今後の不良債権償却の財源として，株式含み益を極力温存することが必要であり，そのためには興銀の設立以来の赤字決算に踏み込むしか方策がなかった。

具体的な見込み数値は次のとおりである。

　　業 務 純 益　　2,500億円
　　債 権 償 却　△8,500億円
　　　差　　引　　△6,000億円
　　株 式 売 益　　4,500億円……株式売損・株式償却を控除後
　　納 税 負 担　　なし　……課税所得はマイナス
　　最 終 利 益　△1,500億円……この欠損金を利益剰余金取崩しで補塡

この案からは，BIS上のTierⅠ比率4％以上を維持するには，減少後の利益剰余金は5,300億円を下限にすることが必要であった。仮にBIS上のTierⅠ比率が4％を下回った場合には興銀の業務粗利益の3割を占める国際業務部門からの撤退を余儀なくされることになる。

中間決算時の株式含み益は正味1兆円を超えていたが，これを過度に減少させることは，株式含み益（4割相当をカウント）・各種引当金・劣後債・劣後ローンを基幹とする派生的な自己資本比率（BIS上のTierⅡ比率で国際業務

を営む銀行ではTierⅠと合計して8％以上が求められている）に支障が生ずることになる。

もっとも，ＢＩＳ上のTierⅡ対策としては新規に劣後債・劣後ローンを取り入れることが可能であるがこれも限られた期間内では限界がある。

## 4　当時の株式市場と含み益顕現の問題点

興銀は平成7年11月27日中間決算の記者会見にて，「今年度中に住専向け債権を一括処理すること，その場合，赤字決算も視野に入れていること」を公表し，直ちに計画に沿って株式売却益の計上に着手したが，これは殆んど売却に合わせて買戻しを行うクロス取引によるものであった[253]。平成4年から平成8年頃までの上場株式市場の実情は株式時価総額に対して純粋に証券取引所を経由する出来高は僅かな水準であり，含み益を活用するために一時期に大量売却を実行すると当該銘柄の価格急落を招くだけでなく，取引不成立に陥ることは必定である。また金融機関の売却ニーズが強い状況では場外での相対取引も買い手が現れることは殆んどなく，最終的に複数の証券取引所を通じてのクロス取引に頼らざるを得ない状況であった[254]。

しかし，クロス取引による含み益の顕現は，市場の撹乱を回避できるとしても，当該金融機関にとって帳簿価額が増加することになり[255]，結局のところ，金利ゼロの貸付金が減少するがその見合いで株式勘定が膨らむだけであり，財務内容の改善には繋がらないのである。

したがって，金融機関にとって，年間の業務純益や課税所得を上回る不良債権償却は追加的な収益補填を要することになり，年間の経常利益や課税所得の範囲内で行う場合に比較して極めて慎重な判断を要することになる。特に償却の額が課税所得の数年度累計額に比肩するような場合には当該金融機関が判断や対応を誤ると破綻に繋がるのであり，母体行債権の償却は長信銀3行にとって存亡を賭けた処理であった[256]。

## (二) 住専向債権と引当金の不備

### 1 住専処理の胎動と護送船団方式

　住専処理と公的資金投入の考え方が最初に提唱されたのは本件閣議決定に3年以上先立つ平成4年8月の自民党軽井沢セミナーであった。当時の宮沢喜一内閣総理大臣は、「公的な援助もやぶさかではない」と発言しており、平成10年8月金融危機の本格化（小渕内閣）に際し大蔵大臣としての国会答弁には、公的資金投入が遅れたことを後悔する心情が滲み出ていると思われる（第6章の(一)の4参照）。

　また、羽田孜大蔵大臣は公的資金を投入して担保不動産買取会社の構想を進めている旨を明らかにしていた。しかし、産業界からは強い反対の声が挙がり、結局、公的資金の投入は挫折した。羽田大蔵大臣の担保不動産買取会社を設立する構想は、不良債権の付換え機関である「共同債権買取機構」（第5章の(三)の4参照）に変更され平成5年1月に発足している[257]。

　この間に住専は平成4年の第一次再建計画から平成5年の第二次再建計画に移行していたが、後の住専処理機構は共同債権買取機構の模倣であり、第二次再建計画に代えて住専整理が実行されるべきであって時期が遅れたことが傷を深くする結果となった。

　この第二次再建計画を受けて日住金の主力母体行は、大蔵省に対して金利全免債権に有税引当金を計上すべく届け出たが、文献によれば、「銀行局は"認めない"として撥ね付けた」とされ、これにより「銀行に粉飾決算を強要した大蔵官僚は商法・証取法違反を犯したことになり、これに屈した銀行もまた違反を犯した」ことになると指摘している[258]。この有税引当金の計上を封じた理由としては「再建されるべき住専に貸倒れを予防する引当金を積込むことは

論理矛盾である」とされている(259)。しかし，この件は銀行局が引当金積込みを契機として破綻銀行が出ること危惧したもので護送船団方式の強引な行政指導である(260)。

## 2 引当金不足とその後の影響

　この問題は後の住専国会において取り上げられ，関根則之議員は「母体行債権に大穴が空いているにも拘らず引当金を積んでいないのは商法違反であり，銀行局の対処は不適切」と追及した（前出注(163)を参照）。確かに10年間に亘る再建計画が効を奏するかを見極めることは困難であり"再建されるべき"との建前で引当金を封ずることは失態である。しかるに免許事業を営む金融機関が銀行法による許認可権を有する銀行局と軋轢を起こしてまで「貸倒引当金を積むべき」とすることは過酷である。
　しかし，平成5年当時に各母体行が引当金を計上していたとすれば，その後の展開が異なっていたことは想像するに難くない（前出注(260)を参照）。このことは，第1章で述べた商法・会計上の貸倒引当金の繰入れについて行政裁量が妨げとなった顕著な事例であるが，逆に平成8年3月期において母体行債権が償却を要することは明白であり，かつ閣議決定にて全額放棄を要請された母体行債権は直接償却するのが至当である（第2章の(二)の1を参照）。
　また，銀行局が貸倒引当金を封じたことが，住専が破綻処理に移行した後に国税庁に対して「住専向け債権は貸倒れで処理すべき」と押し切れなかった深因であったと推測され，償却証明制度の機能停止に繋がっていったのである（第1章の(一)の4及び末尾の（資料6）の(一)の5を各々参照）。

## (三) 財務処理をめぐる訴訟上の論点

### 1 引当金不足と解除条件の付与

　本章の冒頭で述べたとおり，訴訟の過程において被告・国税側は「興銀が債権放棄に解除条件を付したのは，本件債権に対する引当不足が商法に違反し株主代表訴訟を免れるため」と主張した。確かに本件債権に対し貸倒引当金の計上がゼロであったことは事実であるが，興銀が解除条件を付したのは様々な不測の事態に備える趣旨であり，株主代表訴訟も不測の事態に包摂される。しかし，被告・国税側が貸倒引当金の計上不足を直接解除条件の付与に結び付けるのは短絡的である。

　さらに，被告・国税側は「株主代表訴訟に備える目的からすれば担保権放棄も解除条件付と解するほかない」とし，本件控訴審・東京高裁平成14年3月14日判決もこの主張を採用している（控訴審判決文40頁）。しかし，株主代表訴訟に備えるからといって，約定書の上で無条件放棄と明記された担保権を解除条件付放棄と読み替えるべき理由など有り得ない。

### 2 株式売却益の計上と解除条件の付与

　既に指摘したように被告・国税側は「興銀が債権放棄に解除条件を付したのは，既に巨額の株式売却益を計上しておりこれに対する課税を免れるため」と主張した。本件控訴審・東京高裁平成14年3月14日判決は「本来，無条件で債権放棄ができないのにも拘らず，解除条件を付して債権放棄を行ったのは既に計上した巨額の株式売却益に対する課税を免れるため」としている（控訴審判決文42～43頁）。

本件第一審・東京地裁平成13年3月2日判決は「原告が株式売却益の計上に着手したのは平成7年11月27日に本件債権の一括処理を公表した後であり，被告は事実経過の流れを見誤った」としている（第一審判決文218頁，247～248頁）。控訴審・東京高裁平成14年3月14日判決も「平成7年11月以降に積極的に株式売却益を計上した」こと自体は認めている（控訴審判決文33頁）。

　この被告・国税側の主張は，第3章の(三)の1で摘示した横浜地裁平成5年4月28日判決が「原告が撤回条件を付して債権放棄を行ったのは当年度に発生した土地売却益に対する課税を免れるため」とする論旨を借用したと推認される。しかし，ＢＩＳ上の規制を受ける金融機関が欠損金を圧縮するためクロス取引で計上した株式売却益を課税庁が単に問題視するのは筋違いである。本件債権が無税か有税かに拘らず財務上は上記株式売却益は必要かつ不可欠である。

　また，本件債権3,760億円の償却に限定すると売却益4,603億円（株式売却損・株式償却を控除前）の計上は過大であり，控訴審・東京高裁は平成8年3月期における興銀の財務決算処理の全体をみて判断したとは到底思われないのである。さらに付言すると，売却益計上が先行し債権償却が期末に行われたことを指摘する国税側の主張に至っては株式上場市場の実情に対する理解を欠くものであり，単に藉口するに過ぎないと考えられる[261]。

　既に本章(一)の1で触れた政府の方針では「実質的な引当金である株式含み益の活用」を推奨しているが，現実の引当金の取崩しとは異なり株式含み益の顕現にはクロス取引を経由することから一定の期間を要するのである。

＜この章のまとめ＞

平成8年3月期の興銀決算においては，株式売却益の計上は国際業務を営む金融機関として不可欠であって，予め住専向け債権に貸倒引当金の繰入がなされていれば償却負担を補塡する為の株式売却益は不要であった。また，興銀ほか二行が母体行債権の直接償却を行い，他の大多数の母体行が間接償却を選択したからといって，既にるる述べたとおり後者の処理が妥当であることにはならない。

法人税法の課税所得は企業利益から誘導計算され同法74条は確定した決算に従うとし確定申告書には当年度の貸借対照表・損益計算書を添付する旨を規定する。したがって，課税庁が財務会計上の適切な処理を特段の事情なく問題視することはできない。

財務上の諸問題は銀行経営にとって基本に係る事項であるが，必ずしも外部からの理解が得られない場合が多いのであり，銀行は専門アナリスト向けだけでなく一般の有識者から理解を得られるべく開示の工夫と説明責任を果たすことに努力すべきである。

＜注＞
(252) 住専の再建から整理の過程を詳述するものとして，湯谷昇羊＝辻広雅文『ドキュメント住専崩壊』（平成8年，ダイヤモンド社）2頁以下を参照。
(253) クロス取引について解説するものとして，河本一郎＝大武泰南『証券取引法読本（4版）』（平成12年，有斐閣）136頁を参照。
(254) この点について，中井・前出注(10)119～120頁を参照。
(255) 含み益吐出後の簿価＝吐出前の簿価＋含み益＋有価証券取引税などの諸経費となるが，株数は不変であるから簿価上げの部分は配当が望めず利回りゼロである。
(256) 興銀の母体行債権だけをとっても3,760億円と過去5年間の課税所得額に比肩し，長銀の母体行債権は2,340億円であり，日長銀のそれは1,610億円であって，何れも極めて負担が重いものであった。両行は母体行負担の一部肩代わりを模索していたと認められる（末尾（資料6）の（一）の5並びに（二）の1を参照）。他方，

都銀大手行（三和，さくらを除く）の母体行債権額は400億円程度と軽微であり，興銀など長信三行と同列に論ずることはできない（末尾（資料 6 ）の(二)の 3 を参照）。

(257) 小邦宏治『不良債権処理の政治経済学』（平成 7 年，平原社）156頁。
(258) 武居照芳「何時になったら市場感覚が身につくのか」企業会計50巻 5 号101頁。
(259) 河野・前出注(34) 6 頁
(260) この有税引当が拒絶されたことに触れるものとして，日本経済新聞社編『金融迷走の10年』（平成12年，日本経済新聞社）48頁及び岩田規久男『金融法廷』（平成10年，日本経済新聞社）を参照。
　　　結局，「一行も潰さない」との大蔵省の方針は単なる問題先送りに過ぎなかった。
(261) クロス取引による株式売却益計上の経済的効果は，株式評価替えによる実質的な評価益である。仮に課税を免れるとすれば期末に一旦株式評価益を計上し翌年度に順次売却を実行することも可能である。これは法人税法25条が評価益を益金に算入しないことを援用する方策であるが，上場会社として，長年に亘ってクロス取引が定着してきた慣行からして評価益を計上することが会計処理として公正かどうか疑問が残る。

# 終 章

## 貸倒損失の認識と
## 　　　計上の判定

## 1 金銭債権における売掛金と貸付金の区分

　既に述べたとおり，企業会計・商法（会社法）は，売掛金と貸付金とを金銭債権として一括りにし，法人税法は両者を貸金等として一括りにしているが，両者は性質を異にしており区分してみるべきである。特に貸倒れの問題を検討する上で，一般事業法人の売掛金と金融機関の貸付金とが峻別されていなかったことが，それぞれの判定基準を不明確なままにしてきた一つの原因であると考えられる。さらに法人税法では，第5章の（一）の3にて詳述したとおり，売掛金は短期の経過勘定であって未必所得に担税力を認めて課税するのであるから，その貸倒れの認定はある程度緩和されて然るべきである。

　金融機関の貸付金の貸倒れは貸付業務を主業とする以上は必然的に発生し，一般事業会社の売掛金の貸倒れもまた事業遂行の上で必然的に発生するものであり，上記のような観点から貸倒れの判定は夫々の実情に即応して適切な基準を設けるべきである。

## 2 貸倒引当金の本来の在り方

　第1章にて詳述した貸倒引当金の設定については，将来の貸倒損失に備える趣旨のものであるが，これについては従来から総額法と個別法とが併存しており，前者については，貸借対照表に計上された債権総額を対象に過去の経験則によって一定の割合を繰入限度とするものである。法人税法も平成10年の改正にて同法52条に総額法による「一般貸倒引当金」と「個別貸倒引当金」とを併記している。しかし，前者は資産区分が徹底しない時期の「簡便法」に過ぎないのであり，資産区分が導入された以上は不要と思われる。この点は，第1章の＜まとめ＞にて要約したとおり，正常資産と区分された債権にも引当金が繰入れられているのが実態であるが，このこと自体が1年経過毎に資産区分を見直すべきことと整合性を欠くものである。

また一部には「一般貸倒引当金」を節税上の恩典とみる見解が根強いが、これは過去の因習にとらわれたものである。これを今後とも活用する法人は企業会計上の資産区分を省略しても差し障りがない先に限るべきであろう。

## 3 資産区分の活用と主観的判断について

既に述べたように、金銭債権に1年ルールを適用して資産区分を設けることは、貸倒れの備えとして有効かつ有益な方策である。これは先ず、当初の約定が履行されており今後1年以内に焦げ付く危険が見込まれない「正常債権ないし一般債権」と「それ以外の債権」に区分することが大前提である。次に、通常の度合いを超えて貸倒れに陥る危険性のある「それ以外の債権」については、たとえば第1章の＜まとめ＞にて指摘した分類を用いることが考えられる。

しかし、このような作業は当該企業の主観的価値判断が介在するとの批判が一部にみられるが、貸倒れに備えての金銭債権の分類は債権者の判断や評価が重要な決め手であり、第1章(二)の5にて触れたとおり、要はその判断や評価が合理的か否かにかかっているというべきである。そして、この問題は、分類の基準が明確であって、当該企業が透明性と継続性とに留意することによって十分に克服できると考えられる。

さらに、分類の結果が公認会計士の法定監査や金融当局の検査など外部の第三者によって検証された場合は客観性が具備されたとみるべきである。なお、小規模企業について新会社法378条は「会計参与制度」を設けており、会計参与は外部の第三者ではないが、この会計参与制度を活用して検証することも十分に意義があると思われる。

## 4 金融機関の貸付金と貸倒れ

貸付金は既にるる述べたとおり、債権・債務が成立する時点で金員が交付されており、発生主義に基づく売掛金や未収利息とは法形式を異にするものであ

る。金融機関は上記のとおりこの貸付業務を主業とするのであり、貸倒れの危険に備え資産区分を設けることは金融慣行として既に定着しているのである。

そもそも金融機関が預金レートを上回る貸付レートを享受し得るのは、貸付業務には潜在的な貸倒れの危険を常に内包しているからである。この潜在的な危険が顕在化したのが貸倒損失の発生であり、これは収益稼得の対価といえるものである。

この金融機関の貸倒れの判定については、一義的に金融当局が窓口となるのが従来からの慣行であり先進国では当然のこととされている。したがって、国税当局が直接の窓口となり、しかも金融機関との間で法令解釈の是非が争われた事例は稀有であり、本件興銀事件はその嚆矢というべきものである。住専向け債権の償却処理について、金融検査部ではなく国税庁が直接の窓口となった背景については末尾の（資料6）の(三)の3に詳述したところであるが、それは母体行・一般行の債権償却は「貸倒れに当らない」との国税庁の判断に基づくものである。これはおそらく、金融検査部の「償却証明制度」の枠外にある系統金融機関の贈与のみを国税庁が取扱うことを回避したいとの意向によると推認される。しかし、興銀事件が異例の展開を辿った背景事情として、末尾の（資料6）の(三)の3にて指摘したボタンの掛け違いが最後まで尾を引いたものと考えられる。

本件訴訟において、被告・国税側が殊更に苦慮したのは「住専向け債権は貸倒れでない」とする消極的事実の立証であった。すなわち、本件閣議決定（末尾の（資料1）を参照）は、政府が斡旋し関係者が合意した「1次ロス」の分担を明示するものであり、これにより全額無弁済となった本件債権について未だ回収可能であると証明することには無理がある。仮に、政府の処理策が成立するかどうか不透明であったとしても、政府案が存する限り本件債権は回収の途を閉ざされたままである。また、法的整理に移行したとしても清算型会社更生法か強制和議が選択されるのであって何れの場合も関係者の合意が必須の前提となるが、それには主力行が回収を辞退するなど格差を設けた損失分担しか方策は有り得ないのである。結局のところ被告・国税側が回収可能であるとす

る主張は幾重にも推論を積み重ねただけのものであった。

　このような金融機関の貸倒れについては，既に第3章の＜まとめ＞にて論じたように社会通念を基準とすべきであり，法人税法上は寄附金規定を援用することが妥当であると考えられる。その貸倒れによる損失の額を計上するには，経済的に無価値である額を合理的に見積ることが前提となる。そして無価値の額が適切に測定されていれば，それは債権の全部であるか部分であるかを問わないと解される。

　なお，水野忠恒『租税法(二版)』(平成17年，有斐閣) 248頁には「安易に貸倒れの認定をすることは不当に金融機関を補助するものとなりモラル・ハザードを引き起こす危惧がある」旨が指摘されているが，このモラル・ハザード云々は自ら社会通念の範囲内に収斂する問題とみることができる。

## 5　一般事業会社の貸付金と貸倒れ

　一般事業会社の貸倒れの判定には金融機関の基準が準用されるが，一般事業会社の場合には，貸付業務を主業とする金融機関とは異なって，他の法人又は個人に対して金銭貸付を行うことに業務必然性や事業関連性があるか否かが検討されるべきである。たとえば，従業員に対して住宅資金や教育資金を貸付ける制度は社内福祉制度の一環をなすものであり，かつ通常の場合には当該貸付金は社内預金や想定退職金の範囲内で保全されている。

　しかし，一般事業会社が他の法人に金銭貸付を行うのは既に述べたとおり当該法人が金融機関からの資金調達に支障がある場合に浮上するとみるべきであり，金融機関が審査手続きを経て当該法人に対しての貸付を拒否したときに，一般事業会社がこれを安易に肩代わることは通常の度合いを超えて貸倒れリスクを当初から負うことになる。

　また，今日では，連結決算対象の子会社は親会社と一体のものとして連結納税制度が認められており，このような子会社については，従来から金融機関借入れに親会社が債務保証に当ることや増資引き受けに応ずるなど多様な手段が

存在する。

　さらに，金融機関の場合には貸付債権の危険分散のため，複数の金融機関が協調融資に参加するのが慣行であるが，一般事業会社の貸付債権は担保その他で金融機関に劣後する場合が殆どであり，その意味でも通常の度合いを超えて貸倒れリスクを負うことは避けられない。したがって，債務者が破綻した場合に複数の金融機関からの借入金は弁済し，親会社からの借入れ債務のみが回収不能に陥る場合が多々存するのである。このような貸付債権は当該債務者に対する出資払込みと大同小異であり，資本金に準ずるとして貸倒れを判定すべきであり，デット・エクイティ・スワップ等の技法が講じられてたかどうかはさほど重要ではない。翻って，一般事業会社が他の法人に金銭貸付を行った時点で，事業関連性や対価性のほかに経済的にみて合理性がない場合には，当該貸付金の貸倒れは無価値の部分を除外して残額は寄附金に算入すべきである。

　なお，本書でも数多く採上げた「貸倒れに関する諸判例」は様々な背景事実を有するものであり，これらを一律に検討して規範を定立しようとしても，既に述べたようにそれは無駄な作業のように思われる。そして「貸倒れに関する諸判例」の中には，企業会計原則の順守が厳格に求められている株式上場会社に関する事例が見当たらないことを付言しておきたい。

## 6　興銀事件の最高裁判決とその規範性

　第6章の冒頭で指摘したように，佐藤教授の「興銀事件は控訴審判決が従来の考え方に沿う」旨の見解（前出注(23)を参照）は，興銀事件が東証一部上場の金融機関を対象とするものであるから，非上場の一般事業会社を対象とする諸判例とは著しく異なるのは当然のことである。

　興銀事件は，第2章の(三)の5にて詳述したとおり，複数の債権者が異なる立場で参画し，債務者の二度に亘る再建計画の経緯・合意が大きな影響を及ぼしたものである。その意味で，本最高裁判決は「債務者と債権者とを取り巻く事情」の双方から事実認定を行っているが，本高裁判決は「債権者を取り巻く

事情は全て他事として考慮すべきでない」としている。この高裁の判断が「従来の考え方に沿っている」と評価しても，それは従来の考え方自体が適正であったとは考えられないのである。

なお，本最高裁判決の論旨を一般事業会社に準用するのは，上記5にて触れたとおり慎重を要すると思われる。それは一般事業会社の場合には他の法人及び個人に対して金銭貸付を行うべき事業関連性が曖昧な場合があるからである。また，当該債務者と一般事業会社との間に密接な関係がある場合には，その貸付債権は「資本金に準ずる」として判定されるべきである。したがって，そのような観点からも本最高裁判決の規範性は限定的であると解するべきである。

## 7　事業関連性の濃淡と対価性の検証

既にるる述べたように，金銭債権の貸倒れの判定には寄附金規定の援用が有効であることは明白である。それは先ず，複数の債権者の利害が対立する場合の破綻処理では，債務者と各債権者との事業関連性の濃淡が損失分担に反映すべきであり，その損失分担が社会通念に照らし度を超えて歪みがある場合には債権者間で無償の利益移転がなされたと認定し，その部分を測定して摘出し寄附金課税を適用すべきである。

次に，ある債権者が債務者からの回収を断念し損金経理を行ったときに，それの認容は，無価値部分を除き，回収断念に対価性が認められるか否かによって判定すべきである。たとえば，債務者に対する債権額の一部について債権者が回収を断念した場合には，それによって残る部分の回収可能性が確かなものとなれば，全額回収に固執して全額を失う事態に比較して対価性が期待できることになる。

また，ある債権者が債権全額の回収を断念するのは，それをしなければ更なる追加負担を強いられるとか，直接・間接の経営上の損失を被る惧れが見込まれる場合である。本事案に即してみれば，前者は，他の母体行からの負担の一部肩代わりを求められるとか公的資金の肩代わりを求められる場合である（こ

の点は，末尾の（資料6）の（一）の5並びに（三）の1を参照）。後者については，第5章の（三）の2にて詳述したとおり「金融債の消化不振により資金逼迫に陥った事例」が挙げられるのである。

興銀事件の最高裁判決は，このような観点に立って納税者の請求を認容し課税庁の更正処分を違法と断じたと思料されるのである。

## 8 貸倒れの事実認定と金額の測定

貸倒れ判定の上で，事実認定が重要なことは異論のないところであるが，筆者は敢えて金額の測定が最も重要な作用であると指摘しておきたい。上記7にて述べたように，債権の無価値部分や無償の利益供与額を摘出するには金額の測定が全ての前提となるからである。その場合，測定された数値が客観的であると認められる場合の他に，これに準じて見積りであっても合理的であれば許容すべきである。

たとえば，債務者が事業不振に陥り，元利払いに延滞が生じたり債務超過に至った時には外部からの支援なくしては破綻する蓋然性が高まることになる。このような事態では当該債権に貸倒れが生じており要は毀損の程度が問題となる。しかし，貸倒れは「債権の全額」との命題が跋扈して数値測定の進化を妨げているのが現実である。

貸倒れ通達9－6－2の例示は，単一の債権者が単一債権を有するモデルから誘導されるものであり，住専問題の勃発は，当通達が制定された昭和40年代初頭から30年余を経過しており，複雑化した金融取引にそのまま持込むことに無理がある。

すなわち，複数の債権者の間で利害が対立し各々の異質性が浮き彫りになると単一債権モデルでは解決できないのであり，それでも尚，当通達を敢えて適用するには，複数の債権に「プロラタ分配」が適用されると只管強調する以外にないのである。

なお付言すると，貸倒れに客観性を強調し厳格に解釈すると究極的に債務者

無資力の状態に帰着することになる。若し，債務者無資力の状態が外形上も確認できるまで課税を伸延させるとすれば，貸倒れは事実認定も数値測定も不要となるのである。

## 9　貸倒れの年度帰属と財務処理上の教訓

　貸倒損失の計上時期については，その損失が発生した事業年度に帰属することになるが，当年度か翌年度かの時期が微妙な場合には，法人税法81条の法意により年度通算で対応すべきであり先進国では当然に用いられている制度である。我が国でもシャウプ勧告以来の伝統として定着してきたものであり平成4年から機能が停止したままで推移しているが，この規定の趣旨からして「複数年度を通算して帰属する」とみるべきであり少なくとも法定申告時期までの後発的事実を斟酌して補完すべきである。

　我が国の金融機関にとって，償却証明制度や貸倒れ処理の年度通算が機能しない状態では，国際化が進展する金融取引において，海外の金融機関に較べて我が国の金融機関はハンデキャップを負うことになり早期に改善されるべきである。

　また，金融機関にとって貸倒損失の計上額が単年度の業務純益や課税所得の範囲を超える場合にはその影響は極めて甚大である。金融機関がバブル崩壊後の金融危機でかかる事態に呻吟し公的資金の注入により辛うじて凌いだが，これの教訓として第1章で述べた資産区分を間断なく整理して各金融機関が創意と工夫を凝らすべきである。

　その上で各金融機関が，貸倒れの予兆を掴んだ際には貸倒引当金の計上を機動的に行うべきであり，さらに進んで債権に毀損が生じたときには部分直接償却を採るべきである（部分直接償却について，米国内国歳入法166条(a)(2)及び金子・前出注(23)118頁を参照）。

　およそ金融機関が破綻する原因は，内外を問わず不良債権の急増による償却負担に耐えられない場合が大宗であり，貸付業務を営む限り与信リスクを負う

ことは銀行経営にとって宿命である。
　我が国の銀行経営は，高度成長期を通じて「薄い利鞘率を貸付残高の増大で補う方式」で運営されて来た。この間の不良債権の発生は「元利払いの棚上ないし凍結や資金繰りの支援」により債務者の業況回復を待つ方策が主流を占めてきたが，バブル崩壊後の情勢は一変するに至っている。したがって，今後の銀行経営においては，抽象的なリスク管理の理念にのみ終始することなく，経営資源を積極的に投入して独自のリスク測定の方策を具体化し且つこれの深耕に不断の努力を払うべきである。

## ＜参考文献＞

飯野利夫『財務会計論』同文舘，1993年。
井上久彌＝平野嘉秋『法人税の計算と理論』税務研究会，2005年。
大久保豊編著『銀行経営の理論と実際』金融財政事情研究会，2003年。
岡村忠生『法人税法講義』成文堂，2004年。
加古宜士・大塚宗春監訳『R．G．シュレーダー＝M．W．クラーク＝J．M．キャシー　財務会計の理論と応用』中央経済社，2005年。
加野忠『金融再編』文藝春秋，1999年。
斎藤静樹編著『会計基準の基礎概念』中央経済社，2002年。
嶌村剛雄『新体系会社諸則精説』中央経済社，1980年。
武田昌輔編著『企業課税の理論と課題』税務経理協会，1995年。
中村忠＝成松洋一『企業会計と法人税』税務経理協会，1992年。
中里実『金融取引と課税』有斐閣，1998年。
中里実『国際取引と課税』有斐閣，1994年。
西村吉正『日本の金融制度改革』東洋経済新報社，2003年。
弥永真生＝足田浩『税効果会計』中央経済社，1997年。
鰐淵賢訳『星岳雄＝A・カシャップ　日本金融システム進化論』日本経済新聞社，2006年。
ジョン・R・ウォルター（リッチモンド連銀エコノミスト）「アメリカにおける貸倒引当金」金融財政事情1992年8月7日号。
企業会計審議会（森田哲彌会長）「税効果会計に係る会計基準の設定に関する意見書」1998年。
B. I. Bittker＝J. S. Eustice"Federal Income Taxation of Corporations and Share holders"Warren, Gorham & Lamont：1998.
M. C. Bennett＝A. M. Parker"Classification of Credits"Branch and Agency Examination Manual：1995.
J. E. Stiglitz"Economic of The Public Sector, Second Edition"W. W. Norton & Company, Inc.：1988（藪下史郎訳『公共経済学』東洋経済新報社，1996年）.
Cynthia Gelalich (Deloitte Touche Tohmatsu) "Lessons from the Resolution Trust Corporation in Resolving America's Savings & Loan Crisis" Strategic Planning,

Financial Services Industries, New York:1998.

BAKER&McKENZIE "Footnote references are to Paragraphs of the 1996 Standard Federal Tax Reports" B. &M. Washington Low Office:1998.

KPMG Peat Marwick "Change and Analysis of Developments appear in the Front of this Portfolio"Tax Management Inc.:1996.

なお，本文の＜注＞にて引用した文献・論文等は省略。

# 興銀事件に関する主たる資料

≪目　次≫

(資料1)　平成7年12月19日閣議決定 ……………………………………197
　　　　　筆者注解 …………………………………………………………198
(資料2)　平成8年1月30日閣議了解 ……………………………………200
　　　　　筆者注解 …………………………………………………………201
(資料3)　平成8年法律93号（住専処理法）……………………………203
　　　　　第1章　総則　　　　　　　（第1条～）…………203
　　　　　第2章　預金保険機構の業務の特例　（第3条～）…………204
　　　　　第3章　政府による財政上の措置等　（第23条～）…………213
　　　　　第4章　預金保険機構の特例業務の終了（第27条～）…………214
　　　　　第5章　雑則　　　　　　　（第31条～）…………215
　　　　　第6章　罰則　　　　　　　（第33条～）…………216
　　　　　附則 ………………………………………………………………217
　　　　　筆者注解 …………………………………………………………218
(資料4)　平成8年3月29日債権放棄約定書 ……………………………220
　　　　　筆者注解 …………………………………………………………221
(資料5)　久保　亘元副総理・大蔵大臣の所見 …………………………224
　　　　　Ⅰ．政府の住専処理策が関係者の合意により成立していたこと …224
　　　　　Ⅱ．住専向け債権処理に伴う欠損金の取扱いについて ……………226

筆者注解 ……………………………………………………228
**（資料６）** 住専向け債権の償却処理を巡る問題の経緯と回顧 …………232
　　＜はじめに＞ ……………………………………………………232
　　（一）平成７年12月19日閣議決定とその前後の経緯 …………232
　　　　1　住専の実情と住専向け興銀債権の状況 …………………232
　　　　2　住専処理を巡る政府の方針 ………………………………235
　　　　3　平成７年10月から11月末までの推移 …………………236
　　　　4　平成７年12月19日閣議決定と12月末に至る経緯 ………241
　　　　5　閣議決定から平成８年１月末までの推移 ………………244
　　　　6　債権放棄に解除条件を付した経緯 ………………………250
　　（二）住専国会の審議と期末の債権償却 ………………………252
　　　　1　平成８年２月末に至る経緯 ………………………………252
　　　　2　平成８年３月末に至る推移と債権償却の実行 …………258
　　　　3　他住専とその母体行の期末に至る動き …………………265
　　（三）平成８年８月23日更正処分に至る経緯 …………………271
　　　　1　平成８年４月から５月末に至る推移 ……………………271
　　　　2　平成８年７月１日確定申告までの経緯 …………………274
　　　　3　国税調査と平成８年８月23日更正処分 …………………280
　　　　4　平成８年８月23日更正処分とその影響 …………………283
　　　　5　本件更正理由の内容とその不備 …………………………285
　　　　6　本件原処分の背景と直接の動機 …………………………287
　　（四）更正処分から平成９年10月27日裁決に至る経緯 …………290
　　　　1　住専処理法の施行から平成８年12月末に至る推移 ………290
　　　　2　審査請求と平成９年１月からの事態の推移 ……………293
　　　　3　審査の決着と平成９年10月27日裁決の内容 ……………297
　　　　4　裁決から派生する問題と平成10年３月末に至る経過 ……301
　　＜総　　括＞ ……………………………………………………305

(資料1)

## 住専問題の具体的な処理方策について

平成7年12月19日
閣 議 決 定

　住宅金融専門会社（以下「住専」という。）をめぐる問題は，金融機関の不良債権問題における象徴的かつ喫緊の課題である。我が国金融システムの安定性とそれに対する内外からの信頼を確保し，預金者保護に資するとともに，我が国経済を本格的な回復軌道に乗せるためにも，その早期解決が是非とも必要である。そのため，住専問題に係る透明性の確保，種々の責任の明確化等を図りつつ，下記のとおり，具体的な方策を講ずるものとする。

記

1. 損失の処理
　　住専処理機構を設立し，住専の資産等を引き継ぐこととし，回収不能な不良債権に係る損失見込額（七社計で約6兆2,000億円）及び欠損見込額（約1,400億円）について処理する。
2. 関係金融機関に対する要請
　　関係金融機関に対し，次により対応することを要請する。
　(1) 母体行は，住専に対する債権約3兆5,000億円の全額を放棄する。また，住専処理機構への出資及び低利融資を行う。
　(2) 一般行は，住専に対する債権のうち約1兆7,000億円を放棄する。また，住専処理機構への出資及び低利融資を行う。
　(3) 系統金融機関は，貸付債権の全額返済を前提として，住専処理機構に対する約5,300億円の贈与及び低利融資の協力を行う。

3．公的関与
  (1) 政府は，預金保険機構に住専勘定を設け，平成8年度当初予算において，同勘定に対して6,800億円を支出する。同勘定は，住専処理機構に対し，同年度以降，同機構の保有する債権の回収可能性の精査及び整理状況を踏まえて支出を行う。
  (2) 預金保険機構住専勘定は，住専処理機構において住専から引き継いだ資産に係る損失が生じた場合，その一部を補てんする。
   また，政府は，同勘定に損失が生じた場合に，適切な財政措置を講ずる。
  (3) 政府は，平成8年度当初予算において，預金保険機構に対し，同機構の運営を強化するために，50億円の追加出資を行う。
  (4) 日本銀行に対し，預金保険機構への出資及び同機構住専勘定への資金供与を行うよう要請する。
4．債権回収の促進
   住専処理機構は，預金保険機構の指導の下，法律家，不動産取引の専門家等の参加協力を得て，法的手段等を活用しつつ，債権の回収を強力に行う。両機構は，法務・検察当局及び警察当局と密接な連携を図る。
5．以上について，所要の法的措置を講ずるとともに，関係機関による調整が行われ，適切な処理計画が策定された住専から，速やかに住専処理機構に対し資産等の譲渡を行い，その処理を着実に進めていくこととする。

(以上)


**（筆者注解）**

1．行政法の権威である園部逸夫弁護士（元最高裁判事）は，平成11年6月23日意見書（甲577号証）にて，本件閣議決定の内容と久保大蔵大臣の国会答弁等を吟味し，住専の第二次再建計画における金利減免の割合（母体行は利息の全部，一般行は利息の約5割，系統は利息の約2割を各々免除する）が三者の間で格差が設けられている事実等にかんがみて，「各債権者による1

次ロスの負担割合（母体行は債権元本の全額を放棄し，一般行は債権元本の約５割を放棄する，系統債権の２割に相当する損失額について，系統が債権元本の約１割相当を贈与し，残る不足額は公的資金6,800億円によって穴埋めする）は，基本的に第二次再建計画における金利減免割合を踏襲したものであり，相応の合理性が認められる」と評定している。

2．次に，園部意見書は，「下級官庁は，主務大臣の指揮下にあって閣議決定で定められた事項が円滑に実行されるように努めると共に行政の一体性確保原則を順守する責務を負う」とし「本件閣議決定は『明文』化され一般に公表されるといった異例の形式を採っており下級官庁に対して強い拘束力を有する」旨を指摘している。

3．久保亘元大蔵大臣の平成13年９月10日所見（甲644号証）に関連する大森政輔弁護士からの平成13年４月19日意見聴取によれば，"本件閣議決定第２項は，各金融機関に対し債権放棄を要請するとしており，同第５項の「所定の法的措置を講ずる」との文言が各金融機関の自主的判断を拘束していると読むことはできない"としている。その上で，大森弁護士は，上記の園部意見書に記す「私企業の財産権に対する制限についての憲法上の限界（憲法29条２項）との関係を慎重に考慮した」との指摘はこの解釈の根拠として的確であるとしている。

(資料２)

# 住専処理方策の具体化について

平成８年１月30日
閣　議　了　解

　住専問題の処理については，平成７年12月19日の閣議決定にのっとり，更に下記の方針によりその処理方策を具体化するものとする。

記

1. 現下の喫緊の課題である住専問題の早期解決を図るため，住専七社は整理されることとなり，さらに，新たに設立される住専処理機構が住専七社から債権等を買い取り，強力に回収を行いながら処分していくこととされている。
2. その際，機構は，住専七社の債権等を買い取るための資金を調達することが必要となる。このため，母体，一般，系統金融機関が機構に対し所要資金を融資することが求められている。
3. 本問題の処理に当っては，債権回収と責任追及に最大限の努力を払う必要がある。まず，預金保険機構と住専処理機構が一体となって強力な体制をもったものにすべきである。政府と両機構は，法律上認められるあらゆる回収手段を迅速かつ的確に展開して，住専から引継いだ資産にかかわる損失を生じさせないよう全力を挙げる。
   (1) 回収が順調に進み益金が生じた場合には，その成果を還元する。
   (2) 万一，損失が生じた場合には，上述の閣議決定の趣旨に従って，政府・民間の共同の責任で処理することとし，政府の負担は２分の１とする。
   (3) 民間金融機関の負担については，預金保険機構内に新たに設置される基金（約１兆円を目余）の運用益の活用，同機構による保証等により対応する。

4. 上述の閣議決定及び今回の閣議了解によって，金融秩序維持安定のための住専処理方策が具体化されることになる。今後，国民の最大の関心事である種々の責任を明確にするため，全力を挙げて取組むこととする。

(以上)


## （筆者注解）

1. 本件閣議了解は，住専七社が住専処理機構（後の正式名称は㈱住宅金融債権管理機構）に営業譲渡を実行した後に発生する「2次ロス」の対策に主眼を置いている。
2. 本件閣議了解は，「2次ロス」について政府と民間とで夫々2分の1を負担するとし，民間の負担に係る「基金」については，次の（資料3）に示す住専処理法9条以下に「金融安定化拠出基金」と定義されている。

   この「2次ロス」の対策として民間金融機関に提唱された1兆円の基金については，公的資金（50億円）の投入により平成8年7月26日に預金保険機構の100％子会社として㈱住宅金融債権管理機構が設立され（甲270号証），それ迄に全ての民間金融機関が金融安定化拠出基金への総額1兆円に上る出資払込みを完了していた（甲271号証）。しかし，その後の金利低迷により運用益が十分に蓄積したかは不明である。
3. 政府の負担については，次の（資料3）に示す住専処理法6条以下に規定されている。

   また，民間金融機関が住専処理機構に対し所要資金を融資するに際して預金保険機構が債務保証を行う旨を定めている（住専処理法11条を参照）。
4. 園部逸夫弁護士の平成11年6月23日意見書（甲577号証）は，「閣議決定とは，内閣法4条1項に定める通り，行政組織の最高機関である内閣が総合調整の上，その職権として行政各部に対する統轄権を発動するために決定の形式で行われる意思表示であるが，憲法上及び法律上の閣議事項並びにそれ以外の事項であって重要政策に関する事項は『閣議決定』の形式を用いて決定

されるのが通例である」とし「他方，本来ならば主務大臣の専決事項であるが他の大臣の了解を得ておくことが連絡上好ましいと思われる案件は『閣議了解』の形式を用いて決定されるのが通例となっている（佐藤功「行政組織法（新版・増補）」304頁）」と述べている。

さらに園部意見書は，「閣議決定と閣議了解とは形式は異なるが，共に内閣の意思決定であることに変わりはない」として「内閣の意思決定で定められた方針は行政各部によって当然に実施されることが期待され，これに従わない場合には，行政上の責任が生ずる」としている。

5．本件閣議了解の第1項には「住専は整理されることになり，その資産は住専処理機構に譲渡される」旨が明示されており，この内容と趣旨が，後述（資料4）に記す本件債権放棄に「ＪＨＬ社の解散の登記と営業譲渡の実行が平成8年12月末日までに行われないこと」とする解除条件に反映している。

(資料3)

# 特定住宅金融専門会社の債権債務処理の促進等に関する特別措置法（通称：住専処理法，平成8年法律93号，平成8年6月21日施行）について

## 第1章 総則

(目的)

**第1条** この法律は，住宅金融専門会社が回収の困難となった多額の貸付債権等を有することから金融機関等からの多額の借入債務の返済に困窮している状況の下で，関係当事者によるこれらの債権債務の処理が極めて困難となっていることにより，我が国における金融の機能に対する内外の信頼が大きく低下するとともに信用秩序の維持に重大な支障が生じることとなることが懸念される事態にあることにかんがみ，住宅金融専門会社の債権債務の処理を促進する等のため，緊急の特例措置として，預金保険機構（以下「機構」という。）にその業務の特例として住宅金融専門会社から財産を譲り受けてその処理等を行う会社の設立をし，当該設立をされた会社に対して資金援助等をする業務を行わせるとともに機構がその業務を行うために必要な国の財政上の措置等を講じることにより信用秩序の維持と預金者等の保護を図り，もって国民経済の健全な発展に資することを目的とする。

(定義)

**第2条** この法律において「住宅金融専門会社」とは，貸金業の規則等に関する法律（昭和58年法律第32号）附則第9条1項に規定する政令で定める者のうち貸金業の規則等に関する法律施行令（昭和58年政令第181号）第7条に規定する同令第1条第4号に掲げる者であって，この法律の施行の際現に同号の規定により大蔵大臣が指定しているものをいう。

2　この法律において「特定住宅金融専門会社」とは，住宅金融専門会社のうち，回収の困難となった貸付債権を特に多額に有している等その財産の状況が著しく悪化していることから，この法律で定める特別の措置によりその債権債務の処理を促進することが必要であると認められるものとして大蔵省令で定めるものをいう。

## 第2章　預金保険機構の業務の特例

**（機構の業務の特例）**

**第3条**　機構は，預金保険法（昭和46年法律第34号）第34条に規定する業務のほか，第1条の目的を達成するため，次の業務を行う。

一　特定住宅金融専門会社からその貸付債務その他の財産を譲り受けるとともに，その譲り受けた貸付債権その他の財産の回収，処分等を行うことを目的とする株式会社設立の発起人となり，当該設立の発起人となった株式会社に出資すること。

二　前号の規定により出資して設立された株式会社（以下「債権処理会社」という。）に対し第7条各項，第8条若しくは第10条の規定による助成金の交付を行い，又は債権処理会社が行う資金の借入れに係る第11条の規定による債務の保証を行うこと。

三　第12条の約束に基づき債権処理会社から納付される金銭の収納を行い第13条の規定による国庫への納付を行うこと。

四　債権処理会社の業務の実施に必要な指導及び助言を行うこと。

五　前3号の業務のために必要な調査を行うこと。

六　第2号の助成金の交付を適切に行い，及び第3号の債権処理会社からの金銭の納付を的確に行わせるため，第8条に規定する譲受債権等に係る債権のうち，その債務者の財産（当該債務者に対する当該債権の担保として第三者から提供を受けている不動産を含む，以下この号及び次号並びに第12条第6号及び第7号において同じ。）が隠ぺいされているおそれがあるものその他その債務者の財産の実態を解明することが特に必要であると認め

られるものについて，当該債務者の財産の調査を行うこと。
七　第２号の助成金の交付を適切に行い，及び第３号の債権処理会社からの金銭の納付を的確に行わせるため，第８条に規定する譲受債権等に係る債権のうち，その債務者の財産に係る権利関係が複雑なものその他その回収に特に専門的な知識を必要とするものについて，機構が必要と認める場合には，債権処理会社からの委託を受けて，その取立てを行うこと。
八　前各号の業務に附帯する業務を行うこと。
2　機構の理事長は，前項に規定する業務を行う職員として，金融取引，不動産取引，民事手続等に関する法令及び実務に精通している者を任命するものとする。

（区分経理）
第４条　機構は，前条第１項及び第12条の２第１項に規定する業務に係る経理については，その他の経理と区分し，特別の勘定として特定住宅金融専門会社債権債務処理勘定（以下「住専勘定」という。）を設けて整理しなければならない。

（出資の認可）
第５条　機構は，第３条第１項第１号の規定により設立の発起人となった株式会社に同号の規定により出資しようとするときは，大蔵大臣の認可を受けなければならない。
2　機構は，前項の認可を受けようとするときは，大蔵省令で定める事項を記載した認可申請書を大蔵大臣に提出しなければならない。
3　前項の認可申請書には，機構が設立の発起人となった株式会社の定款，事業計画その他大蔵省令で定める事項を記載した書類を添付しなければならない。
4　大蔵大臣は，第１項の認可をしようとするときは，次に掲げる基準に適合するかどうかを審査しなければならない。
一　設立の手続並びに定款及び事業計画の内容が法令の規定に適合するものであること。

二 出資しようとする株式会社が，特定住宅金融専門会社から譲り受ける貸付債権等に係る債権の回収のため，十分な調査を行い必要な民事手続を迅速かつ的確にとり得るものであると認められること。

三 出資しようとする株式会社が，特定住宅金融専門会社から譲り受ける財産の管理，処分等の業務を適切に行い得るものであると認められること。

5 機構は，債権処理会社に対する出資の額を変更しようとする場合には，大蔵省令で定める事項を記載した認可申請書を大蔵大臣に提出し，その認可を受けなければならない。

(緊急金融安定化基金)

**第6条** 機構は，住専勘定に次条各項の規定による助成金の交付を行うための基金を置き，特定住宅金融専門会社に係る貸付債権の回収等を促進し安定した金融機能の確保に資するために第24条第1項の規定により政府が交付する補助金をもってこれに充てるものとする。

2 前項の規定により置いた基金（以下「緊急金融安定化基金」という。）の運用によって生じた利子その他の収入金は，緊急金融安定化基金に充てるものとする。

3 機構は，次条各項の規定による助成金の交付を新たに行う必要がなくなった場合において，緊急金融安定化基金に残高があるときは，当該残高に相当する金額を，緊急金融安定化基金から，国庫に納付しなければならない。

(財産の譲渡に伴う支援のための助成金の交付)

**第7条** 機構は，特定住宅金融専門会社が債権処理会社の設立の日から政令で定める日までの期間（次条及び第26条において「指定期間」という。）内に債権処理会社に譲渡した貸付債権その他の財産を譲渡した対価をもってしてもなお不足する特定住宅金融専門会社の債務処理に要する財源のうち，第12条第1号の契約により債権処理会社が支援するものに充てるものとして，緊急金融安定化基金から，緊急金融安定化基金の金額（前条第2項の規定により緊急金融安定化基金に充てた収入金の額を除く。）の範囲内で，債権処理会社に対し，助成金を交付することができる。

2　機構は，債権処理会社が前項の助成金の交付を受けるまでの間当該交付を受けていない部分の助成金の額に相当する金額の範囲内で資金の借入れをしたときは，当該借入れをした資金に係る利子の支払に充てるものとして，緊急金融安定化基金から前条第2項の規定により緊急金融安定化基金に充てた収入金の額の範囲内で債権処理会社に対し助成金を交付することができる。

**（譲受債権等に係る損失についての助成金の交付）**

**第8条**　機構は，債権処理会社が指定期間内に特定住宅金融専門会社から譲り受けた貸付債権その他の財産（第12条，第17条第2項及び第24条第2項において「譲受債権等」という。）のそれぞれにつきその取得価額を下回る金額で回収が行われたことその他の政令で定める事由により債権処理会社に損失が生じた場合においては，当該損失の金額として政令で定める金額の2分の1に相当する金額の合計額が，次に揚げる金額の合計額を超えるときは，その超える部分の金額に相当する金額の全部又は一部を補てんするものとして同項の規定による政府補助金の額の範囲内で，債権処理会社に対し助成金を交付することができる。

一　第12条第10号イ及びロに掲げる金額の合計額
二　この条の規定に基づき機構が債権処理会社に対し既に交付した助成金の額から第12条第10号の規定により債権処理会社が機構に対し既に納付した額を控除した金額

**（金融安定化拠出基金）**

**第9条**　機構は，運営委員会（預金保険法第14条に規定する運営委員会をいう，以下同じ。）の議決を経て，住専勘定に第3条第1項第1号の規定による出資，次条の規定による助成金の交付及び第11条の規定による債務の保証に係る保証債務の履行を行うための基金を置き，特定住宅金融専門会社に係る貸付債権の回収等を促進し安定した金融機能の確保に資するために特定住宅金融専門会社に対する出資者又は貸付債権者であった金融機関その他の者が拠出する拠出金をもってこれに充てるものとする。

2　前項の規定により置いた基金（以下「金融安定化拠出基金」という。）の

運用によって生じた利子その他の収入金は，金融安定化拠出基金に充てるものとする。

3　機構は，金融安定化拠出基金の残高が第1項に規定する拠出金の合計額から金融安定化拠出基金を財源として第3条第1項第1号の出資に充てた金額を控除した金額に相当する金額（以下この条において「出資控除後の金額」という。）を下回る場合には，運営委員会の議決を経て，預金保険法第41条に規定する一般勘定から，金融安定化拠出基金の金額が出資控除後の金額に達するまでを限り，金融安定化拠出基金に繰入れをすることができる。この場合において当該繰入れは同法第34条第3号に揚げる業務とみなす。

**（債権処理会社の円滑な業務の遂行のための助成金の交付）**

**第10条**　機構は，第7条各項及び第8条に規定する助成金のほか，債権処理会社の円滑な業務の遂行のため必要があると認めるときは，金融安定化拠出基金から債権処理会社に対し助成金を交付することができる。

**（債権処理会社の債務の保証）**

**第11条**　機構は，債権処理会社が特定住宅金融専門会社からの貸付債権その他財産の譲受けのために必要とする資金その他債権処理会社の業務のために必要な資金の借入れをする場合には，その借入れに係る債務の保証を行うことができる。

**（助成金の交付等の条件）**

**第12条**　機構は，債権処理会社が次に掲げる事項の約束をし，及びその履行をしている場合でなければ，第7条各項，第8条若しくは第10条の規定による助成金の交付又は前条の規定による債務の保証を行ってはならない。

　一　債権処理会社は，特定住宅金融専門会社からの貸付債権その他財産の譲受け及び特定住宅金融専門会社の債務処理に要する財源についての債権処理会社の支援に係る契約の締結をしようとするときは，あらかじめ，当該締結をしようとする契約の内容その他の大蔵省令で定める事項について機構の承認を受けること。

　二　債権処理会社は，前号の契約の締結後速やかに，譲受債権等の回収や処

分について15年以内を目途として完了する処理計画を作成し機構の承認を受けること。

三　債権処理会社は，毎事業年度の開始前に（設立の日の属する事業年度にあっては，当該事業年度開始後速やかに），当該事業年度以降の2年間について事業計画及び資金計画を作成し機構の承認を受けること。

四　債権処理会社は，第2号の処理計画又は前号の事業計画若しくは資金計画を変更しようとするときは，あらかじめ機構の承認を受けること。

五　債権処理会社は，毎事業年度，貸借対照表，損益計算書その他の大蔵省令で定める書類を作成し，当該事業年度の終了後3月以内に機構に提出すること。

六　債権処理会社は，譲受債権等に係る債権についてその債務者の財産が隠ぺいされているおそれがあると認めたとき，その他その債務者の財産の実態七　債権処理会社は，譲受債権等に係る債権のうち，その債務者の財産に係る権利関係が複雑なものその他その回収に特に専門的な知識を必要とするものについて機構の求めに応じその取立てを機構に委託すること。

八　債権処理会社は，第6号に定めるもののほか，その業務の実施に支障が生じたときは機構の指導又は助言を受けるため速やかに機構に報告すること。

九　債権処理会社は，その役職員がその職務を行うことにより犯罪があると思料するときは直ちに所要の報告をさせる体制を整備するものとし，かつ，当該報告があったときは機構に報告するとともに告発に向けて所要の措置をとること。

十　債権処理会社は，毎事業年度，次に掲げる金額の当該事業年度の合計額が，第8条に規定する政令で定める金額の2分の1に相当する金額の当該事業年度の合計額を超えるときは，その超える部分の金額に相当する金額を，当該金額とこの号の規定により既に納付した金額との合計額が第7条第1項又は第8条の規定により交付された助成金の額の合計額に達するまでに限り，当該事業年度の終了後3月以内に機構に納付すること。

イ　第7条第1項に規定する特定住宅金融専門会社の債務処理に要する財源のうち第1号の契約により債権処理会社が支援するものについて同項の規定による助成金の交付を受けた場合において，譲受債権等のそれぞれにつきその取得価額を上回る金額で回収が行われたことその他の政令で定める事由により利益が生じたときにおける当該利益の金額として政令で定める金額。

　　　ロ　譲受債権等のそれぞれにつき第8条に規定する損失が生じた場合において，当該損失が生じた事業年度の翌事業年度以後に当該損失の生じた譲受債権等の全部又は一部の回収が行われたことその他の政令で定める事由により当該損失が減少をしたときにおける当該減少をした損失の金額として政令で定める金額に政令で定める割合を乗じて得た金額。

**（債権処理会社からの納付金の処理）**

**第13条**　機構は，債権処理会社から第12条第10号の規定による納付を受けたときは，政令で定めるところにより，当該納付を受けた金額に相当する金額を国庫に納付しなければならない。

**（資金の融通のあっせん）**

**第14条**　機構は，特定住宅金融専門会社からの貸付債権その他財産の譲受けのために債権処理会社が必要とする資金の融通のあっせんに努めるものとする。

**（協力依頼等）**

**第15条**　機構は，第3条第1項に規定する業務を行うため必要があるときは，官庁，公共団体その他の者に照会し又は協力を求めることができる。

２　政府は，財務省，法務省，金融庁，警察庁その他の関係行政庁の職員をもって構成する連絡協議会を設け，機構が第3条第1項に規定する業務を円滑に行うため必要な支援を行うものとする。

**（資料の提出の請求等）**

**第16条**　機構は，第3条第1項第2号から第8号までに掲げる業務を行うため必要があるときは，債権処理会社に対しその業務又は財産の状況に関し報告又は資料の提出を求めることができる。

### （現況確認，質問，帳簿提示等）

**第17条** 機構の職員は，第3条第1項第6号に掲げる業務を行う場合において必要があるときは，その必要と認められる範囲内において，次に掲げる者の事務所，住居その他のその者が所有し，若しくは占有する不動産に立ち入り，当該不動産の現況の確認をし，その者に質問し，又はその者の財産に関する帳簿若しくは書類（以下この条及び第33条において「帳簿等」という。）の提示及び当該帳簿等についての説明を求めることができる。ただし，住居に立ち入る場合においては，その居住者（当該居住者から当該住居の管理を委託された者を含む。）の承諾を得なければならない。

一　当該債務者

二　当該債務者の財産を占有しる第三者及びこれを占有していると認めるに足りる相当の理由がある第三者

三　当該債務者に対し債権若しくは債務があり，又は当該債務者から財産を取得したと認めるに足りる相当の理由がある者

四　当該債務者が株主又は出資者である法人

2　機構の職員は，第3条第1項第6号に掲げる業務を行う場合において必要があるときは，その必要と認められる範囲内において，当該債務者に対する譲受債権等に係る債権の担保として第三者から提供を受けている不動産（以下この項において「担保不動産」という。）に立ち入り，若しくは当該担保不動産の現況の確認をし，又は次に掲げる者に当該担保不動産について質問し，若しくは当該担保不動産に関する帳簿等の提示及び当該帳簿等についての説明を求めることができる。ただし，住居に立ち入る場合においては，その居住者の承諾を得なければならない。

一　当該担保不動産の所有者及びその者から当該担保不動産を取得したと認めるに足りる相当の理由がある者

二　当該担保不動産を占有する第三者及びこれを占有していると認めるに足りる相当の理由がある第三者

(身分証明書の提示等)
第18条　前条の場合において，機構の職員はその身分を示す証明書を携帯し，関係者の請求があったときはこれを提示しなければならない。
2　前条の規定による権限は犯罪捜査のために認められたものと解してはならない。

(債権の取立ての権限)
第19条　機構は，第3条第1項第7号に掲げる業務を行う場合には，債権処理会社のために自己の名をもって，債権処理会社から委託を受けた債権の取立てに関する一切の裁判上又は裁判外の行為を行う権限を有する。

(運営委員会の権限の特例)
第20条　第9条第1項及び第3項並びに第29条の2第3項並びに第29条に規定するもののほか，次に掲げる事項は，運営委員会の議決を経なければならない。
　一　第3条第1項第1号の規定による出資（第5条第5項の出資額の変更を含む。）
　二　第7条各項，第8条又は第10条の規定による助成金の交付
　三　第11条の規定による債務の保証
　四　その他第3条第1項に規定する業務を行うため運営委員会が特に必要と認める事項

(借入金の特例)
第21条　機構は，第3条第1項に規定する業務を行うため必要があると認めるときは，第23条第1項の規定による政府出資の金額の範囲内において，大蔵大臣の認可を受けて，資金の借入れ（借換えを含む。）をすることができる。

(基金の運用)
第22条　預金保険法第43条の規定は，緊急金融安定化基金及び金融安定化拠出基金の運用について準用する。

## 第3章　政府による財政上の措置等

**（政府の出資）**

**第23条**　政府は，預金保険法第5条の規定により機構の設立に際し出資しているもののほか，機構が第3条第1項に規定する業務を行うため必要があると認めるときは，予算で定める金額の範囲内において機構に出資することができる。

2　機構は，前項の規定による政府の出資があったときはその出資額により資本金を増加するものとする。

**（政府の補助）**

**第24条**　政府は，予算で定める金額の範囲内において，機構に対し緊急金融安定化基金に充てる資金を補助することができる。

2　政府は，債権処理会社に譲受債権等のそれぞれにつき第8条に規定する損失が生じた場合における当該損失の金額として同条に規定する政令で定める金額の2分の1に相当する金額の合計額が，次に掲げる金額の合計額を超えるときは，当該損失の発生に伴って生じる債権処理会社及び機構資金の不足の一部を補うため，政令で定めるところにより，予算で定める金額の範囲内において，機構に対しその超える部分の金額に相当する金額の補助金を交付することができる。

一　第12条第10号イ及びロに掲げる金額の合計額

二　この項の規定により，政府が機構に対して既に交付した補助金の額の合計額から第13条の規定により機構が既に国庫に納付した金額を控除した金額

**（日本銀行の拠出）**

**第25条**　日本銀行は，日本銀行法（平成9年法律第89号）第43条1項の規定にかかわらず，機構が第3条第1項第1号の規定による出資をするために必要な資金に充てるため，機構に対し1,000億円を限り拠出することができる。

2　機構は，債権処理会社が解散したときは，政令で定めるところにより前項

の拠出金の額に相当する金額を日本銀行に返還するものとする。

(課税の特例)

第26条　債権処理会社が指定期間内に特定住宅金融専門会社から不動産に関する権利の取得をした場合には，当該不動産に関する権利の移転の登記については，大蔵省令で定めるところにより当該取得後1年以内に登記を受けるものに限り，登録免許税を課さない。

2　債権処理会社が指定期間内に特定住宅金融専門会社から取得をした土地又は土地の上に存する権利の譲渡（租税特別措置法第62条の3第2項第1号イに規定する譲渡をいう。）は，債権処理会社に係る同条並びに同法第63条，第68条の68及び第68条の69の規定を適用するときには，同法第62条の3第2項第1号に規定する土地の譲渡等には該当しないものとする。

## 第4章　預金保険機構の特例業務の終了

(債権処理会社の残余財産の整理)

第27条　機構は，債権処理会社が解散した場合において，その残余財産の分配を受けたときは，金融安定化拠出基金を財源として第3条第1項第1号の出資に充てた金額が同号の出資の総額に占める割合を当該分配金額に乗じて得た金額を，金融安定化拠出基金に充てるものとする。

(緊急金融安定化基金の残余の処分)

第28条　機構は，債権処理会社が解散した場合において緊急金融安定化基金に残余があるときは当該残余の額を国庫に納付しなければならない。

(金融安定化拠出基金の残余の処分)

第29条　機構は，債権処理会社が解散したときは，運営委員会の議決を経て金融安定化拠出基金の残余の額（第27条の規定により金融安定化拠出基金に充てられた金額を含む。）を，金融安定化拠出基金拠出者の拠出金の額に応じて各拠出者に分配するものとする。

(住専勘定の廃止)

第30条　機構は，第25条第2項及び前2条の手続を終えたときは住専勘定を廃

止するものとする。
2　機構は，前項の規定により住専勘定を廃止した場合において，住専勘定に残余財産があるときは当該残余財産の額に相当する金額を国庫に納付しなければならない。
3　機構は，住専勘定を廃止したときは機構の資本金のうち政府出資に係るものにつき第23条第1項の規定により政府が出資した金額に相当する金額を減額するものとする。

## 第5章　雑　則

（預金保険法の適用）

**第31条**　この法律により機構の業務が行われる場合には，この法律の規定によるほか，預金保険法を適用する。この場合において，同法第2条第1項及び第3項中「この法律」とあるのは「この法律又は特定住宅金融専門会社の債権債務処理の促進等に関する特別措置法（平成8年法律第93号。以下「特定住専債権等処理法」という。）」と，同法第37条第1項中「業務」とあるのは「業務（特定住専債権等処理法第3条第1項及び第12条の2第1項に規定する業務を除く。）」と，同法第42条第1項中「業務」とあるのは「業務（特定住専債権等処理法第9条第3項後段において第34条第3号に掲げる業務とみなされるものを含む。）」と，同法第44条，第45条第2項及び第46条第1項中「この法律」とあるのは「この法律又は特定住専債権等処理法」と，同法第51条第2項中「業務（第40条の2第2号に掲げる業務を除く。）」とあるのは「業務（特定住専債権等処理法第9条第3項後段において第34条第3号に掲げる業務とみなされるものを含むものとし，第40条の2第2号に掲げる業務及び特定住専債権等処理法第3条第1項及び第12条の2第1項に規定する業務を除く。）」と，同法第151条第1号中「この法律」とあるのは「この法律又は特定住専債権等処理法」と，同条第3号中「第34条に規定する業務」とあるのは「第34条に規定する業務（特定住専債権等処理法第9条第3項後段において第34条第3号に掲げる業務とみなされるものを含む。）並びに特定

住専債権等処理法第3条第1項及び第12条の2第1項に規定する業務」と，同条第6号中「第43条」とあるのは「第43条（特定住専債権等処理法第22条において準用する場合を含む。）」と，「業務上の余裕金」とあるのは「業務上の余裕金又は緊急金融安定化基金若しくは金融安定化拠出基金」とする。

**（政令への委任）**

**第32条** この法律の規定のほか，この法律を実施するため必要な事項は政令で定める。

## 第6章　罰　則

**第33条** 次の各号のいずれかに該当する者は，50万円以下の罰金に処する。
　一　第16条の規定による報告若しくは資料の提出をせず，又は虚偽の報告若しくは偽りの記載をした資料の提出をした者
　二　第17条の規定による立ち入り又は現況の確認を拒み，妨げ，又は忌避した者
　三　第17条の規定による機構の職員の質問に対して答弁をせず，又は偽りの陳述をした者
　四　第17条の規定による帳簿等の提示を拒み，妨げ，若しくは忌避し，若しくは帳簿等につき説明をせず，又は偽りの記載をした帳簿等を提示し，若しくは帳簿等につき偽りの説明をした者

**第34条** 法人（法人でない社団又は財団で代表者又は管理人の定めがあるもの（以下この条において「人格のない社団等」という。）を含む，以下この項において同じ。）の代表者（人格のない社団等の管理人を含む。）又は法人若しくは人の代理人，使用人，その他の従業者が，その法人又は人の業務又は財産に関して前条の違反行為をしたときはその行為者を罰するほかその法人又は人に対し同条の罰金刑を科する。

2　人格のない社団等について前項の規定の適用がある場合においては，その代表者又は管理人がその訴訟行為につき当該人格のない社団等を代表するほか，法人を被告人又は被疑者とする場合の刑事訴訟に関する法律の規定を準

用する。

## 附　則

（施行期日）
第1条　この法律は，公布の日から施行する。

（罰則についての経過措置）
第2条　この法律の施行前にした預金保険法第91条第3号に該当する違反行為に対する罰則の適用についてはなお従前の例による。

（地方税法の一部改正）
第3条　地方税法（昭和25年法律第226号）の一部を次のように改正する。

附則第10条に次の1項を加える。

6　道府県は，特定住宅金融専門会社の債権債務処理の促進等に関する特別措置法（平成8年法律第93号）第3条第1項第2号に規定する債権処理会社が，同法第2条第2項に規定する特定住宅金融専門会社から不動産を取得した場合には，当該取得が同法第7条第1項に規定する指定期間内に行われたときに限り，第73条の2第1項の規定にかかわらず，当該不動産の取得に対しては不動産取得税を課することができない。

附則第31条の2の次に次の1条を加える。

第31条の2の2　市町村は，土地の取得で附則第10条第6項の規定の適用がある取得に該当するものに対しては，第585条第1項の規定にかかわらず土地の取得に関して課する特別土地保有税を課することができない。

2　前項の規定の適用がある場合には，第595条及び第599条第2項第1号中「又は第587条」とあるのは「第587条又は附則第31条の2の2」とする。

＜筆者注解＞

1．平成8年2月9日に内閣から国会に提出され同年6月21日に施行された掲題の法律は，その各条項の内容から明らかな通り，平成7年12月19日閣議決定（資料1）にて政府から要請され関係者が合意した「1次ロス」の分担について何ら触れてはいない。この法律は「1次ロス」については既に決着したことを前提として，専ら「2次ロス」などその後の処理を対象としている。

2．武田昌輔成蹊大名誉教授は，平成9年10月27日裁決（東裁(法)平9第47号）に関する評釈において「この法律すなわち住専法には，母体行に債権放棄をせしめる条項や債権放棄すべき旨を根拠付ける条項は存在せず，本件貸倒損失の顕現と住専法の施行時期との間には何等の関係もない」と解析している（金融法務事情1510号33頁）。

3．この法律を精査した森厚治弁護士（元衆院法制局第二部長）は「住専法には民間金融機関の債権放棄等に関する事項は一切存在せず，1次ロスの分担が実行された以降の後処理について規定している」としている（平成12年3月10日意見書：甲622号証）。

4．久保亘元大蔵大臣の平成13年9月10日所見（甲644号証）に関連する大森政輔弁護士からの意見聴取によれば「住専処理法は，その条項の上で各金融機関の債権放棄を法的に律しているとは読めず」また「同法の成立が債権放棄を行うに際してその前提になっているとはいえない」としている。

5．興銀事件の控訴審に国税側が提出した各意見書は押しなべて住専法の成立を全ての前提と解している。たとえば，住専法の成立した段階で本件債権の貸倒れが確定する（乙111号証5頁）とか，住専法の成立を待って母体行責任を盛り込んだ関係者の合意が発効する（乙112号証6頁）としている。また，乙112号証2頁は，「本件債権の回収可能性を評価するにあたって適用すべきは課税所得計算を律する当時の法規定であって，当時の国会・世論の動向を引き合いに出して，母体行債権の全額放棄が既定事実のように解するのは租税法律主義をないがしろにするもので是認できない」とする。しかし，当時

の法規定が何を意味するのか定かでないが，仮に住専法を指すとすれば上記の各意見は租税法律主義（憲法84条）を没却することになり採りえないものである。

6．この法律の第3条第2項以下にいう「債権処理会社」は，本件閣議決定（資料1）や本件閣議了解（資料2）に記載されている「住専処理機構」を指すのであり，後の正式名称は㈱住宅金融債権管理機構である。この機構は破綻金融機関の処理を手掛けることになって「整理回収機構」に衣替えとなり，この法律も数次に亘り改編されている。

(資料4)

# 平成8年3月29日債権放棄約定書 (甲4号証)

株式会社日本興業銀行（以下，甲という）と日本ハウジングローン株式会社（以下，乙という）は，次の通り約定する。

## 第1条　（対象債権の確認）

甲及び乙は，本日現在，別紙記載の貸付債権（元本合計金3,760億5,500万円）及びこれに付帯する利息債権を含む一切の権利（以下「対象債権」という）を甲が乙に対して有していることを確認する。

## 第2条　（債権の放棄）

甲は，乙に対する対象債権を，乙の「営業譲渡の実行及び解散の登記」が平成8年12月末日までに行われないことを解除条件として，本日放棄することとし，乙はこれを承諾する。

## 第3条　（担保及び保証の消滅）

① 甲は前条の債権放棄に伴い，対象債権に付帯する一切の担保権及び保証債権が消滅することを確認する。

② 前項の他，甲が乙に対して根抵当権，根質権，包括的な譲渡担保権，根保証債権等，対象債権を担保する包括的な物的・人的担保権を有する場合，甲は，この全てを本日放棄することとし，乙はこれを承諾する。

## 第4条　（条件成就の効果）

甲及び乙は，第2条の解除条件が成就した場合，その解除の効果は平成8年12月末日の経過をもって発生することを確認する。

## 第5条　（原契約証書及び担保等の処理）

① 甲は，乙に対して，第2条乃至第4条に基づき，別紙記載の原契約証書等

の返却並びに担保権及び保証債権の解除手続等，必要な措置を講ずるものとする。
② 対象債権の放棄に伴い，乙において登記手続，保証人への通知等が必要となる場合，乙の費用負担においてこれを行うものとし，甲はこれに協力するものとする。
この契約を証するため約定書二通を作成し，甲及び乙が各一通を保管する。

　　平成8年3月29日
　　　　　　　　甲　株式会社日本興業銀行
　　　　　　　　乙　日本ハウジングローン株式会社
　　　　　　　　　　（以下省略）


## (筆者注解)

1．本債権総額は，①金額合計が2,191億3,500万円である証書貸付契約（昭和57年5月31日付契約～平成6年8月17日付契約の計19口）と②金額が1,569億2,000万円である手形貸付契約（平成7年9月29日振出手形の1口）とで構成されており，前者①には集合債権譲渡担保権が付され後者②は無担保である。
2．本約定書は梶谷玄弁護士・岡正晶弁護士の指導の下で作成されたものであり興銀法務部の一部から「合意解除の条項を盛り込むことでも対応できるのでは」との意見がよせられたが，両弁護士の意見は，債権者と債務者との関係を考慮して「客観的事実にかからしめて自動的に成就・不成就が確定する約定が望ましい」とのことであり，最終的に本内容となった。なお，本解除条件には特約（民法127条3項）がなく遡及しない。
3．平成11年2月3日内田貴東大教授意見書（甲535号証）には，本約定書を精査した上で「本件は興銀の解除条件付債権放棄の意思表示として一義的に明確であり，契約文言に従った効力の発生が認められる」とし「仮に附款に

瑕疵があるとすれば附款は無効と解すべきであり，その場合，無条件の債権放棄となる」旨が明示されている。

4．ＪＨＬ社が興銀に対して本件債権の全額放棄を要請した平成8年3月26日依頼書（甲331号証）には「今後，会社を整理し，営業譲渡並びに解散の方針に沿って所定の準備を進める所存である」旨が記載されており，このＪＨＬ社が同日に機関決定した方針（甲318号証：同社取締役会議事録）を督促し確保するのが本件解除条件の主旨である。

5．本約定書3条の担保権放棄には，解除条件がかからしめられておらず無条件であることは本約定書4条に「2条の解除条件が成就した場合，その解除の効果は平成8年12月末日の経過をもって発生することを確認する」と記載され，3条が除外されていることからも明白である。なお，興銀事件の控訴審である平成14年3月14日東京高裁判決は「担保権が無条件で放棄されたとは到底思われない」とするが，これは本約定書4条の記載を看過しており条件付と解することは誤りである。

6．平成11年5月12日森本滋京大教授意見書（甲587号証）および平成11年5月21日神田秀樹東大教授意見書（甲599号証）には，本約定書を精査した上で「興銀は包括的担保権を全面的かつ無条件で放棄した」旨が明示されている。

7．本約定書5条に従って，興銀はＪＨＬ社に対して平成8年6月26日に原契約証書等を返却している。これに対して国税側は訴訟において「返却事務手続きに3ヶ月近く要するとは思われない」と強調している。しかし，6月後半まで興銀の手元に保管されたのは，興銀がＪＨＬ社関係書類の精査を終えて返却を通告した際に，ＪＨＬ社の担当常務から「現在，当社は検察等の捜査を受けておりバタバタしているので落ち着くまで授受を延ばして欲しい」との要請があり，この要請に応ずることについて本約定書作成を指導した岡弁護士と協議の上で応諾したものである（甲582号証，甲583号証）。

この暫時保管の件は，国税側が"必要かつ十分に調査した"とする本件国税調査において，担当調査官はＪＨＬ社との遣り取りを確認して「問題な

い」と了承していたものであり，訴訟に至って蒸し返すこと自体が不自然である（この経緯は興銀事件の第一審における平成11年7月27日原告第13準備書面(2)7～8頁にて詳述されている）。

8．しかるに，本件第一審である平成13年3月2日東京地裁判決を批判する評釈には，「原契約証書等が返却されたのは6月後半であった」として単に尻馬に乗るだけの見解がみられるが，これら評釈は「原契約証書等の返却を恰も要物契約における引渡と錯誤している」のではないかと疑われる。

　金融取引で債権・債務が消滅した後に原契約証書等を返却するのは，偏に債務者の担保権抹消の手続きに協力すべき責務によるのであり，返却する場合には債権・債務の消滅の時から3ヶ月間に行うのが慣行で，これは抹消手続きに要する商業登記簿謄本や印鑑証明書の有効期間（3ヶ月間）から派生したものである。抹消登記が不要な場合は原契約証書等を返却するかは任意であり，寧ろ返却しない方が一般的である。

　本事案では興銀の集合債権譲渡担保権の対象債権が消滅し，本債権譲渡契約書7条の規定に沿ってJHL社から全ての協定参加者（他の債権者）に書面にて通知され完結しており（甲444号証），国税側の3ヶ月云々は無意味な指摘である。

9．国税側を支持する専門家の論評が，仮に「興銀が原契約証書等を平成8年6月後半まで手元に保管したのは，本件解除条件が成就した場合に備えるためであり，帰趨を見極めて返却した」とする意図であれば，これは国税側が「条件不成就が確定したのは同年8月末日頃」とすること（平成9年7月29日減額更正通知書）との間で辻褄が合わないのである。

(資料5)

平成13年9月10日久保　亘（当時の大蔵大臣）
「住専処理に関する所見」（甲644号証）

　今般，興銀から別紙内容にて依頼のあった件について，下記の通り所見を述べる。

記

## I．政府の住専処理策が関係者の合意により成立していたこと

1．平成7年12月19日閣議決定の主旨

　住専7社をめぐる問題は，当時の不良債権問題における象徴的かつ喫緊の課題であり，この問題の解決は，我国金融システムの安定と内外からの信頼を確保する上での国策であったと考えられる。

　そして，住専7社の第二次再建計画は，平成7年12月19日の閣議決定をもって終りを告げ，この閣議決定に明示された事項は，あくまでも「関係者の合意」により協議決定されたもので，政府が公的に関与できる限度を弁えながら住専問題の解決の為に当事者と協力してその整理を進めたものである（平成8年1月22日衆院会議録第1号13頁，2月5日衆院予算委会議録第6号22頁，3月28日参院予算委会議録第4号11頁を夫々参照）。

2．公的資金投入の意義と国際公約の履践

　政府・与党が住専処理の斡旋に乗り出し，公的資金の投入によって「関係者の合意」を補完したのは，偏に「国益」を損うような事態を回避する上で，この任意整理が唯一の方策であり，現実的にこれがとり得る最善の手段であったからである。

　そして，関係者の損失負担に関しては，母体行，一般行，農協系統の三者は単に債権・債務の関係だけでみて平等ということではなく，住専問題が発

生した経緯や夫々の立場を踏まえ，相当の期間を費やして議論・協議がなされた結果，「関係者の合意」が成立したものであり，そこで示された負担に係る数字はそのまま決定されるものであった（平成8年1月30日衆院予算委会議録第2号15頁，2月6日衆院予算委員会議録第7号24頁，2月21日衆院予算委員会議録第17号12頁，5月29日衆院金融問題特別委員会議録第4号13頁を夫々参照）。

このような「関係者の合意」がなければ，公的資金を織り込んだ予算案を編成することができないことは当然のことであり，これに関して小村武主計局長の「関係者による調整がなされたうえで，政府も慎重に考えた結果については，内閣の一員たる大蔵大臣のもとでこれを重く受けとめており，最終的に関係者の合意をみたのは12月19日である」旨の補足説明（平成8年2月7日衆院予算委員会議録第8号19及び20頁参照）は，大蔵省全体の共通の認識であった。

むしろ公的資金の投入により「関係者の合意」を補完した政府・与党の立場としては，平成8年度予算や住専処理法案を成立させることが果たすべき責務であり，同時に，このことは平成8年1月にパリで開催された7カ国蔵相会議における国際公約ともいえるものであった。従って政府・与党が，「関係者の合意」や国際公約を反故にすることは有り得ず，衆参両院における審議の促進と成立に不退転の方針を固めていたのである（平成8年2月5日衆院予算委員会議録第6号21及び22頁）。

3．政府案に沿った母体行負担の決着

既に述べたとおり，閣議決定で示された政府案は住専問題の早期解決の上で，現実的に考えられる最善の方策であり関係者の損失負担の割合も合理的なものであった。そして，平成8年2月28日衆院予算委員会で言及したとおり，既に関係者の協議決定により「母体行の損失負担は債権の全額放棄，金額で言えば3兆5千億円ということで決着していた」のである（同会議録第20号3頁参照）。

なお，平成8年6月13日参院特別委員会における大蔵大臣答弁の趣旨は，

「住専処理スキームが白紙に戻ると法的処理以外になくなるから、政府案がこの問題を早期に解決するための最善の手段であることに理解を求めたもの」であり、債権者が損失を平等に負担すべきことを肯定したものではなく、あくまで公的資金投入に反対する野党を牽制したものである。

結局、この問題は政府案以外に代わるべき案がなく直ちに決着させなければならないものであった（平成8年6月13日衆院金融問題特別委会議録第5号2及び3頁並びに久保亘著「連立政権の真実」132及び133頁を夫々参照）。

## Ⅱ．住専向け債権処理に伴う欠損金の取扱いについて

### 1．住専向け債権に係る損失の発生と負担

住専向け債権は前述の通り、発生の経緯等から母体行債権、一般行債権、農協系統債権に区分され、平成5年の第二次再建計画の策定によって、格差を設けた金利減免措置が講じられたが、このことは同時に住専各社が既に債務超過の状態に陥り、これら債権に取立不能すなわち損失が発生していたものと考えられる。

これに関し、第二次再建計画策定に際し「金融機関は、商法の定めから住専向け債権を帳簿から控除する損金経理を行うべきであった」旨の指摘を関根則之議員から受けたのであるが、遅くとも閣議決定以降の時点では母体行債権は全額償却されるべきことは明らかであった（平成8年4月16日参院予算委会議録第7号3頁参照）。さらに当時の状況は、第二次再建計画が挫折し住専各社が破綻に至った経緯等からして母体行の責任は重く、その債権の全額放棄に留まらず債権全額を超える更なる負担を求める声が与野党ともに強かったことも事実であった。

### 2．債権償却の取扱と法令に基づく公正な運営

このような世論を背景として、深谷隆司議員から、「母体行の責任は非常に重いから債権放棄に係る損失について、特別立法をもって課税すべきではないか」との提案があったが、法律によって債権放棄に伴う欠損に課税することは困難であり、税務上の取扱いはあくまで現行法に基づいて行われると

するのが当時の方針であった。これに関し，薄井信明主税局長は，「金融機関が確定申告をする際にどういう償却をしたかという個別の問題であり，最終的に確定申告がそのまま通っていくという形で償却がされる」とし，若林勝三国税庁次長も，「具体的な税務の取扱いは個別の申告書の提出を待って判断する」と夫々補足説明していたことを記憶している（平成 8 年 2 月 6 日衆院予算委会議録第 7 号13頁，2 月 7 日衆院予算委会議録第 8 号10頁，2 月26日衆院予算委会議録第18号 7 及び 8 頁，3 月27日衆院予算委会議録第21号14頁を夫々参照）。

　平成 8 年 6 月 7 日の衆院本会議（同会議録第34号 8 頁参照）で住専処理法が可決されるに際し，住専向け債権の取扱いにつき愛知和男議員から質問があり，大蔵大臣として，「住専向け債権の処理は，各金融機関が企業会計原則に則り経営判断に基づき決定した事項であって，税務上の取扱いは，個々の具体的な事実関係に基づき現行法令に照らして公正かつ適切に処理される」旨を答弁し，適正な会計処理を前提とした個別の判断が尊重されることを明確にしたのである。

　なお，この愛知議員の質問には住専処理法の成立が各金融機関の債権放棄の前提であるかの如きニュアンスも感じられたが，債権放棄は専ら各金融機関の自主的判断に委ねられ，住専処理法の成立がこれを制約することはあり得ず，このことは全ての行政官庁を拘束する政府の統一見解であった（平成 8 年 2 月 5 日衆院予算委会議録第 6 号22頁，3 月28日参院予算委会議録第 4 号12頁並びに大森政輔弁護士（当時の内閣法制局長官）の見解を夫々参照）。

　また，一部には「政策判断として母体行責任を追及すべき」との強い見解もみられたが，大蔵大臣として，「法に基づいて行政が執行せず，政策判断をすることは，行政の長の立場にあるものとしてできない」旨を公けに述べた通り，これが正当な判断であったと今日においても確信している（平成 8 年 2 月 6 日衆院予算委会議録第 7 号37頁参照）。

　　　　　　　　　　　（以下省略）

**（筆者注解）**

1．久保所見の作成に至る経緯

　　興銀の控訴審における主張・立証の主眼は，第一審判決の論旨を補強して国税側の控訴理由の矛盾点を炙り出すことにあった。この場合に，国税側の「予算と住専法の成立が全ての前提」とする論拠を完全に破ることが重要であり，そのためには決定的な立証として久保亘元副総理・大蔵大臣の所見を得ることが最善と考えられた。

　　久保氏は，平成13年７月の参院議員の任期満了により引退を表明されており，鹿児島県人会等で個人的にも知悉する間柄の鮫島宗明衆院議員を通じて打診していたところ，直接面談する機会が得られた。８月に入って早々に平河町の久保事務所を訪問し，筆者は久保氏と直接面談して依頼した。

　　当方からは，①第一審判決文が久保大蔵大臣の答弁を引用する箇所，②園部弁護士の意見書が「今次処分は大蔵大臣答弁と矛盾し行政の一体性確保原則を没却する」旨を説く箇所，③鮫島意見書・江田意見書及び錦織意見書が大蔵大臣答弁を引用する箇所，④大森弁護士からの意見聴取録，⑤国会議事録における久保大蔵大臣の全答弁及び政府委員の予算委員会や大蔵委員会における補足答弁を抜粋し持参した。

　　これに対し，久保氏は「この係争は大蔵大臣を被告とする行政訴訟でないのか，また当時の大蔵大臣としての守秘義務に違反することはないのか」の２点ついて質された。

　　当方は，前者については「税務訴訟は一般の行政訴訟と異なり，被告は，確定申告の提出先である麹町税務署長であり，東京国税局長でも国税庁長官でもなく，まして大蔵大臣ではない。本件訴訟は，麹町税務署長が更正処分をなしたことは下部官庁として，大蔵大臣の国会答弁に表れた方針や指揮に違反したことになるか否かが重要な争点となっている」と返答した。

　　また，後者については「当方でお願い申し上げているのは，大蔵大臣の膨大な国会答弁を秩序立て要約して頂くことであり，全て官報に公開されてい

る内容であるから，基本的に守秘義務に違反しないと考えているが，この点は次回までに法律家の意見書を徴し明確にする」と返答した。

なお，当方から「この係争に先立ち興銀の西村頭取が，梶山官房長官と小川大蔵事務次官を訪問して異議申立てに至った趣旨を説明したのに対し，小川次官からは『国税の法令解釈に異議があれば済々と争うのが納税者として当然の権利行使である』旨を，梶山官房長官からは『要は興銀が大蔵省と喧嘩するということか，趣旨は判ったので大蔵大臣に伝える』旨の発言を頂いている」と付言した。久保氏からは「先般亡くなった梶山君とは，党派は違うが同じ陸軍士官学校出身で親しくしていた」と暗に梶山官房長官とは盟友関係にあったことを洩らされた。

筆者から「久保先生が最も信頼する法律家は何方ですか」と訪ねたところ，即座に「江田五月君だね，彼が東大生の時から知っている」と目を細めて返答された。

第一回の面談を終えて，筆者は「元大蔵大臣が行政訴訟において，国会答弁の内容を要約した意見書を作成し証拠とすることは，守秘義務との関係で支障はあるか」を行政法の権威である園部弁護士に相談したところ，園部氏からは「特別職である国務大臣は公務員の守秘義務の埒外であり，また行政訴訟において真実の解明に資することに基本的に制約はない」との回答が得られた。衆院法制局部長を務めた森弁護士からも同趣旨のリーガル・オピニオンが得られたので，これらを持参して江田五月議員を訪問した。江田議員は，当方の意図や目的を理解され，久保氏に連絡をとって「ここは是非，久保先生に協力をお願いしたい，興銀側の論旨を聞いたが自分もそれで正しいと考える」と表明された。

第二回の面談において，久保氏から「守秘義務に問題がないことは理解した，この間，議事録は読み返したがかなり量が多いので，ここは論点を絞り整理して貰いたい，それを踏まえて議論しよう」と述べられたので，早速，整理した内容を関係者の協力を得て精査して貰った上で，久保氏のもとに持参した。

久保氏からは，これに対し的確な見解が提示された。その後，数度の遣り取りを経て9月初めには「久保所見」が出来上がった。その際，久保氏は「この訴訟は，結果的に当時の大蔵大臣であった私の監督責任を免れ得るものではない。幸い，当時大臣を実質的に補佐していた関係者が大蔵省の要職にあるから，私が直接会ってみて善処するよう働き掛けるのはどうか」と述べられた。当方からは「こと此処に至っては裁判で白黒をつけるのが最善と思う，幸い第一審は完勝しているし，控訴審には強力な書証を提出することが出来るから，よもや敗訴することはないと思う」と申し述べた。

久保氏は「江田君の話によると裁判は水物であるとのことであるから，何か必要があれば出来ることは何でも協力する」旨を強調された。しかし，興銀が最高裁で勝訴したとの報告の機会が得られないままに久保氏は永眠された。

2．久保所見に対する国側の反論

平成13年9月10日「久保所見」は，甲644号証として控訴審を審理する東京高裁に提出された。

これに対して国税側は，平成13年12月19日控訴人第2準備書面（14頁）にて，「当時の国会が世上『住専国会』と呼び慣わされ，政府の住専処理策によるべきか，法的整理案によるべきかを中心として激しい議論が戦わされていたことは公知の事実である。そうであるにもかかわらず，提出された証拠（甲644号証）を信用すると，当時の国会論戦は政府与野党ぐるみの茶番劇だったということになりかねない」旨を反論している。しかし，この提出された証拠（甲644号証）を否定するには裏付けとなる証拠を摘示して反論する必要がある。それを欠いたまま，主務大臣の指揮下にあって内閣の方針を順守すべき立場にある国税当局が「大蔵大臣の公式答弁を茶番劇」と揶揄すること自体が不自然であり不合理である。

3．本件債権の貸倒れを否定する国税側の根拠

国税側が本件債権の貸倒れを排除する理由は後述の（資料6）の（三）の5に要約した。しかし，久保所見に明示するように「政府は，関係者と合意し

て母体行債権の全額放棄を骨格とする処理策に全力を傾注していた」から，政府の処理策が存続する限り本件債権の回収可能性は生じない。それで国税側は平成8年6月13日参院特別委員会における久保大蔵大臣の「住専処理スキームが白紙に戻ると法的処理以外になくなる」との答弁を一つの拠り所としたが，これが債権按分（プロラタ）に直結することなど有り得ない。

4．住専処理における任意整理と法的整理

　後述（資料6）の(二)の1及び(四)の1にて詳細に述べたところであるが，久保所見が明示するように「国益を大きく損なうような事態を回避する上で，この任意整理が唯一の方策であり現実的にこれがとり得る最善の手段であった」と考えられる。

　当時，野党が対案として提示した法的整理案については，平成8年3月13日に記者会見に臨んだ江田五月議員は，「法的整理案は透明性を確保すると共に母体行債権の全額放棄を前提として実質的公平を図るものであるから，母体行の負担は政府案よりもむしろ重くなる」と明言している（平成8年3月14日毎日新聞（朝刊）及び甲497号証）。したがって，国税側のいう「政府の処理策によるべきか，それとも法的整理案によるべきかの議論が戦わされていた」としても，その帰趨が「本件債権の全額無価値の状態」に何等の影響も与えるものではない。

　また，倒産法に精通された松島英機弁護士の平成11年4月14日意見書（甲498号証）には「法的整理でも母体行債権は全額放棄され，最終的に破産手続きとなっても本件債権は全額回収不能である」旨が明示されている。この見解を補強する資料として東京地裁民事二十部「平成8年11月15日『管財ニュース』8号」並びに最高裁事務総局編『破産事件執務資料』91～92頁が意見書に添付されている。

　興銀事件の第一審である東京地裁平成13年3月2日判決は，「ＪＨＬ社の処理が破産手続きに移行したとしても，興銀のような立場の債権者は債権届出を辞退して弁済を受けないのが当裁判所で顕著な事実である」としている（第一審判決文239頁）。

(資料6)

# 住専向け債権の償却処理を巡る問題の経緯と回顧

## ＜はじめに＞

　興銀が住専向け債権の無税償却を国税当局と争った法人税取消訴訟事件において，筆者は，更正処分を受けた平成8年7月1日付確定申告書の提出時点で(取)経理部長の任にあり，西村正雄頭取が署名捺印した本申告書に副署捺印する立場にあった。

　その後の国税不服審判所の審査請求や訴訟の過程において，本係争事件を統括する立場にあり，東京地裁民事3部が平成12年2月15日に開催した証拠調べにも証人として出廷した。この証人尋問に先立つ平成10年8月18日宣誓供述書（甲249号証）や平成12年2月15日証人尋問調書に記載された内容を踏まえながら本件の事実経過に沿って具体的に経緯と顛末について述べる。

　筆者がこの問題に本格的に関与したのは，1年遡る平成7年6月定時株主総会が終了した数日後に西村副頭取（当時）から「この平成7年度（平成8年3月期）の決算で住専債権の一括償却が俎上に上る可能性が高く，その場合の影響について内々に検討するように」との指示を受け，経理部で具体的な検討を開始したのが始まりである。

## （一）　平成7年12月19日閣議決定とその前後の経緯

### 1　住専の実情と住専向け興銀債権の状況

　住専各社は，昭和40年代の後半に住宅ローン供給という国策に沿って設立された大蔵省直轄の準金融機関であり，資金調達先は大蔵省所管の一般金融機関

と農水省所管の農林系統金融機関の合計300社とオールジャパンの金融機関を包摂していたが，昭和50年代後半から，住宅金融公庫のシェア拡大と設立母体である都地銀等の相次ぐ住宅ローン分野参入により市場を蚕食されていった。大蔵省は，昭和55年に発覚した大光相互銀行の過大な債務保証問題を契機として住専においても，母体行が非母体行からの借入債務を保証する方式の撤廃を示達し，これに代えて，住専が「現在及び将来保有する一切の営業貸付金」を債権譲渡し各金融機関が準共有持分権を取得する根担保方式が採用された。

　この方式では，譲渡された債権額に担保の掛目（8割）を乗ずると各住専の低い自己資本比率（1％）の下では軒並みに担保割れに陥り，自己資本の充実が急務となった。

　また，抵当証券・住宅ローン債権信託・借入有価証券等の調達手段や株式の公開上場などの対策が採られたが抜本的改善には程遠く，住専の非母体行からの資金調達は引続き母体行の信認に支えられているのが実態であり，且つ独自の調達手段や株式公開がその後の再建や整理の過程で障害として作用する皮肉な結果となった。

　また，大蔵省は，住宅金融公庫との分野調整や母体行との競業回避に具体的な対策を講ずることなく手を拱いていた。この様な状況の下で，大手都銀の「八王子方式」（所管地域の法務局にて登記簿謄本を閲覧し，これを手掛かりに住専の住宅ローンから都銀住宅ローンへの借換えを慫慂）に代表される借換え攻勢に圧迫されていった。競争力に劣る住専各社は宅地開発からの一貫プロジェクトに活路を求めるべく，宅地開発会社などに対する業務ローンに急傾斜するに至った。

　しかし，バブル経済の崩壊に伴って住専各社はこの業務ローンを中心に資産不良化を招く結果となり巨額の損失を負った。このような事態に対応するべく，大蔵省主導の下で，母体行を中心に平成4年，5年の2度に亘って再建計画が講じられたのであるが，何れも抜本策とはいえず問題先送りに過ぎなかった。

　興銀の住専債権は，母体行として設立に関与したＪＨＬ社債権が4,060億円，

設立に関与していない住専五社（長銀・野村證券系の第一住金とは取引なし）に対する一般行債権が2,840億円で合計6,900億円と巨額であり，母体行・一般行200社のなかで群を抜き最大の債権額を擁していた。

このうち母体行債権である3,760億円（他に母体ニューマネー300億円）は金利ゼロ債権で，一般行債権である2,840億円は金利軽減債権であり，これらの金融支援措置は平成5年4月から開始された住専の第二次再建計画により約定弁済は10年間凍結し金利は農林系統金融機関4.5％，一般行2.5％，母体行0％と夫々格差が設けられたものであった。本来，利払いを棚上ないし免除して元本払いを猶予した債権は将来の貸倒れに備えて貸倒引当金を積込むのが常識であり商法285条が規定するところである。税務上も法人税基本通達9－6－6にて「会社更生法などの合理的な計画で弁済が約定されていても，弁済の開始が5年を超える場合には無税償却を認める」と規定している。この意味は，5年後を予想することは困難でありその間の情勢如何によっては弁済計画に変更を迫られる可能性があることを考慮したものである。本件の場合は弁済再開が10年後に予定され，その間の情勢は全く不透明であるから少なくとも金利ゼロ債権3,760億円については5割程度の貸倒引当金の積込みは必然であった。しかし平成7年3月期まで住専債権を対象とした貸倒引当金は1円たりとも積まれていなかった。

これは大蔵省銀行局の強い指導によって引当金が封じられたからであり，大蔵省の企画官の論文（金融法務事情1380号6頁以下）は，「再建される住専において，住専債権の貸倒れの危惧に備えて引当金を積むことは論理矛盾であり，これが予防的な有税引当金であっても同様である」と記述しているが，銀行局の本音は貸倒引当金の積込み負担に耐えられず破綻する銀行が出現することを惧れ，護送船団方式を旨とする行政指導によって強引に引当金積込みを回避させたものである。

その当時，主要金融機関は第二次再建計画が一時的な弥縫策に過ぎず抜本的処理策が不可避と認識していた。たとえば「この計画は，取り敢えず当初3年間の資金繰りを付けるもので，10年間かけて再建できると信じた者は皆無で

あった」(日経ビジネス95．5．15号19頁)とされており，この点について，平成8年からの住専国会にて寺村信行元銀行局長は「誰を以ってしても，その後も急激な地価下落が続き2年足らずで住専が破綻に追い込まれると予想するのは困難であった」と答弁しているが，これは誰がみても単なる言逃れに過ぎず，住専向け債権の貸倒引当金を封じたことは銀行行政として失態である。また，銀行局との軋轢を避けて金融機関が引当金を積むことを見送ったことは，商法上及び企業会計上の不備を内包したままで破綻処理に苦吟する結果となった。

平成8年4月16日参院予算委員会の審議で，関根則之議員(自民党)は「住専債権は第二次再建計画の過程で既に取立不能が生じ大穴が空いていたにも拘らず，各金融機関が貸倒引当金を計上していないことは商法違反であり，大蔵省は商法違反があれば銀行法26条(業務停止)を発動すべきであった」旨を鋭く指摘したが，西村吉正銀行局長の答弁は「会計処理は一義的に各銀行と監査法人が協議して決定するものであり，銀行局は監視する立場にある」と答弁しているが，これは事実を糊塗するものである。最終的に久保亘副総理・大蔵大臣が「商法違反があったかどうか，また銀行法上不適切な措置があったかについて調査し，必要があれば国会に報告する」と引取り，結局この問題の追及は不発に終わったのであるが(同会議録7号)，少なくとも平成8年3月期には母体行債権の全額を償却すべきことは当然の事理であると考えられる。

### 2　住専処理を巡る政府の方針

JHL社を含め住専各社の第二次再建計画は平成5年4月から開始されたが，平成6年2月8日に至り政府・大蔵省は「不良債権償却の一層の促進を図り，各金融機関は横並び意識に固執することなく，各々の立場で実態に合った適正な処理を行う」旨を示達した。また，平成7年9月20日経済対策閣僚会議にて「不良債権償却を先送りすることなく引続き果断に対応し住専問題も年内に対応策がまとまるよう取組む」旨を公にしている。これらの方針からは政府・大蔵省は，少なくとも護送船団方式の旧弊と決別したと理解された。そして大蔵省の金融検査部は平成7年6月末日を基準日として第二次立入調査を実施し各

住専の資産内容洗い直し作業を進めていた。

　この調査によりJHL社資産の55％が無価値（第Ⅳ分類）と査定され，同社は実質的に著しい債務超過に陥っており極めて深刻な状況にあることが確認された。

　JHL社の母体五社（興銀，日債銀及び大和・日興・山一の証券三社）はこの結果を受けてJHL社を整理する方針を平成7年9月末に決定するに至った。また平成7年9月から与党三党（自民党・社会党・さきがけ）は「プロジェクトチーム（与党PT）」を編成し住専各社における債権者間の協議を周旋し，JHL社においても興銀を代表とする母体行と系統金融機関との交渉が開始された。

　しかし，この間の平成8年夏場に大和銀行ニューヨーク事件という前代未聞の不祥事が発覚し，単に金融界に留まらずその後の住専処理にも有形・無形の強い影響を投げ掛け，特に銀行局の権威が著しく失墜しその後の住専問題迷走の一因ともなった。

　たとえば，銀行局は，地銀・第二地銀から強い要請をうけ，ある程度の理解を示していた住専債権の分割償却（不良債権償却を複数年度に分けて償却する方法）を大和銀行ニューヨーク事件の深刻化を受けて不透明な償却は許されないとし拒絶する姿勢に転換したが，無税償却の判断は実質的に国税庁に丸投げすることになった。

### 3　平成7年10月から11月末までの推移

　同年10月に入ってから筆者は国税庁に国際税務を統括する審議官を訪問した。訪問の目的は興銀の親密取引先であるK社の海外プロジェクト債権の償却問題について助言を仰ぐことであった。

　この問題は興銀がK社の現地子会社に融資された債権2,000億円の切捨て支援を企図したものであり，同年4月より興銀の担当部が大蔵省銀行局や国税当局にその必要性を説明し協議がなされていた。筆者の役割はこの債権切捨てによる支援について税務上損金扱い（無税償却）に理解を得るべく側面的に税務

上の説明を行うことであった。このように平成8年3月期決算の上では住専向け債権だけでなく他の大型案件についても無税償却の問題が併存していたのである。

この件と前後し住専債権の償却について興銀・長銀・日債銀の経理担当部長による実務者協議を行った。長銀・日債銀も同様に住専債権の無税償却に重大な関心を払っており、興銀が三行を代表して国税当局と交渉することが要請され、残る二行も全面的な協力を惜しまない旨が合意されたが、翌年4月1日に三菱銀行が東京銀行を吸収合併し金融債の発行市場に参入することが決定しており、また翌年1月からの利付金融債の発行利率が興銀と長銀とで0.2％の格差が生じることが決定していた。

長銀・日債銀は今迄の不良債権の償却により財務体力がかなり消耗しており、どの様に凌ぐのかその動向が危惧された。長信銀行の金融債の発行限度は「広義の自己資本」（資本勘定と各種引当金との合計額）の20倍以内と定められているが、日債銀は広義の自己資本に占める貸倒引当金（債権償却特別勘定）の割合が異常な状況にあった。若し日債銀が、不良債権の直接償却（対象債権を帳簿から引落し同時に債権償却特別勘定も取崩）が進捗すると貸倒引当金が減少し金融債の発行限度に支障を来す事態に立ち至ることも懸念され、その場合には増資に踏み切る以外に方策はなかった筈である。

また㈱日本住宅金融の主力行である三和銀行とも情報交換を行ったが、①日住金は東証一部上場会社で不特定多数の株主を抱えること、②母体行九行のうちで主力行と周辺母体行（大和・北拓）や重複母体行（さくら・あさひ、三井信託・東洋信託、横浜・千葉）との利害が錯綜する複雑な事情にあることが改めて確認されたが、無税償却の認容については「母体ニューマネーの回収を年内に完了すること、母体行の担保権を年度内に放棄すること」が有効であることで意見の一致をみた。

母体行と系統金融機関との交渉は「住専で発生した損失は第二次再建計画の経緯や大蔵・農水覚書の趣旨から原則として母体行の責任で解消（完全母体行

主義）すべき」と系統側が主張して譲らず，5回に亘る協議は難航を余儀なくされた。

しかし，JHL社では第二次再建計画の合意によって新規融資された母体ニューマネーの回収が9月末に開始され12月末には回収が完了したことから，系統側の主張にも無理からぬ点があり，興銀は専ら「母体行のみで発生した損失の全額を負担することは出来ない」と主張し修正母体行主義（母体行の負担限度は債権全額まで）を強調したが他住専母体行のような債権按分方式（プロラタ）を協議の場に持ち出すことはなかった。

この当時，バブル崩壊後の金融機関系ノンバンクの破綻処理では完全母体行主義ないし修正母体行主義が一般的に定着しつつあったが，その後の住専国会にて著名な学者や専門家は「国際基準は債権按分主義（プロラタ方式）である」と発言し，西村元銀行局長の著書「文春新書金融政策の敗因」153頁にもこれを支持する記述があるが，当時の米国破産法やドイツ新倒産法では「最も責任ある立場の債権者若しくは資本代替的な債権を有する債権者の負担は債権全額が限度」と規定されている。したがって，「修正」と言う字句はともかく母体行の負担限度は債権全額とする負担方式は，我が国の主力銀行（メインバンク）主義や国際基準に照らしても理に叶ったものである。

倒産法の権威である藤林益三元最高裁長官は「住専処理で母体行が負う道義的責任はそれにとどまらず法的責任に転化する」旨の見解を披瀝していたが（平成7年9月11日朝日新聞：論壇），それからは母体行の責任は重く非母体行と同等の立場になく住専に法的整理を含めて如何なる処理策が選択されようとも債権按分方式は適用されないとするのが論理の帰結である。

現在，我が国では倒産法の整備が急ピッチで進められているが，バブル崩壊後に倒産法制の整備について全く手が付いていなかったことも住専問題の混迷を深めた一因と思われる。

興銀の経理部では，平成7年9月中間期決算の作業と平行し部内の総力を挙げて住専を含めた不良債権処理の本格的な詰めに入っていた。

当時の興銀の財務指標は，実態的な期間収益力を表する業務純益（株式売益や債権償却など臨時的な損益を除く）は年2,500億円前後で，不良債権の年償却額は1,500億円前後で各々推移していた。

　平成8年3月期に見込まれる不良債権償却額は，住専債権以外に親密取引先であるK社の海外プロジェクト債権，ユーロトンネル建設資金に係る協調融資の債権，大阪銀行など関西三行の直系ノンバンク向け債権など過去の5倍を超える巨額な水準となることは必至であった。この不良債権の処理方法を誤ると興銀の今後に重大な懸念が生じ岐路にあると痛感された。

　この場合，他行との横並び意識を排除し既成の概念に拘るべきではなく，また今後の不測の事態に備えて株式含み益を可能な限り温存することが肝要であった。具体的に，今回の不良債権償却の財源として費消する正味の株式含み益を全体の半分以下に抑えるには興銀の設立以来の赤字決算に踏み込むしかなく，それに基づく試算結果を内々に作成し西村副頭取に提出し詳細に説明した。

　西村副頭取は，何度も反芻された後，この方策以外に有り得ないのではないかと同意され，黒沢洋頭取に詳しく説明するように指示された。

　黒沢頭取は，沈痛な面持ちで説明を聞きながら「創業以来の赤字決算か」と小さく呟く暫く思案された後，"今年度に可能な限り不良債権を償却すべき"との方針を示された。この基本案は次のとおりである。

　　業務純益　　 2,500億円
　　債権償却　△8,500億円
　　株式売益　　 4,500億円
　　最終利益　△1,500億円

　この案からは，BIS上のTier I 比率は4.2%前後となるが，仮に予想が下振れてBIS上のTier I 比率が4％を切ることになると，興銀の業務粗利益の3割を占める国際業務部門からの撤退を余儀なくされた。

平成7年11月13日、黒沢頭取・西村副頭取を始め関係者が集まり、筆者から基本案を再度説明し、直ちに常務会の先議を経て取締役会に付議するよう指示が出された。

西村副頭取からは「母体行債権の無税償却をより具体的なものとする方策は何か」と質されたので、筆者は「今迄の経緯から母体行債権は無価値と考えられるが、確実を期すには、①母体ニューマネーの残債250億円を次回期日の12月末に回収を完了しJHL社債権額を金利ゼロ債権3,760億円に確定させること、②この金利ゼロ債権3,760億円に設定された担保権を全て放棄すること」であると具申した。また完全母体行負担となると対処不能であり、これは商法の則を超えるものであるから改めて「商法許されるギリギリの負担が限度であること」を強調する方針が確認された。

この担保状況についてJHL社は、住専七社の中で資産拡大のテンポが著しく遂に最大規模に達したものの、自己資本比率は1％以下であったことから貸付債権総額の担保不足を補うため、手形形式の短期貸付債権は無担保としていた。

住専七社の中で貸付債権を長期と短期（1年未満）に区分し後者を無担保としたのはJHL社のみであった。最先発の日住金は既に東証一部上場を果たしていたが担保対策ではJHL社のような区分けはされていなかった。

平成4年のJHL社第一次再建計画で系統債権が全額有担保となり、その見返りとして興銀債権の4割は手形形式の短期貸付債権に変更され無担保となったが、のみならず一般行及び母体行の保有債権は手形形式の債権の割合に応じて無担保で、同社債務総額2兆5,000億円のうち7割強の1兆8,000億円が有担保であった（JHL社の平成8年3月期有価証券報告書25頁）。

また、平成5年のJHL社第二次再建計画では母体行債権の一部が資本金に振替えられたが独占禁止法11条で規制された5％の範囲内であり、表面上の自己資本比率は依然として1％を超えることはなかった。

したがって、第二次再建計画では、10年間に亘り無利息・無弁済と約定された母体行債権は「自己資本に準ずる」もので「非母体行債権に劣後する」と位

置けるのが経済的実態に適合しており、大蔵省検査部の第二次立入調査によりＪＨＬ社資産の約55％が無価値（第Ⅳ分類）と査定された以上は、もはや母体行債権は無価値とみるのが相当であり、興銀債権の6割に当る証書形式の債権に係る担保権を放棄すれば、ＪＨＬ社債権3,760億円の全額が無利息・無担保となり非母体行債権に法的に劣後することになる。

その後、常務会の先議や取締役会の承認を経て平成7年11月27日に日銀記者倶楽部で興銀中間決算の公表に際し年度見込みを具体的に開示した。

記者会見には広報担当の取締役管理部長と二人で臨み「住専債権は年度内に一括償却を行うこと、赤字決算も視野に入れていること、赤字決算でも配当は維持すること」を明言した。記者からは、①赤字決算でも配当は可能かとか、②ＪＨＬ社の欠損金を完全母体行負担で処理することになれば興銀の赤字決算額は大幅に増加するのではないか等の質問があった。この①については商法290条の規定によれば配当は未処分剰余金の範囲内で実施するものであり、赤字決算でも剰余金が5千億円以上は残るから配当継続に支障はなく、また②についてはＪＨＬ社に対する債権額を超える負担を負うことは商法上の株式会社として則を超えるものであると夫々回答した。

この時期から興銀では、赤字補填のため株式担当部署は4,500億円を目処に株式売益の顕現に着手し（興銀事件の第一審である平成13年3月2日東京地裁判決文218頁）、その毎月の経過は常務会・取締役会に報告された。

この中間決算の公表により、平成7年3月期に㈱イトマン向け債権償却などを実施して赤字決算となった住友銀行を除いて大手行の大部分が赤字決算を選択する方針を有することが判明したが、これは住専処理を契機として不良債権を可能な限り前倒償却しようとする各行の意欲の表れであった。

### 4 平成7年12月19日閣議決定と12月末に至る経緯

住専処理について母体・農林系統間の協議が結論に至ることなく打ち切りとなり、この問題の解決は政府・大蔵省の主導に委ねられることになった。

大蔵省が平成7年12月2日に主要母体行の代表者を招いた意見交換にて西村

興銀副頭取は「母体行の負担は債権全額までが限度であり，これが商法上許されるギリギリの負担である」と口火を切り，翌日の新聞（日経新聞12月3日朝刊）に報道され，翌4日に開催された大蔵省・主要母体行会議でもこの見解に表立った反対はなかった。

平成7年12月7日朝日新聞には「各金融機関のプロラタ負担が貸し手責任を果たすが，西村副頭取の見解では興銀の役員は刑事訴追や損害賠償責任の追及を覚悟すべき」とする上代博紀元千葉銀専務の投稿が掲載され，筆者はこの記事をロンドン行きのJAL機内で読んだが大勢において母体行債権の全額負担で固まったものとみられた。

大蔵省は住専七社の損失見込み額7兆6,000億円から母体行債権の全額3兆5,000億円を差引きした4兆1,000億円について，非母体行が債権額に按分すべきとし一般行1兆7,000億円，系統2兆4,000億円の各々負担と試算したが，これでは系統金融機関が耐えられず到底納得が得られないとして，損失見込み額7兆6,000億円を1次ロス6兆4,000億円，2次ロス1兆2,000億円に分解して2次ロスの負担を先送りとし，農水省及び系統金融機関に負担額1兆2,000億円で了解を求めた。この案は二重基準として批判が強かったが，母体行債権の全額・一般行債権の5割・系統債権の2割と格差を設けることには，第二次再建計画における三者の金利減免割合を踏襲したもので，相応の合理性が認められるものであり，後に多くの権威ある専門家が支持された論点である。

野党第一党の新進党は平成7年10月17日に見解を公表し「再建時の約定が整理時に反故となれば金融取引の根幹をなす信義則に違背する」と明示した。

平成8年2月5日衆院予算委員会で大原農水大臣は「大蔵・農水覚書などの経緯に鑑みて系統優先が合意された」旨を答弁しており（同会議録6号），また翌6日の同委員会では，久保大蔵大臣は鮫島宗明議員の質問に対し「単に債権・債務だけでみて三者は平等と言うことではなく問題発生の経緯や夫々の立場を踏まえ関係者が協議し合意が与えられた」と答弁している（同会議録7号）。

これらは，各債権者の帰責事由を考慮し「同じ立場の者は同等に取扱うが異

なる立場の者は異なる取扱い」をなすもので倒産法の基本理念に叶うものであり，長尾法務大臣・久保大蔵大臣の"政府案が最良・最善の方策"（衆院予算委員会議録10号，17号）との評価は妥当なものであると考えられる。

しかし，この分担割合は系統金融機関が難色を示した上，農林系議員の強力な応援もあって関係者の合意は暗礁に乗り上げた。

最終的に平成7年12月19日閣議決定にて，①母体行は3兆5,000億円の全額放棄を要請され，②一般行は1兆7,000億円（債権額の5割）の部分放棄を要請され，③農林系統金融機関は全額回収の上で改めて5,300億円の贈与（債権額の1割）を要請され，④残る不足額6,800億円は公的資金で穴埋めすることで関係者が合意し決着をみるに至った。

村山総理大臣は記者会見で「公的資金の投入は農村対策の一環」と表明した。

その後の北海道拓殖銀行・山一證券等の破綻が相次いだ平成10年8月27日衆院金融安定化特別委員会において，宮沢喜一大蔵大臣は「住専処理における公的資金は住専を救うためだと国民に受け止められたが，救われたのは住専に5兆5千億円もの大口融資をしていた系統金融機関に貯金をしていた人達であり，このことは疑いのない明々白々な事実である」と断言している（同会議録3号3頁，平成10年8月27日朝日新聞夕刊，同年8月28日読売新聞朝刊）。

この宮沢大蔵大臣の見解自体は，マスコミもこれを冷静に受け止めたのであるが，村山発言を受けた直後の世論や住専国会の討議では「公的資金の投入が系統金融機関の貯金者保護である」ことを曖昧にした為，無用の混迷を招いたのであり，西村吉正「金融政策の敗因」157頁にも「預金者保護といった観点が歪められた」としている。

平成7年12月19日に閣議決定が出状された後，ＪＨＬ社・日住金の大手二社で母体ニューマネーの年内回収が完了した。後の平成8年2月13日衆院予算委員会にて北側一雄議員は「母体ニューマネーの回収は詐害行為で取消すべき」と指摘したのに対し橋本総理大臣は「住専から母体行が債権を回収したと聞いて大変不愉快に思ったが法的根拠については知らない」と答え，これを受けて

法務省の浜崎民事局長は「実質破綻会社からの任意弁済を受けることは詐害行為となるが，第二次再建計画によって優先弁済が約された債権であれば詐害行為に該当しない」旨を答弁し西村銀行局長も法的根拠に基づく回収であることを強調し決着するに至っている（同会議録11号）。

しかし，このことが契機となってＪＨＬ社・日住金以外の他の住専で母体ニューマネー回収を躊躇させ翌年度にズレ込ませる結果を招いた。

ＪＨＬ社及び債権者は「第二次再建計画における弁済順序の約定に従い，母体ニューマネーに続き信託銀行に対し借入有価証券の弁済を開始したので，次は系統からの金利軽減債権が弁済されるべき」とする認識で一致していた（第一審に提出された平成10年12月25日池谷勇（静岡県信連専務理事）陳述書：甲435号証，控訴審に提出された平成13年9月14日会田稜三（元ＪＨＬ社社長）陳述書：甲650号証）。

興銀は系統債権に優先する母体ニューマネー（300億円）を回収した上で，更に系統債権に劣後する金利ゼロ債権（3,760億円）について回収を図ることは信義則に反して許されないとするのが常識であった。

### 5　閣議決定から平成8年1月末までの推移

筆者は，平成7年暮れに依頼していた木村一夫税理士と正月明け早々に要約「ペーパー」に基づき住専債権の税務処理について協議を開始した。木村税理士は東京国税局調査第一部次長・神奈川県を統括する横浜中税務署長を歴任し長年に亘り興銀の顧問税理士を勤められたベテラン税理士で，泉谷経理部副部長が同税理士の窓口を担当した。

木村税理士は「東京国税局に話を持ち込んだが住専問題は国税庁が専管しており，所轄の国税局に話が下りていないから直接国税庁に照会してはどうか」とのことであり「知人に相談したところ国税庁課税部審理室の専門官が窓口であり紹介を受けた」とのことであった。

筆者は，「平成8年1月5日付ペーパー」に基づき，木村税理士と入念に打ち合わせ国税庁専門官に事前照会を依頼した。この「ペーパー」の主旨は，①

閣議決定の要請からＪＨＬ社向けの母体行債権は全額回収不能と考えられること，②母体行債権の担保権は既に形骸化したものでこれを解除することで形式的にも全額回収不能が明確になるとするものであった。

同年１月10日に専門官と面談を行った木村税理士からの報告によれば，「担保権放棄だけでは万全でなく債権放棄を行うのが有効である」とのことであった。

木村税理士に「何故，担保権放棄で万全でないのか」について再度の照会を要請したところ，同年１月12日に専門官から，「興銀単独であれば貸倒れであろうが，住専問題は母体行・一般行・系統を包摂しての処理であるから法人税基本通達９－４－１を適用して寄附金非該当として取扱う方針で，債権放棄は必須の要件である」また「法人税基本通達９－４－１の適用であれば体力の弱い地銀・第二地銀から強い要望がある分割償却も可能である」とのことであった。

しかし，既に大和銀行事件を受けて銀行局は「不明朗な分割償却は許されない」とされているから，国税庁が銀行局を差し置いて分割償却に配慮するのは不可思議であり，また法人税基本通達９－４－１の制定に国税庁在職時に関与した渡辺淑夫青山学院教授の著書（「法人税法解釈の実際」377頁）には，「たとえ法人税基本通達９－４－１を適用したとしても弁済を期待できない債権は貸倒れ」と説示されており，のみならず「税は個別」が基本であることからすれば，住専処理が貸倒れでなく寄附金非該当として取扱われることに非常に違和感があった。

業務部担当課長と経理部担当課長が折衝した銀行局の償却問題の担当課長補佐からは，「銀行局は何度も国税庁と協議したが，国税庁は貸倒れでなく寄附金非該当として損金に算入するとして譲らず，住専債権の償却は金融検査部からの償却証明は出せない」と伝えられていたので，同年１月18日に木村税理士が泉谷副部長・業務部課長を伴って国税庁専門官に対し再々度の照会を行った。

国税庁専門官からは「担保権が放棄された本件債権を損金として申告した場合，後日の調査によって東京国税局が全面的に否認することは困難であるが，

債権放棄を行うのが万全である」と繰り返し，不測の事態に対しては「債権放棄に条件を付ける工夫もある」と丁寧に述べたとのことであった。また，翌19日の「ニッキン」には「国税庁は住専債権を貸倒れとせず法人税基本通達9－4－1を適用し寄附金非該当として取扱う方針」との記事が掲載された。

　村山内閣が総辞職して橋本内閣が平成8年1月11日に発足し，同24日には公的資金を織り込んだ平成8年度予算案が国会に提出された。一方，住専の2次ロスの処理については，大蔵省は預金保険機構の中に金融安定化拠出基金を設立して関係金融機関に出資を求め，同基金の運用益で賄うことなどを内容とする案を示し，関係金融機関は総額1兆円の払込みに合意する意向を明らかにしたことにより，内閣は平成8年1月30日に閣議了解をなした。この閣議了解では関係金融機関が昨年12月19日閣議決定で示された住専処理機構に対する低利融資の債務保証に預金保険機構が当ることが明示されていた。

　この預金保険機構が保証することについて大手都銀は預金保険料の大幅アップに繋がることを懸念し銀行行政に警戒心を強めていった。その当時，共産党の街頭演説などでは，「公的資金に代えて預金保険料のアップにより金融界の不始末は業界内で結着させるべきで，米国の1985年以降の金融危機には公的資金が投入されておらず預金保険料のアップなどで終息した」としたが，米国の1985年以降の金融危機では「銀行の債権償却から発生した欠損金に限り過去10年に遡り税を還付する特別措置」が採られ（日経新聞平成10年9月9日夕刊），その還付額が日本円に換算して20兆円弱に及んだことは演説には捨象されていた。

　また，米国の預金保険制度は個別行の財務内容や格付けに応じて料率が可変であり（優良行は低率），我が国のように経済原則や国際基準に適合しない"一律の料率"を課す方式は採れていなかったから，上記の演説はその点でも的外れである。

　同年2月9日に住専処理法（平成8年法律93号）が内閣から国会に提出されたが，これに先立つ段階で都銀母体行は銀行局に対し「債権放棄をこの法律にかからしめ代表訴訟などの追及から母体行をガードする条項」を同法に設けることを要請し，これを応諾した銀行局は「ガード条項」を盛り込むことで内閣

法制局と協議に入った。

内閣法制局はこの申入れに対し「民間金融機関の自主的な経営判断に属する債権放棄を法律で制約したり正当化したりすることは私企業の財産権（憲法29条2項）を侵害することになる」として「ガード条項」を一蹴した（この点は平成8年2月5日衆院予算委員会議録6号及び同年3月28日参院予算委員会議録4号を参照）。

この当時，自民・社会・さきがけ三党が連立を組み衆参両院で圧倒的多数を擁する状況にあり，前年度の内閣提出法案102件は100％会期期限内に成立している。

「ジューセンプロブレム」の早期決着は我が国のパリG7蔵相会議における国際公約といえるものであり（控訴審に提出された平成13年9月10日久保亘（当時の大蔵大臣）所見：甲644号証），またリヨンサミットの開催を平成8年6月27日に控え政府・与党が不退転の決意で臨んでいたから，平成8年度予算や住専処理法が国会の会期期限（平成8年6月19日）までに成立することは確実であり，与野党を問わず既定の事実と認識されていた（第一審に提出された平成10年6月19日鮫島宗明意見書：甲218号証及び控訴審に提出された平成13年6月11日錦織淳意見書：甲651号証）。


国税庁との折衝の内容は興銀の常務会に報告され討議されていたが，当初の方針通り担保権放棄を行うべきと意見に沿って，2月中にも行うべく住専問題の担当常務から付議し取締役会の承認手続が執られた。しかし担当部署の融資二部によれば，JHL社の他の母体行である日債銀との調整が難航し進まないとのことであった。

JHL社の債権譲渡担保契約では母体・一般・系統の各債権者（担保権者）が個別に契約を締結するのではなく，基幹母体行である興銀とJHL社とで一括契約を締結し，全債権者（担保権者）が「担保に関する協定書」を締結する"唐傘方式"（興銀とJHL社との担保契約を芯棒とし全担保権者が同心円状に参画する：甲27号証及び甲40号証）で，幹事行は担保管理義務を負い同時に

協定者からの要請があれば保全措置を講ずる義務を負うものであるからその役割は重いものであった。

興銀が権利放棄し協定から離脱すると幹事行は残る母体行である日債銀が引継ぐのが自然であるが、日債銀は他の債権者のために義務を負うことを拒絶した。

のみならず同行の住専問題の担当常務からは、「ＪＨＬ社では直近二代の社長を興銀出身者が占めるなど興銀が事実上支配してきたのであるから日債銀を一般行と同等に扱って欲しい」との申入れがあった。しかしこの申入れは理不尽と思われ、筆者も内々に同行の意図を質したが先方の台所事情の苦しさのみが伝えられ真意は掴めなかった。

このことは興銀が母体行責任を率先して果たした後に、不測の事態が生じたときには自己債権の全額負担は「当然のこと」として系統金融機関のみならず、日債銀など他の債権者から更なる追加負担を迫られる虞があり、何らかの手立てを講ずべき必要性が痛感された訳である。

なお、担保権放棄は、融資二部が依頼した梶谷玄弁護士・岡正晶弁護士のアドバイスの下で平成８年３月29日に実行され、ＪＨＬ社は債権譲渡担保契約書７条の規定に従い全担保権者に書面にて通知し、担保幹事の責任は日債銀の拒否により引続き興銀に残り、権利はないが義務のみを負うことになった。このＪＨＬ社の「担保に関する協定」には引続き全債権者が参加しており、有担保・無担保の先後関係は順守され協定参加者を法的に拘束する。

本約定書（甲４号証）３条１項にて放棄された準共有持分権は、「ＪＨＬ社が現在及び将来保有する一切の営業貸付金」を対象とする根担保権であり（甲40号証）、被担保債権に随伴性を有せず（民法398条の12）、債権放棄とは別個に放棄手続を要する。

また、放棄された準共有持分権は直ちに他の準共有者（協定参加者）の持分に帰属して完結する（民法255条）。因みにＪＨＬ社の通知に瑕疵があっても持分移転は無効にはならない（最高裁判決で確立した判例法理）。

本約定書３条２項には「前項にかかわらず一切の人的・物的担保権をすべて

放棄する」と規定しており，これは銀行取引約定書4条所定の包括的担保権の放棄を意味しJHL社が法的整理に移行しても残余財産からの分配請求権は消滅している（西尾信一「銀行取引の法理と実際」255頁）。

　この一連の放棄手続は金融実務に深く根差した難解なものであり，法律家一般の関心を呼ぶものでなく，またどの程度の理解が得られたかは疑問なしとしない。のみならず税務専門家も消化不良を起こしたことは想像するに難くはなかったが，本件債権に係る全ての担保権が消滅したことは確たる事実である。

　平成8年1月30日に至り朝日新聞朝刊に愕然とする記事が掲載された。この執筆者は加藤紘一自民党幹事長であり，その要旨は「①母体行である金融機関は，公定歩合が1990年に6％であったのが徐々に引き下げられ95年9月には史上最低の0.5％になり銀行全体の預金残高は5百兆円であるから，金融機関は預金者から25兆円の補助金を受けているのに等しい。また②金融機関の業務純益は5兆円を超えるが無税償却と相殺され納税額は極めて僅かであり，③債権償却特別勘定の措置は実質的な公的資金の導入であるから，④護送船団・銀行業界の実態を明らかにしなければ，国民は6,800億円の公的資金が使われることに納得できないであろう」とするものであった。

　しかし，次期総理の最有力候補とされる自民党幹事長の見解としては偏頗なものあり例えば住専処理に限っても母体行・一般行の合計で5兆2,000億円の負担となるから，金融機関の業務純益5兆円では足りないことになる。

　筆者が匿名で投稿した反論は日経新聞平成8年2月7日朝刊に掲載され，その要旨は「各金融機関は不良債権償却の原資として業務純益のみでは足りず株式売益に頼っているのが実情であり，大手行の幹部によれば，株価が下落すると株式の無税償却が生ずるが不良債権の無税償却と同じ損失であり，償却に伴って利益が減少し納税額が減少するのは当然であって，これを税の免除とするのは筋違い」としたが，「預金金利の低下は貸出金利の低下と連動しており，仮に預金者から補助金を受けたとしても補助金の効果は債務者に転嫁されるのが金融の基本である」との部分は削除されていた。

## 6 債権放棄に解除条件を付した経緯

　国税庁専門官の助言がヒントとなって「条件を付す工夫」について法務部やJHL社の担当部署である融資二部と共に検討を始めた。金融取引の上では法律行為に解除条件を付すことは「失権約款」として広く普及しており，民法127条の規定からは解除条件は特約により法律行為の時点に遡及できるが，不測の事態に備える趣旨からすれば遡及効は不要と考えられた。

　税務上の取扱いは，法人税基本通達2－1－15（注書）や平成5年4月28日横浜地裁判決などにおいて法律行為に解除条件を付すことは損金算入や寄附金算入の上で無条件と同様であることが確認され，経理部の湯浅税務室長は過年度の国税調査を担当した特別調査官に照会し「客観的事実を条件にしていれば問題はない」との返答を得ていた。

　平成8年2月9日衆院予算委員会で江田五月議員は「解除条件を付すことにより債権者は安心して債権放棄が行える」旨を提案しているが（同会議録10号），この提案は公聴会にも招致された清水直弁護士の倒産実務の先例を反映したものとされ（第一審に提出された平成10年6月9日江田五月意見書：甲497号証），この委員会に政府委員として出席していた若林国税庁次長など関係者も「債権放棄に解除条件を付すこと」の意義を了知していた筈である。

　また，「ミニ」住専として動向が大変注目を集めていた㈱日貿信の再建計画では関係金融機関の合意が得られず主力六行が平成8年3月期に先行して債権放棄を行うに当り，何らかの付帯条件を付けるとの情報が寄せられており，また直系ノンバンク特別清算の申立てにより，母体行である大阪銀行が平成8年3月期に先行して債権全額を放棄するに当り解除条件を付すとの情報が寄せられていた（これらが本件と同時期になされた解除条件付の債権放棄であることは第一審で詳細に立証され争いのない事実）。

　担当部署である融資二部が中心となって梶谷・岡両弁護士の指導の下で解除条件を如何なる事実にかからしめるかについての検討が詰まりつつあったので，

筆者は木村税理士に，念のため「解除条件を付すことについて税務上支障ないか」について国税庁専門官に「今迄の検討結果の纏め」を持参し確認して貰いたいと依頼した。

平成8年3月15日に木村税理士から連絡があり，それによれば「専門官のアポイントを取るべく電話したところ，専門官から用件は何かと問われ，解除条件を付す工夫についてであり要点を話したところ，専門官から即座に"政府の処理案に沿った内容であれば細部はそれ程堅く考えなくとも税務上の損金認容に差し支えはない"との回答が得られた」ので直接出向くまでもないと考えられ，訪問は取り止めたとのことであった。しかし，このような回答が電話であることに一抹の懸念が残ったことは確かである。

後日，この解除条件が更正処分の理由となり重要な争点になろうとは全く予想だにしなかったのであるが，国税庁専門官は第一審に提出された平成12年6月14日陳述書（乙24号証）で平成8年1月18日の3回目の照会で「条件を付す工夫がある」と助言したこと等を否定した。しかし，この陳述書には木村税理士がペーパーを以って照会した「担保権放棄に係る遣り取り」が全て捨象されており，また陳述書が作成された時点は平成8年1月18日の助言の時点から既に4年半が経過していた。

また，乙24号証は，助言を受けたことを証する平成10年2月5日木村一夫宣誓供述書（甲326号証，なおこれには持参した「ペーパー」が添付されている）や同行した平成11年3月25日泉谷満（経理部副部長）宣誓供述書（甲512号証）の作成時から大幅に遅れており，しかも第一審の結審を間近にし訴訟の帰趨をみながら作成された乙24号証には裏付けとなる一片の資料も添付されていなかった。国税庁専門官には組織防衛など同情すべき点があったとしても，しかるべき立場の者として矜持を正すべきであったと思われる。木村税理士が，心臓手術後であったが気力を振り絞って記述された平成12年7月7日陳述書（甲628号証）には，この陳述書（乙24号証）の矛盾点が的確に指摘されている（なお，「宣誓供述書」は公証人の面前で供述者が真実であることを宣誓しこ

れが認証されたもので「陳述書」とは手続きや効力を異にするが，木村税理士は手術後で公証人役場に出頭することができなかった）。

　この陳述書（甲628号証）の最後の箇所は『私は照会の当事者として本訴訟に証人として出廷するつもりでしたが病床に臥しているためそれも叶いません。しかし，平成10年2月5日宣誓供述書の記載事実は，国税調査にて平成8年7月25日に国税特別調査官らに余すところなく説明し，また国税不服審判所の口頭審理にて平成9年4月11日に担当国税審判官らに詳細に説明して参ったものであります。国税庁専門官も私の宣誓供述書を読んでおられると思いますが，にも拘らず，事実に反することを敢えて述べることは，同じ税務に携わる者として甚だ残念に思う次第です』と結ばれている。木村税理士はこの陳述書の作成から3ヶ月後に第一審判決をみることなく死去された。

## （二）　住専国会の審議と期末の債権償却

### 1　平成8年2月末に至る推移

　平成8年2月に入ってから住専問題の国会審議は白熱を帯び，一段とマスコミの注目を集め連日大きく取り上げられた。その論点は公的資金6,800億円を巡るものであったが，次第に母体行の責任追及による公的資金肩代わりに移行していった。

　特に平成8年2月14日，同15日の衆院予算委員会では，住専に対する都銀等よる紹介融資の責任追及が与野党を問わず厳しさを増し「紹介融資によって住専が被った損害額は7,000億円と試算され母体行に損害賠償を請求すると充分に公的資金の肩代わりは可能」とする議論がなされた（同会議録12号，13号）。

　この様な状況下で橋本全銀協会長（富士銀行頭取）と共に最大の債権額を擁する母体行として黒沢興銀頭取が平成8年2月15日衆院予算委員会に参考人招致された。

　黒沢頭取は「母体行として経営関与責任を痛感し商法上の株式会社として許

されるギリギリの負担を行う」旨を公述し年度内に母体行債権の全額放棄を行うことで退路を断つことになった。国会審議において興銀は住専のローン市場を蚕食したことはなく紹介融資もないことが確認されたが（同会議録13号，前述の甲218号証），興銀は店舗数が少なく住宅ローン分野を系列住専と棲み分けており当然のことであった。

　この頃，銀行局は主要母体行と実務者協議を開始して住専処理の詰めの作業に着手し出席した担当部署からは「興銀が最大の母体行として率先すべき」と繰り返し慫慂を受けたとのことであった（第一審に提出された平成11年2月19日野末正博（融資二部副部長）宣誓供述書：甲440号証）。

　この実務者協議の中で，母体行・一般行の債権放棄に見合う税務上の欠損金を発生させるべく，各住専に「母体行・一般行の債権放棄と同額の債権償却特別勘定を期末までに設定させる」のに母体行が責任をもって指導すべきとされていた。その意図は，各住専は「財務上は著しい実質債務超過の状態にあるが税務上の欠損金は未だ発生しておらず，母体行・一般行から債権放棄を受けると債務免除益に課税が発生し解散・整理に支障を来すから」とするものであった。

　この前後に筆者は再三に亘って大蔵省銀行局からの呼出しを受けた。経理部の担当課長を伴って同年2月23日に銀行局銀行課長を，同26日に銀行局参事官を，3月7日に銀行局総務課長を夫々訪れた。先方の関心は平成8年3月期における興銀の決算見込み特に住専債権の商法上及び税務上の処理方針であった。

　これに対し筆者は「興銀は期末に母体行債権の全額放棄を実行するが，税務上の扱いについては現行法令に従う限り貸倒れに該当すると考える」と繰り返し述べた。銀行局幹部の見解は「商法上・財務上の問題は監査法人と，税務上の取扱いは国税庁と各々相談して欲しい，個別に相談された結果に後ほど銀行局が異議を挟む心配はご無用」とのことであった。

　加えて実務者協議を主宰する銀行局参事官からは，「①住専処理法の成立は公的資金を織込んだ平成8年度予算成立の後であり，年度内の成立は有り得ず

4月以降となるから翌年度に住専処理機構を発足させることで準備中である。また②住専債権の無税償却は金融検査部が償却証明を出せないが、国税庁の課税部課長がキーマンであり直接相談して欲しい自分からも連絡しておく」とのことであった。

翌日の2月27日の毎日新聞（朝刊）・日経新聞（朝刊）には小川大蔵事務次官（前国税庁長官）の見解として「関係者にギリギリの負担を求めて纏まった処理策であるから、債権放棄をする場合には住専処理法の成立と関係なく無税償却ができる」と報じているが、銀行局参事官の①の見解と軌を一にすると思われた。

しかし、何故、銀行局幹部が繰り返し興銀の方針を確認するのか理解できなかったが、後日判明したところによれば、その当時、銀行局は「興銀が債権放棄を実行し有力母体行がそれに続けば、系統金融機関も年度内に5,300億円の贈与に踏み出し政府の処理策は揺るぎないものとなる」と考えていたようである。

長銀の税務訴訟の第一審に提出された書証を閲覧したところによれば、この当時、銀行局幹部は長銀に対し「興銀が年度内に全額放棄を実行することは確実であるが、年度内の全額放棄が興銀だけでは一抹の不安が残り三和銀行は日住金の複雑な事情を抱え身動きが取れないし、ここは長銀に是非続いて貰いたい」と迫っていた。

これに対し長銀側は「興銀は典型的な母体行であるが、第一住金ではＪＨＬ社と異なり証券会社との共同事業である。しかし、第一住金の母体行責任となると長銀のみが矢面に立たされ証券会社は埒外にあるが母体行債権（2,360億円）の全額放棄も証券会社が一部負担すべきで、是非大蔵省からも相手方に働きかけて欲しい。また非母体行である一般行と系統とで損失分担に格差を設けるのは納得できない」と主張した。

しかし、銀行局幹部は「一般行と系統との格差は第二次再建計画の経緯から両者には"堀の深さに差がある"ので蒸し返しても無意味」と突き放したとされている。これは第二次再建計画で一般行の金利減免割合が5割に対し系統金融機関は2割と格差が設けられ、これが損失分担に反映したことを指すと思わ

れる。

　その当時，長銀の担当部長などからは「長銀は一般行債権も無税償却しないと苦しいので興銀も協力して欲しい」との申入れを受けたが，筆者は「母体行債権の無税償却が精一杯であり一般行債権は無理ではないか」と答えた。

　平成8年2月28日に銀行局参事官からの示唆を受けて，筆者は湯浅税務室長を伴い，国税庁担当審議官・課税部課長と面談した。
　先方は，"税は個別"として取扱うが，「①系列住専の一般行に対し損失分担額を通知して了解を求めた上で，各母体行が取締役会にて機関決定し債権放棄を行うこと，②系列住専を指導して期末までに債務免除益に見合う債権償却特別勘定の設定をさせること」が要件であると述べた。
　これに対し，当方は，先ず「住専は全資産を住専処理機構に営業譲渡するから実現損が確定するし，この営業譲渡が仮に4月以降にズレ込んでも住専は解散法人となるから，4月以降に確定した実現損は今年度の期末に遡及して債務免除益と相殺され課税は発生しないので，わざわざ住専に債権償却特別勘定の繰入損を計上すべき必要はなく解散法人では損益が2年間通算されるのが法人税法81条及び租税特別措置法66条の14但し書の規定である」と質した。
　次に「住専に対し間接償却による貸倒れ（債権償却特別勘定の設定）を認めるからには母体行・一般行の債権放棄も当然に貸倒れとなると思うが，しかるに法人税基本通達9−4−1を適用し寄附金非該当として取扱うのは解せない」と質した。
　先方からは，「租税特別措置法66条の14但し書の規定については庁内で検討する」とのことで，後日に「同法の解釈はその通りであるが，やはり住専に債権償却特別勘定を設定させることは必要である」との返答を受けた。また「貸倒れか法人税基本通達9−4−1を適用した寄附金非該当であるかは債権放棄を損金（無税償却）と認める上で結果的に同じである」との返答であった。先方が冒頭で述べた"税は個別"との見解は平成8年2月7日衆院予算委員会で薄井主税局長が「住専債権が損金として認容されるかは"個別の問題"であり

最終的には確定申告がそのまま通る形で無税償却がされる」とした答弁（同会議録8号）と符合している。

また，平成8年2月21日衆院大蔵委員会において，中村時広議員が「系統金融機関は，住専と資本関係がなく経営関与責任がないが，金融システム安定に資するべく5,300億円の贈与を行うと言っている。その贈与に，親子関係及びそれに準ずる関係にある場合を根拠として寄附金非該当とする通達を適用するのは論理矛盾でないか」と追及した。

これに対し国税庁の内野政府委員（課税部長）は「系統金融機関と住専とは親子関係及びそれに準ずる関係にないことは確かであるが，資金取引があるから法人税基本通達9－4－1に例示する子会社等の等に該当する」と答弁したが，これでは辻褄が合わないことは明らかである（同会議録5号，8号）。

それゆえに，母体行・一般行の債権放棄と系統金融機関の贈与を包摂して法人税基本通達9－4－1を適用し画一的に寄附金非該当として取扱うのは無理があると思われたが，それ以上は先方を追求できなかった。

この国税庁担当審議官・課税部課長との面談の機会に「解除条件を付ける工夫について確認しなかった」ことが後日になって大変悔やまれた。その当時は「解除条件は附款に過ぎず技術的な事柄」で税理士と専門官の相談で十分と思っていたからである。

後のことであるが，国税庁が平成8年6月17日非公式見解を出状したと聞き，課税部課長に事実関係を質したときに，冒頭で「何故，債権放棄に解除条件を付けたのか」と問われ，「解除条件を付ける工夫については，審理室専門官から助言を受け木村税理士から確認した」ことを詳細に伝えた。

課税部課長は大変驚いた様子で「同専門官は何故そのことを庁内の会議で言わなかったのか」と呟いて暫く黙り込んでしまった。若し，今迄の同氏の誠実な対応からして去る2月28日の面談で「解除条件を付ける工夫」について確認していれば，適切な忠告が得られた筈であり，その後の展開は全く異なったことは想像するに難くないが，覆水盆に帰らずであった。

同28日に小川大蔵事務次官は，久保大蔵大臣の意向を踏まえたとして主要母体行の首脳と面談し「予算成立時を目処に引責辞任を求めたが，既に参考人に招致されていた橋本全銀協会長・黒沢頭取らは強く反発し拒絶した」とされている（平成8年2月29日毎日新聞朝刊）。このことは政府・大蔵省が公的資金の投入に対する批判が強まる中で，公的関与責任に火がつくのを極度に恐れて，これを回避すべく母体行の「紹介融資」や「住宅ローン分野の蚕食」を奇貨として住専破綻の責任を母体行に転嫁する意図によるものとして冷やかに受け止められていた（前述の甲218号証）。

　筆者は，黒沢頭取に「興銀は紹介融資や住宅ローン分野の蚕食など行っていないが一括りにして母体行責任を追及されており，この際はJHL社を期末までに解散し政府の住専処理策と法的整理（商法上の特別清算，会社更生法の清算型の適用，破産法上の強制和議）を併用してはどうか」と具申した。

　頭取からは「日住金は多数の不特定株主を抱え6月総会で政府案に基づく手続が可決できるか不透明だと聞いている。日住金は可決できない場合は法的整理との併用を実行するかもしれないが，JHL社では出資母体五社で圧倒的多数を占めており（実際には母体五社及びその関連会社で80％強を占める），法的整理を併用すべき必然性がないのでは」との返答であり，これが大局的判断として正当と思われた。

　この頃，JHL社ではあらゆる可能性を検討しておく必要性から（前述の甲650号証），顧問弁護士に同社の法務部副部長が同行し東京地裁の破産部裁判官を訪ね，倒産実務に精通した裁判官から住専を法的整理に持ち込んだ場合の問題点について意見を求めたところ，同裁判官からは私見として「政府案がここまで詰まった以上，政府案を全く白紙にして法的整理は有り得ないのではないか，むしろ各債権者が合意した政府案の損失分担を基本にすべきであると思われる」とのことであった。

　この意見は倒産法に詳しい専門家の認識と一致している。具体的には「或る債権者が債権按分方式と主張し他の債権者が反発して別訴が提起された場合（会社更生法147条及び破産法244条に定める債権確定訴訟）には，それが解決

するまでは全てが停止する」ことになる（深山雅也「住専処理に伴う法的諸問題」（金融法務事情1449号・1450号）及び前述の甲651号証）。現に住専国会でも角道農中理事長は「母体行が債権按分（プロラタ）に固執した場合には法的な対抗手段をとる」と公述している（参院予算委員会議録11号）。

## 2　平成8年3月末に至る推移と債権償却の実行

　日経新聞平成8年3月2日（朝刊）には「興銀は今年度にK社支援のため債権2,000億円を償却すべく税務当局と調整中」と第1面に報じられた。

　この件は担当部署の奔走にも拘らず無税償却の内定に至っていなかった。筆者は同年3月15日に東京国税局調査第一部審理課の幹部に面談して「今月20日頃には決算の修正発表を求められているが、K社の検討はその後どうか」と打診したが、「検討中であり結論は出ていない、無税償却を前提とした決算の修正発表を行うのであれば、その場合のリスクは其方で負うことになる」とするものであった。これを関係者に伝えたところ、「K社の償却を翌年度にズレ込ますのはどうか」などの対案が出されたが、結局、不良債権早期処理の観点から当初方針の通り今年度に実行することになった。

　同年3月4日に至り新進党は衆院予算委員会の議場入口で座込みを始めたことにより予算委員会の審議はストップした。この間の3月13日に同党は住専処理に対する代替案を公表した。この案について記者会見した江田五月議員は「代替案は透明性が確保され且つ実質公平の原則に基づき解決を図るから、母体行の負担は政府案より寧ろ重くなる」と説明したが、この案が国民一般の理解を得ることにならなかった（前述の甲497号証）。しかも新進党の座込みに対する批判が高まり、岐阜参院補選で大敗して座込みは解除され同年3月25日から予算委員会が再開されたことにより、表面上はともかく新進党は政府案に代替案を掲げ対決する姿勢から撤退を余儀なくされた。

　再開後に50日間の暫定予算が同27日に成立して、翌4月11日に平成8年度予算が衆院を通過して事実上成立したが、この事実の経過やその流れからして政

府の住専処理策は同年3月の時点で最早揺るぎないものとなっていた（前述の甲218号証）。

　この時点で政府・大蔵省の関心は住専処理機構の組織作りや人選に移ったが，同機構社長の人選が難航し，漸く同年6月に中坊公平氏の社長就任が閣議決定されるに至っている（西村吉正「金融政策の敗因」160頁，前述の甲651号証）。

　尚，この座込みの間も両院の大蔵委員会・商工委員会で住専問題について活発な議論が交わされており住専処理に関する国会審議が全てストップしていた訳ではない。

　同年3月21日に担当部署の融資二部はJHL社の幹事母体行として同社の「損失負担に関する連絡」（後の乙1号証）を各一般行に送付した。

　この連絡文書の要旨は，①JHL社の政府案に基づく資産価額は1兆2,103億円と画定して，②差し引きで画定される損失処理額（1兆3,776億円）の穴埋めとして，母体行放棄額5,370億円，一般行放棄額4,999億円，残額3,407億円については預金保険機構からの助成金（公的資金：6,800億円）と系統からの住専処理機構への贈与額（5,300億円）とのJHL社割当額を見込んでいる旨が記載されているが，③この割当額は公的資金の割当額2,004億円と系統贈与の割当額1,403億円との合計額3,407億円である。

　また，④一般行の低利融資額は弁済を受ける額と同額であり，⑤今後，JHL社の損失処理額が変動した場合には1割を目処に一般行の放棄額及び低利融資額が変動すると記載されている。

　この文書には「意見があれば同25日までにご連絡願いたい」と記載されていたが，同25日の時点で一般行からは特段の意見はなかった。更に担当部署である融資二部は個別に連絡し確認を取っているから，全一般行が異議なく合意したことは明白である。

　この一般行は，①他住専の母体行である一般行と②住専の設立に関与していない純粋一般行に分かれるが，後者に属する東京銀行や損害保険会社（21社）からは第二次再建計画の合意に当り「今後，JHL社で発生する損失は一切母

体行で負うべき」と申入れを受けた経緯があり（第一審に提出された平成11年1月11日立花一成（安田火災担当課長）陳述書：甲439号証），その出方が危惧された。

現に，平成7年11月24日中間決算発表で東京銀行は「住専で発生した損失は母体行が負担するのが基本」と言及し注目を集めたが（平成7年11月25日毎日新聞朝刊），三菱銀行との合併を真近に控え，興銀からの連絡に異議を唱えることはなかった。

また損保団は，JHL社が保険代理店を営む（住宅ローンの担保には必ず火災保険を付保）など，JHL社とは資本関係・業務関係を有し親密な間柄であって，母体行債権の全額放棄を前提とする興銀からの連絡に特段の意見は表明されなかった。

これにより銀行局や国税庁から指示された「一般行に連絡し了解を得る」との要件は充足し，またJHL社は期末に債権償却特別勘定を設定したが，その設定額（1兆369億円）は連絡文書の母体行と一般行との合計放棄額である。

同21日の興銀取締役会で黒沢頭取が6月末の定時株主総会をもって退任すること，本年度決算が1,500億円の欠損となり修正発表を行うことが決議され，各々が日銀記者倶楽部で公表された（日経新聞平成8年3月21日夕刊，同平成8年3月22日朝刊）。

決算の修正発表に先立ち3月21日付で中央監査法人から意見書が提出され，それには「商法上，JHL社向け債権3,760億円は取立不能と認められ，期末に全額償却を行うのが公正妥当な処理であり，また税務申告では全額損金とするのが首尾一貫する」と記載されていた。

尚，株主名簿閉鎖を直近に控え同21日が当年度決算に係る修正発表のギリギリの期日であったが同時に行ったのは長銀・三和の二行のみであった。

この後に日高国税庁長官は「住専七社の母体行が債権放棄の足並みを揃えるのが無税償却の要件である」と述べたと報じられ（日経新聞平成8年3月23日朝刊），小川次官は「母体行の債権償却にバラつきが生じても止むを得ない」

と発言したと報じられた（毎日新聞平成8年3月26日朝刊）。
　同27日の衆院予算委員会で若林国税庁次長は，「関係者の合意の下で債権放棄を行うのであれば，揃って行うのが自然であるが，具体的な税務上の取扱いは個別の申告書を待たざるを得ない」と述べている（同会議録21号）。この答弁からは"税は個別"であり既に報道された「足並みを揃えるのが無税償却の要件」との暴論が公式に否定されたと誰もが理解した（前述の甲218号証）。
　何故なら，平成8年2月7日衆院予算委員会で小村主計局長は，「関係者の合意がなければ公的資金を織り込んだ予算案を編成することことすら出来なかった」として「関係者が合意したことを確認して大蔵省の予算原案が平成8年1月24日に正式に閣議決定された」と答弁している（同会議録8号）。
　そもそも特別清算や会社更生法による損失分担は裁判所が関与して債権者が協議し合意された結果により定まるが，住専処理では政府が斡旋して関係者が合意した結果から閣議決定にて「母体行債権の全額放棄」が要請されており，この債権は合意が成立した時点で全額無価値となる。
　平成8年2月28日衆院予算委員会で久保大蔵大臣は，「母体行の負担は債権の全額放棄，金額でいえば3兆5,000億円ということで既に決着している」（同会議録20号）との答弁は母体行債権が無価値に帰したことの裏付けとなる。
　したがって，無価値に帰した債権を放棄するかは，閣議決定の要請を形式的に充足することになるが，既に債権が無価値となった状態を左右するものではない。
　税務会計の権威であり且つ実務にも精通された権威ある専門家は，「全ての母体行が一斉に足並みを乱さずに揃って債権放棄を行うべきとすることは，租税法令に何ら明文の根拠がなく行政上も妥当でない」との意見を述べているが，仮に護送船団の旧弊に拘ったとしても母体行170行が足並みを揃えるには，最大の母体行である興銀がフロント・ランナーの役割を果たし且つ"半年程度のインターバル"の範囲内でみるべきものであり，現実はその通りとなっている。

　後に国税庁筋から「国会審議において"母体行の足並みが揃っていない場合

は無税償却を否認する"と何度も警告したから，抜き駆けした一部母体行が処分を受けるのは当然である」との話しを聞いたが，若林国税庁次長の平成8年3月27日答弁の如何なる箇所を精査してもその様には読めないし，また和歌山銀行の「母体行債権の全額放棄」を申告通りに無税認容したのとは辻褄が合わない。

また，これが国税庁の本音であったとすれば，貸倒れに関する税法上の無税認容を恰も許認可権の行使と履き違えたものと考えられ，且つそのような裁量は行政権の濫用としての誇りを免れないし，のみならず久保大蔵大臣が平成8年2月6日衆院予算委員会で「法に基づかない行政執行や政策判断は許されない」とした答弁（同会議録7号）に相反している。

なお，興銀の経理部に期末処理について再三照会して来た母体行は，期末が近づくにつれて逡巡の度合いを深めていったが，和歌山銀行のみは終始一貫していた。同行は非上場会社であるが，平成8年4月4日経新聞（朝刊）には，「多くの母体行が株主代表訴訟の対象となるなどとして債権放棄を見送るなかで，和歌山銀行は興銀・長銀に続き全額放棄を実行した。同行は"政府案以外に住専処理は考えられず，総合住金も再建を断念している"と述べた」と報じている。

日経新聞平成8年3月27日（朝刊）には「系統金融機関は，政府案に沿い全国信連協会に特別勘定を設け5,300億円を拠出した。この信連協会に拠出された5,300億円は住専処理機構が設立された時に一括贈与される」と報じ，翌28日の日経新聞（朝刊）には上野農水事務次官が「5,300億円の拠出は住専処理機構が未だ創設されていないが，無税で贈与ができると聞いている」と述べたと報じている。

この系統金融機関の期末処理は，5,300億円を各住専に贈与する意思を表示するだけでなく具体的な行為を伴うものである。未だ創設されていない住専処理機構は5,300億円が単に通過するだけであり（税務上の通達ではこの機能を「トンネル」という），最終的な受贈者は各住専であることは明らかで，しか

も個別の系統金融機関では資金が支出され損失が期末に発生しているから，その限りでは法人税法37条の「支出の基準」を充たすと言えなくはない。

　しかし，5,300億円の資金は系統金融機関グループの枠内に滞留しており，これで贈与が成立したとするには若干疑問が残る。若し，信連協会でなく外部の預金保険機構に預託するか若しくは供託に付していれば決着した筈であった。すなわち，住専処理機構は預金保険機構の全額出資で設立される下部機関であり，6,800億円の公的資金もまた預金保険機構から各住専に助成金として供与されるのが住専処理の仕組みであるからである。

　翌3月29日午前中に，興銀・日債銀の首脳が会談し母体証券三社の賛同を得て，五社間で合意した内容に基づき「出資母体五社協定書」が締結された（甲217号証）。

　この協定書では，①興銀が3月21日に一般行に連絡し3月25日了承を得たことやJHL社が改めて母体行の全額放棄と一般行の部分放棄を依頼したことを確認し，②同社が今後「解散と営業譲渡」の方針を機関決定したことを承認した。③更に母体行二行は「JHL社の営業譲渡の時までに全額放棄を行う」ことを合意して明記されたから，これによって，JHL社株式の事実上8割を支配する母体五社の支援を背景として来る6月末のJHL社定時株主総会で「解散と営業譲渡」の特別決議の可決（3分の2の株主の賛成が要件）が保障された。また母体行二行の合意により，全額放棄されるべき母体行債権は非母体行債権に法的にも劣後することが確定するに至った。

　本来，弁済における優先・劣後の関係は不利な立場を甘受する者が合意すれば十分であり，これにより不利益を被ることのない有利な立場の者の同意など不要である。

　尚，住専七社のなかで期末までに母体協定が締結されたのはJHL社のみであり，平成7年12月19日閣議決定は「適切な処理計画が策定された住専から…着実に処理を進める」と要請しているから，これを充足したことになる。

　興銀は，融資二部を窓口としてリーガル・チェックを要請していた梶谷玄・

岡正晶両弁護士からの平成3年3月28日意見書を受領し、同29日に臨時取締役会を開催してJHL社債権の全額を償却し放棄することを機関決定して債権放棄約定書の締結が実行された。この機関決定は東京証券取引所で即時開示され、湯浅初生税務室長は直ちに国税庁審理室に出向き機関決定の内容を伝え要約した書面を提出した（甲334号証）。

後日、銀行局や国税庁から平成3年3月29日債権放棄約定書の写しの提出を求められ、また銀行局には「債権放棄に解除条件が付され、将来、債権放棄が消滅する可能性があることを開示しなくてよいのか」との意見があると聞き、東京証券取引所の上場管理室の担当課長に照会したところ、「開示は債権放棄が実行された事実に則してなされるべきで、契約の細部に係る事項や将来の仮定に基づく開示は不要である。若し解除条件が成就して興銀の損益に重大な影響が及ぶのであれば、その時点で開示すればよい」とするのが東証の担当課長の回答であった。

この本放棄約定書（甲4号証）には「JHL社が平成8年12月末日までに"解散と営業譲渡"を実行しない場合は、12月末日の経過をもって債権放棄が失効する」と定め、包括的担保権の放棄は無条件と定めている。これらは梶谷・岡両弁護士の入念なチェックの下で規定されたものであり、仮に、時を隔て解除条件が成就して本件債権が復活したとしても、その債権は無担保で無価値であることは明白であり、非経済的な簿外の請求権が発生するに過ぎないから、将来に亘って興銀の損益に一切影響を及ぼすことはない（このことは著名な複数の法律学者が契約内容を精査の上で是認している）。

後の訴訟において、この平成3年3月29日取締役会議事録（乙44号証）を引用して、国税側は「興銀は、政府案の成立が危ぶまれるというだけの材料はない状況と認識していた」（第一審判決39頁）と指摘した。その上で、国税側は客観的な事実によれば「期末の時点で政府案の成立は予断を許さず極めて流動的であった」と強調したが、客観的な事実を裏付ける証拠として提出したのは新聞の憶測記事のみであった。

興銀の期末の情勢判断は議事録の通りであり，これからは国税側の「興銀が解除条件を付したのは政府案の成立が危ぶまれたから」との立論が詭弁であり藉口に過ぎないことは誰の目にも明らかである。

この様な経緯を辿った期末処理に対し国税庁が興銀に行政処分を課したのであるから，銀行局はこれを阻止すべく行動を起こすべき責務があった。銀行局が分離され金融庁となった後の首脳は「行政訴訟に発展した場合に，銀行局は訴訟に補助参加することも辞さないとして強く牽制することも出来たのでは」との感想を洩らされていた。

また，訴訟の過程で当時の元銀行局幹部に事実関係の陳述を要請したところ，「公務員は在職時に知り得た情報の守秘義務がある」として断られたが，裁判における「真実の解明」は守秘義務に優先するから断る理由として薄弱なものである。

平成13年7月参院議員を引退した久保元大蔵大臣は，「平成13年9月10日所見」（甲644号証）の執筆に際して，当時国会で「住専債権が企業会計原則に沿って処理されていれば税務上も現行法令に則して適切に取扱う」と答弁したが，これが大蔵省の総意であり正当なものと確信しており，「国税庁が行政処分を課す意向を示した時点で，銀行局は大臣答弁との齟齬を盾に省議に付すべきであった」との意向を洩らされていた。

### 3　他住専とその母体行の期末に至る動き

住専七社の内，資産規模が2兆円を超えていたのは最先発で東証一部上場会社である日住金とJHL社の二社であり，「日住金」の母体行は二度に亘る再建計画で主導する役割を果たして来たが，その過程で，三和が提唱した会社分割案（存続会社と不良資産を抱えた整理会社に区分）を銀行局が採用せず，逆に三和が「金利ゼロでは無限責任に繋がりかねない」とした反対は銀行局に押切られたとされる（週刊東洋経済93．3．27号46頁）。

のみならず三和（債権額2,430億円）から北拓（債権額320億円）まで「一律金利ゼロ」となったことに周辺母体行の反発が残っており，また日住金は多数

の不特定株主を抱え6月定時株主総会での「解散と営業譲渡」の特別決議に目処が立っておらず，まさに内憂外患の状態に置かれていた。

　同社の母体行九行の内，さくら・あさひは「住宅ローンサービス」の，三井信託・東洋信託は「住総」の，横浜・千葉は「地銀生保住宅ローン」の重複母体行であり，日住金の母体行が身動きの取れない事情は他の三社にも波及し三社の母体行をも拘束していた。

　「住宅ローンサービス」は，都銀七行（一勧・富士・三菱・住友・さくら・あさひ・東海）が完全な並列母体行（債権額は各400億円）であり，また住宅ローンサービスに対する収益補填を目的とした母体ニューマネー（各100億円）は金利ゼロで融資され高利担保預金（各100億円）と両建てとなっていたが，母体ニューマネーは期末の時点で回収未了であった。同社の母体行は紹介融資で上位にランクされる銀行が揃っていたから，住専国会では，紹介融資やローン市場蚕食の責任が厳しく追及された。また第二次再建計画における金利ゼロ債権と母体ニューマネーが表面上は区分けが付かず，住宅ローンサービスの母体行が全額放棄すべきは2,800億円（400億円×7行）ではなく3,500億円（500億円×7行）ではないかと追求され紛糾している。

　これは，紹介融資の責任追及が高揚しての議員側の言掛かりに過ぎなかったが，同社の母体行は沈静化を待つ以外に途はなく只管その方針に終始した。

　期末近くにそれらの母体行は連名で銀行局に要望書を提出した。その要旨は「公的資金の投入は，あくまで系統金融機関の救済を目的にすることを明確にさせること，②預金保険機構が低利融資の保証を行うに当り，一部の銀行に有利に作用し（当時金融債は預金保険の対象外），逆に大手都銀が不利益を蒙ることがない様にすること」等であったが，後者はその後の経過をみれば杞憂に過ぎなかったことは歴然としている。

　「住総」は，信託協会加盟七行が母体行を形成していたが，三菱信託・住友信託は同社に対する母体行融資よりも他住専に対する一般行融資を積極的に展

開して来たから，修正母体行負担（母体行債権を全額放棄し一般行債権を概ね半分放棄する）より寧ろ完全母体行負担（系列住専の損失を全部負担するが一般行債権は全額回収する）の方が有利であったが，日住金との重複母体行である三井信託・東洋信託では全く逆であった。

　さらに安田・中央・日本の各信託は財務体力に不安があり，結局，信託七行は「信託勘定の特別留保金」を取崩し母体行債権の放棄損を補塡することで一致していた。

　しかし，この「特別留保金」の目的使用には閣議決定を経た認可が必要であり，3月後半に予定されていた閣議への付託が4月にズレ込んだため，期末の全額放棄は見送りとなった。

　「地銀生保住宅ローン」は，地銀協加盟65行と生保協会加盟20社の「業態別共同機関」が母体行を形成し，系列住専に対する最終責任が明確でなく（佐伯尚美「住専と農協」129頁），またリーダーシップを発揮すべき立場の横浜・千葉は日住金との重複母体行であった。この地銀生保住宅ローンの借入総額は，母体行45％，一般行15％，系統金融機関40％で構成されており母体行の割合が他住専と比べても格段に高く，同社の欠損金処理額の殆どが母体行の全額放棄で賄われる状況にあった（もっとも第二次立入調査の金融検査部の査定が甘く最終的に公的資金・系統贈与の一部が投入され一般行も部分放棄した）。

　玉置地銀協会長（千葉銀頭取）が早くから「住専に融資した各金融機関は債権額に応じ貸し手責任を負うべきだ」（平成7年9月16日産経新聞朝刊）と主張したのはこの様な事情を背景としている。

　また，一般金融機関が大蔵省の指導による三業種規制（平成2年以降，不動産業・建設業・ノンバンク向け貸付総量を規制されたが，農水省所管の系統金融機関は対象外であった）を契機に貸付額を急増させた系統金融機関が整理の過程で優遇されることに強い反発があり，また地域金融で農協と競合関係にあった地銀としては無理からぬ面がある。なお，この様な事情もあって，山陰合同銀行・北都銀行が住専から抜き駆けで融資を回収したことが発覚し，大蔵

省は，住専資産散逸を防止すべく事実上の「財産保全命令」と言うべき強力な行政指導を行っていたから，両行を指導して融資を復活させた（平成8年2月23日毎日新聞朝刊）。

「総合住金」は，第二地銀協加盟65行が母体行を形成し，同社の借入総額は，母体行15％，一般行33％，系統金融機関52％で構成され，母体行トップ残高を有する福岡シテイ銀行のそれは120億円であり，日債銀（一般行）の債権額670億円，農林中金の債権額910億円を大幅に下回っていた。

また，残高ゼロの兵庫・石川・静岡中央の三行を除く母体行の債権総額は，単独で最大の債権額を有していた興銀（3,760億円）の55％相当に過ぎなかったが，しかし，この母体行の中には「紹介融資の上位ランク」では大手都銀と肩を並べる近畿圏の第二地銀もあった。

加藤協会会長（名古屋銀頭取）は取り纏めに奔走したが，都銀と歩調を合せるとする一部からの慎重論が根強く（平成8年3月26日毎日新聞朝刊・日経新聞朝刊），結局，母体間協定が整わず，各行の自主的判断に委ねることになった。

しかし，62行のうち48行が母体行債権を部分償却に留めているが，これは監査法人トーマツが「税効果の先取り償却案」を提案し第二地銀側が採り入れたことによると仄聞している。

この税効果の先取りは［要償却額×（1－税率）＝実際の償却額］として有税償却よる負担を軽減するものであるが（手塚仙夫「税効果会計の実務」6頁），これは既に破綻した兵庫銀行の直系ノンバンクの債権償却で緊急避難的な苦肉の策として考案されたたものの，幾つかの充足すべき条件があり問題を孕むものである（控訴審に提出された平成13年9月11日村田守弘（公認会計士）意見書：甲649号証）。

結局，①長野・大東・関西など48行が部分償却を行い，②福岡シテイ・名古屋などの13行は全額の間接償却を行い，③和歌山のみは全額放棄をなし直接償却を行った。

後の控訴審で，国税庁は全国の各国税局に平成8年3月期における母体行（170行）の会計処理や税務申告の調査を示達し，その結果から「各母体行の

償却自体がバラバラであった」と主張した（平成13年5月4日控訴理由書64頁）。

しかし，部分償却を選択した第二地銀48行の債権総額1,400億円は母体行トータル（3兆5,000億円）に対し僅か5％を占めるに過ぎない。

むしろこの調査からは，殆どの母体行債権が全額償却されており，商法上・企業会計上「債権償却による損失」が計上されるのは平成8年3月期の一度限りである（間接償却により全額引当がされた場合，翌年度の直接償却額は引当金の戻入益と相殺されゼロとなり，損益に計上されない）。

法人税の確定決算主義は企業会計の適正な処理に従うのであるから（法人税法74条1項），直接償却・間接償却に拘らず全額償却された場合は無税認容されるべきである。

平成8年3月29日読売新聞（朝刊）には償却方法について「担保処分が終わっておらず損失額が確定しないうちは間接償却し，損失額が確定すれば直接償却するのが一般的」と報じているが，権利放棄を見送った大多数の母体行が間接償却を採ることは止むを得ないとしても和歌山銀行や興銀のように「債権放棄や担保権放棄」を伴う場合には直接償却が採られるべきは当然のことである。

「第一住金」は，長銀と証券会社を母体とする東証二部上場会社であるが，長銀は債権按分が基本とする立場から，証券会社に「母体行債権（2,360億円）のプロラタ按分を超える額（1,100億円）の半分」の負担を求めていたから両社の思惑は一致していなかった。

佐伯東大名誉教授は「母体行の中で経営関与責任が明瞭であったのは日住金における三和，第一住金における長銀，JHL社における興銀」と分析しているが（佐伯尚美「住専と農協」129頁），期末に多くの母体行が債権放棄を見送ったのは，①三和が主力である日住金の6月総会における「解散と営業譲渡」と特別決議が不透明であったこと，②都銀や第二地銀などが紹介融資の責任を追及され忍従を余儀なくされたことが挙げられる。

長銀の訴訟資料によれば，銀行局幹部は長銀に対し「母体行に続き一般行の部分償却にも踏込みたい」とか「興銀に対する都銀の反発が強くここは長銀が

主導権を発揮すべし」と慫慂したとされる。

何れにせよ有力母体行である興銀・長銀が期末までに債権放棄を実行したことが，政府案実現に向けて弾みを付けたことは確かである。

長銀が破綻して国有化された後，新生銀行との契約に付された瑕疵担保条項について預金保険機構の松田昇理事長は平成12年7月17日衆院大蔵委員会にて「この営業譲渡契約は解除条件付である」とし「譲渡された個別貸付金に一定割合以上の貸倒れが生じた場合に条件が成就して預金保険機構が引取るのが契約の効力」とした。旧長銀の破綻処理に投入された公的資金はこの法的効力が働いて4兆円から7兆円に膨らんだが，解除条件の付与は買手のリスクを回避するものでそれ自体が恣意的とはされていない。

住専処理における長銀の解除条件は将来の不利益を回避する意図であるが，後日に条件が成就することはなかった。

然るに国税庁は長銀に対し「解除条件の付与を口実に行政処分を課した」のは理不尽と言うべきであり，これに手を拱いていた銀行局は怠慢の謗りを免れない。

期末近くの報道では，国税庁は「全ての母体行が一致して債権放棄をすれば寄附金に該当せず，足並みが揃わなければ寄附金課税を示唆」した（日経新聞平成8年3月27日朝刊，平成8年3月29日「ニッキン」）とし，銀行局は「無税償却と寄附金課税とをアメとムチとして使い母体行に債権放棄を迫りながら曖昧でリスクを取ろうとしない姿勢に終始した」（日刊工業新聞平成8年3月15日，日経新聞平成8年3月29日朝刊）として，銀行界も「決断と公表が遅れたとの謗りを免れないが，他行の動きを睨んだ横並び意識が垣間見え，依然として護送船団のぬるま湯に漬かったままであった」（産経新聞平成8年3月27日朝刊，日経新聞平成8年3月29日朝刊）と指摘している。

銀行局が自らの行政目的を達成するべく無税償却と寄附金課税とをアメとムチとして使い分けたことに国税庁が反発したといわれているが，国税庁の内部にも"税は個別"とする意見と足並みを揃えるのが"課税の公平"に叶うとの

意見があったことも事実である。

しかし，母体行債権の全額放棄は，金融システムの安定を図るべき国策に沿ったものであり経済的利益の無償供与に該当せず寄附金課税の対象には到底なり得ない。

殆どの母体行が平成8年3月期に損金算入を見送ったのは正鵠を射たものではなく，むしろ臆病な行為と評価されるべきである。

そもそも金融取引では，貸倒れが発生し損失を計上すべきことは貸付業務の根幹に係る事柄である。すなわち，貸付業務によって収益を稼得する上で常にクレジット・リスクが内在するのである。この潜在的なリスクが具体的に顕在化したのが貸倒れによる損失であり，この損失を損金の額に算入すべきことは当然の事理であり，国税庁が裁量によって云々すべき事柄と次元を異にするものである。

## （三） 平成8年8月23日更正処分に至る経緯

### 1　平成8年4月から5月末に至る推移

平成8年4月に入った直後に日債銀経理部に期末処理について照会し情報交換を行った。長信三行を代表して「興銀が国税庁と折衝すべし」と最も強く主張したのは同行であり，また日債銀頭取（元国税庁長官）が期末にJHL社の母体五社協定に調印しながら何故に債権放棄を見送ったのか釈然としなかったからである。

日債銀からは「母体行・一般行債権については税効果の先取りによる部分償却を採り入れたこと，無税償却が到底無理とみられた親密取引先で思いのほか容易に国税当局の内諾が得られたことから母体行債権（1,610億円）の有税負担が殆ど相殺された」との返答であった。日債銀の過去5年間累計の課税所得額からして，果たして税効果の先取りが公正・妥当かについて多いに疑問を禁じ得なかったが，現在，監査法人センチュリーと調整中とのことであった。し

かし税効果の先取りという苦肉の策が結果的に同行不良債権の償却不足を招き破綻の深因になったことは後日に判明する。

また、日債銀の親密取引先で思いのほか容易に無税償却の内諾が得られたのに対し興銀の親密取引先であるＫ社については全く音沙汰無しであった。

その頃、経理部では平成8年3月期決算の作業と平行して期末の税務処理について、木村税理士や淵井税理士（平成8年2月に東京国税局調査第四部長を退任）も加わって資料を整理し手続を再確認する作業を始めたが、この際に平成8年3月28日梶谷玄・岡正晶両弁護士意見書が参考となった。

筆者は、その過程において租税法の権威として著名な法学者の研究室を訪問した。そして資料に基づき住専処理の経緯をるる説明したところ先方は熟慮された上で、「興銀のＪＨＬ社向け債権は既に無価値に帰し貸倒れとみるのが最も穏当ではなかろうか。担保権放棄は他の債権者に対する利益供与と評価して寄附金課税を行うとしても、その場合には債権の有価値部分を特定し且つ他の債権者が受贈益を計上するのが前提」との見解を示された上で、本件が貸倒れに該当しないとすれば、世間一般に貸倒れは存在しないと強調された。

筆者は「課税実務に精通した弁護士についてご意見を賜りたい」と依頼したところ、先方は、大蔵省出身で主税局・国税庁の要職を歴任した植松・渡辺両弁護士と裁判官出身で法務省訟務五課長を務められた山田弁護士の名前が挙がった。

これを持ち帰り、予てより指導を仰いでいた高木文雄興銀監査役に相談した。高木監査役は大蔵省主税局長・事務次官・国鉄総裁を歴任した弁護士であった。

筆者の相談に対し意見書を依頼するのであれば渡辺幸則弁護士が適任であろうとのことであり、早速に渡辺弁護士を所属法律事務所に訪ね、今迄の経緯を詳細に説明し興銀の住専処理の検討と意見書を依頼した。

渡辺弁護士は森厚治弁護士（衆議院法制局第二部長・国税不服審判所次長を歴任）と共に意見書を作成し平成8年5月24日に提出を受けた。

この意見書の要旨は「第二次再建計画の経緯・合意から弁済を受けるに際し

て，第一に系統債権（9,933億円），第二に一般行債権（8,713億円：除く借入有価証券551億円），最後に母体行債権（5,370億円）と順番が定まり，閣議決定はこれを追認するものである。そうすると債務者であるＪＨＬ社の５割を超える債務超過の状態から，本件債権（3,760億円）は期末の時点で全額貸倒れとなっていた」とするものであった。

住専の陰に隠れていた日貿信は，新再建計画として関係金融機関（104行）に対し，総額１兆円の借入残高のうち５千億円を５年間に亘り分割放棄を要請していたが，平成８年３月の時点で未だ関係金融機関の合意に至らず，5,000億円の放棄予定額の半分を分割で負担する主力六行（一勧・大和・北拓・三菱信託・安田信託・住友信託）は３月期に先行して合計923億円を債権放棄するとされていた（日経新聞平成８年３月15日朝刊）。

興銀も僅かながら債権を有しており，日貿信の担当部署からは「３月期に先行した主力六行の債権放棄には解除条件が付され且つ条件成就の場合には放棄の時点に遡及すると約定されている」との報告があった。

この解除条件は「新再建計画の挫折が確定した場合に，先行した主力六行が不利益を蒙ることを回避する」ことを意図したものである（第一審に提出された日貿信財務本部との平成10年５月29日確認書：甲419号証）。

日貿信は旧台湾銀行の流れを汲み歴史的に同社と深い関係を有する日本銀行が関与し且つこの分割放棄や解除条件付先行放棄のスキームは同社社長が国税庁出身でもあり国税庁審理室と事前協議が十分に行われており，主力行からは無税認容に自信があるとのことであった（甲420号証）。

このことから，予て木村税理士が国税庁の審理室専門官との照会において，同専門官から「条件を付す工夫」との助言や「解除条件についてそれ程堅く考えなくとも税務上は差し支えない」との返答はこの先例を背景としているものと推認された。また同専門官が「体力の弱い先から強い要望のある分割償却」に理解を示していたのと符合している（日貿信の分割償却は財務体力の弱い一部主力先の対策とされていた）。この日貿信の分割償却が無税認容されるのであれば，興銀のＪＨＬ社向け債権も無税償却が認められるべきものと考えられ

た。

　同年5月10日に平成8年度予算が参院で可決して、残る関心は平成8年6月19日の会期期限までに住専処理法が成立するかであり、日経新聞平成8年5月15日（朝刊）は「一部母体行の債権放棄は、平成8年6月19日までに住専処理法が成立し無税償却の環境が整うかにかかっている」と報じている。

　この頃、全銀協会長が富士銀行頭取からさくら銀行頭取に交代し、就任間もない全銀協会長の公定歩合を巡る発言が物議を醸し、梶山官房長官から強烈な銀行批判が浴びせられた。これが契機となって新金融安定化基金が設立されるに至ったが（日経新聞平成8年6月19日朝刊）、これは総額九千億円の出資金の運用益で公的資金を順次肩代わる趣旨のものであった。

　これらの経緯の中で、興銀の決算処理は所定の手続を経て同年5月27日に取締役会の承認を得て、直ちに日銀記者倶楽部及び東京証券取引所で発表された。

## 2　平成8年7月1日確定申告までの経緯

　同年6月に入って早々にＫ社を担当する常務から呼出しを受けた。担当常務は国税庁長官と大学同窓で以前からプライベートな事柄も相談し合う親密な関係にあると仄聞していた。同常務からは、「国税庁長官と会う機会があったので、重ねてＫ社の件を依頼したところ長官は頷いてくれた。しかし住専の件に触れると長官は難しい顔をして"行政の筋を通す"とのみ呟いたので、興銀はこの住専向け債権の償却には慎重に検討し踏み切ったのであり、万一の場合は争うことも辞さないと伝えた」とのことであった。

　この国税庁長官の"行政の筋"が何を意味するのか不明であり、Ｋ社は認める代りにＪＨＬ社は否認するとの意向ではないかと不安が一瞬よぎったが判然としなかった。

　それから間もなく国税当局からＫ社の無税償却を内諾すると連絡があり、筆者は平成8年6月15日に東京国税局を訪れ、窓口である調査第一部長の示達とこれに伴う指導を受けた。

　調査第一部長は「東京国税局は国税庁の下部組織であり庁の指令に従う」と

し、本件無税償却は庁の意向が働いたことを匂わせたが、何れにせよ個別の事案については国税庁も柔軟且つ前向きに処理する方針と受け取れた。

平成8年6月7日衆院本会議が開催され住専処理法が可決して参院に送られた。この衆院本会議で新進党の愛知和男議員は代表質問で、「日住金の特別決議という不安定要素はあるが、住専処理法が成立した場合には3月期末に遡って無税償却が認められることになるのでは」と発言した。

そもそも納税義務は「期末の時点で抽象的に成立し確認の作用を経て法定申告の時点で具体的に確定する」とされ「申告期日までに発生した後発的事実により所得計算の妥当性を確認すること」は有効であり法人税基本通達9－6－5（注書）など課税実務で定着した扱いであるが、期末に遡って処理変更を行うことに疑問がある。また愛知発言の前提には「住専処理法の成立如何が民間金融機関の行為を左右する」とのニュアンスが感じられることも否めない。

これに対し久保大蔵大臣は「住専債権が企業会計原則に沿って適正に処理されていれば、個々の具体的な事実関係に即して税務上も適切に処理される」と答弁し住専法の成立時期に左右されるものではないことを明確にして、あくまで現行法令に従った個別の問題であることを明確にしたと考えられる（同会議録34号）。

この会議録を持参し精読してもらった後に高木監査役は「この大臣答弁は"税は個別"との原則に沿って大蔵省の総意を反映したもので国税庁も当然に拘束される」との感想を述べられた。

なお、同年6月11日の参院金融問題特別委員会で西村銀行局長は「母体行の中で興銀・長銀・和歌山銀行の三行は期末に債権放棄を行い、他の母体行は所要の債権償却特別勘定の設定すなわち間接償却を行った」と発言している。

そして、興銀は6月の定時株主総会の招集通知を6月12日に発送した。同年6月18日に参院本会議で可決され住専処理法が成立した。日経新聞社経済部の近藤記者から電話があり「株主総会の前に住専処理法が成立して本当によかった、これで無税償却の障害がなくなった」と伝えてくれた。

しかし、国会が閉会した直後の平成8年6月20日の時点に至って、国税庁は、銀行局を経由して非公式見解（後の甲第528号証）を迂遠な方法で発出してきた。この見解の最後には、「解除条件付の債権放棄を当年度の損金に算入して申告すると過少申告加算税が賦課される」と記されていた。

さらに、①国税調査に先立ち加算税の賦課処分を通告するべき必然性がなく、若林国税庁次長が国会で「個別にどのように判断するかは確定申告を待たざるを得ない」（第二審判決35頁）とした答弁とは矛盾している。

また、②仮に発出すべき必然性があるとすれば、法人税法74条の定めから遅くとも期末から2ヵ月以内の5月中に行うべきで株主総会の招集通知を発送した後では通知の内容を斟酌するにも最早時期遅れである。

しかるに、国税庁は国会開催中の発出を回避したのが実情であったと思われる。筆者は取り急ぎかねて丁寧に指導を頂いた国税庁の課税部課長と面談し、真意を質したところ先方の発言要旨は次の通りであった。

「解除条件付放棄を停止条件付と読替えて平成8年3月期の損金算入を否認する。

この方針については、既に住専処理法が成立しており何を今更との反論も予想されるし国会答弁に立った主計局長・主税局長からも異論が出ることも考えられる。

なによりも銀行局から強い反発が出ることは必定であり、その場合は、省議に付託されることも有り得るかもしれないから、銀行局に今度配属になる担当企画官を通じて反論に意を尽すべきであろう」と伝えられた。

後日に銀行局の担当企画官から伝えられた非公式見解は次のとおりであるが、これの日付は平成8年6月17日と記され作成部署は記されていなかった。

その要旨は、

(1) 今回の住専処理スキームに沿って、関係者の合意の下で、母体行が営業譲渡日までに揃って債権放棄を行うのであれば、放棄の日が属する年度の損金に算入される。

(2) 無条件の債権放棄は、今後、全ての母体行が揃って債権放棄を行うので

あれば，その一環として行われたことが確認され，平成8年3月期の損金に算入される。
(3) 解除条件付の債権放棄は，私法上有効であっても税務上は債権放棄の実態になく，他の母体行の債権放棄が揃うまで放棄を留保したものと考えられるから，実質的に停止条件付と解する。
(4) 住専処理に限らず一般に，解除条件付の債権放棄は条件の成就・不成就によって課税関係が左右され，それを文字通りとすると恣意的な期間損益操作を許すことになり，課税上著しい弊害を招くことになる。

との内容であった。

この非公式見解は独善的で辻褄の合わないものである。

先ず，関係者が合意して今回の処理スキームが成立したから，母体行債権の全額が無価値になっており，債権放棄を行うかは無価値の状態に影響を及ぼすものではない。

次に，住専処理に限らず解除条件付の放棄は課税上の弊害とするからには，日貿信に対する主力六行の放棄や大阪銀行の直系ノンバンク（だいぎんファイナンス）に対する放棄も弊害となる筈である。

この見解に対し，外部専門家や渡辺・森両弁護士の応援を得て，総力を挙げて反論書を作成し，経理部担当課長が窓口となり銀行局の担当企画官に同年6月22日から28日までの間に4回に亘って詳細に説明した。

この過程で中央監査法人から，国税庁の審理室専門官の講演（同年5月15日産業経理協会，同年6月27日公認会計士協会）に於ける発言要旨（レジュメ）を入手した。

それらの講演の要旨は次のとおりであった。
(1) 住専処理における母体・一般・系統の債権者間の負担割合は，各債権者の体力・懐具合を考慮したもので，合理的な基準に基づくものではない。
(2) 住専向け債権は，子会社等に対する不良債権であるが，回収不能部分（貸倒れ部分）と回収可能部分（利益供与部分）とに線引きするのは現実

的ではない。

(3) 住専が破産とか特別清算などの貸倒れの最終局面に至る前段階で，住専向け債権の貸倒れ的要素を分別することなく，すべて利益供与（回収可能）と見做して寄附金性を判定する。

との内容である。

この審理室専門官の講演の要旨（長銀からは非公式見解は主として同専門官が担当したと伝えられた）は，非公式見解の舌足らずの面を補ってはいるが的外れである。

先ず，三者（母体・一般・系統）の「損失分担が合理的でない」とするには，三者が「平等の立場にある」ことが前提となるが，大蔵大臣が「三者は平等の立場になく」・「これが最善の方策」とした答弁に相反することになる。

また，税務上の見解であるとしても，租税法令や税務通達には債権按分（プロラタ）が合理的と明示するものはなく，倒産法の理念に依拠すべきものである。

さらに，第二次再建計画時に国税庁が書面をもって「三者の金利減免割合に格差を設けることは合理的」であるとし無税認容した（甲134号証）のと矛盾する。

次に，「全て利益供与と見做す」のは「見做し配当」（法人税法24条）の如く明文の規定なくしてはできないことは，多くの租税専門家が認めるところであり，これは通説である。

因みに法人税法37条6項・7項は「寄附金は，債権の無価値の部分を除外して利益供与額とその対価額とを比較衡量し，無償の利益供与が対象となる」と定めている。

結局，寄附金規定の解釈の上で対価性を広く捉える法人税基本通達9－4－1を適用するからには，納税者が「無税申告」した場合には認容することになり，認容したくない場合には理由をつけて「無税申告」を辞退（自己否認）させる以外になかったと思われる。

銀行局の担当企画官から国税庁審理室と協議したが，「議論が噛み合わず，

専ら審理室専門官が"解除条件の内容は恣意的でないが，付与したこと自体が恣意的で，条件が成就する可能性が高いと思っていた証左"と発言し，後は東京国税局の調査に委ねることになった」から，銀行局の担当企画官は「国税調査で更に詳しく説明して欲しい」とのことであった。なお，担当企画官からは「自分で出来ることがあれば是非協力したい」との付言があり，実際に本件で平成8年8月23日に更正処分を受けた後，銀行局の担当企画官からは再度の協力申入れを受けたのである。

　筆者はこの一連の経緯や反論の要旨を高木監査役に報告していたところ，高木監査役は大蔵省首脳に非公式に連絡をとったとのことであった。大蔵省首脳は，住専処理の経緯や国会審議の内容を熟知し，また"税は個別"との立場であることはその発言の報道などから察知されており，「国税庁がどの様な見解を出そうとも国税調査が優先するので調査を行う以前に判定できる筈がない」といっているとのことであったが，この伝聞を額面通りに受け止めることは最早できなかった。
　長銀は今迄の経緯を踏まえ再三に亘って銀行局幹部に要請したが，「銀行局の動きは鈍い」とのことであり，「調査の結果」に重きが置かれるようでは，一縷の望みを託した省議に付される可能性がなくなったと思われた。国税庁は既に系統金融機関の贈与（5,300億円）の無税認容を時期尚早として自己否認させたことからして，最大の母体行の無税償却を否認しないと辻褄が合わないのではと危惧された。
　この間，同年6月26日にJHL社の定時株主総会で「解散と営業譲渡」の特別決議が可決され，翌27日に日住金の定時株主総会が5時間の長丁場を経て「解散と営業譲渡」の特別決議を可決したが，これを不満とした株主から代表訴訟が提起された。
　同日，興銀の定時株主総会では，一般株主から住専処理に関する質問・意見がよせられたが概ね平穏に終了した。
　同年7月1日に確定申告書を提出し，これには定時総会後に就任した西村新

頭取が代表者として署名した。

　この確定申告書は，平成8年3月末を決算期日とするものであるが，定時総会の承認を得た確定決算主義を採るため，3月末時点の代表者ではなく申告時点の代表者が署名することになる。これは同時に申告時点までに生じた後発事象を確定申告に反映することの実例でもある。

　また，非公式見解が，和歌山銀行の放棄を平成8年3月期に認容する理由として「今後，母体行が揃って債権放棄を行うかを確認する」とするからには，興銀の放棄も申告時点で条件が成就しなくなったことも確認されるべきである。因みに殆どの母体行の債権放棄が揃ったのは9月であった。

### 3　国税調査と平成8年8月23日更正処分

　上記のような理不尽な見解であっても，後の国税調査の足枷となることが危惧されたが，これが後に現実のものとなった。

　平成8年7月22日に国税調査が開始された。これに全力を投入する以外に残された途はなく，国際税務の担当調査官も加わると聞き，ＪＨＬ社を担当する融資二部とＫ社を担当する営業十部に全面協力を依頼して準備を進めていた。同日午前中に，特別国税調査官が各調査官を伴って来行した。

　従来の東京国税局の調査は，銀行業務を熟知した金融担当チームの分野であるが，特別調査官以下は分野を特定しない特命担当チームであり，銀行実務に疎遠ではないかと不安がよぎったが，特別調査官の冒頭の発言は更に衝撃的であった。

　すなわち，特別調査官からは「今次調査は，住専の母体行債権の期末処理に限定する。長銀の期末処理も同様とし特別調査官は兼任するので常駐できない。また東京国税局が所管する大手行の母体行債権の期末処理も平行して調べる」とのことであった。

　興銀側の担当メンバーに加え，木村・淵井両税理士や大屋公認会計士が逐次参加して調査が進められ，平成8年3月29日取締役会議事録など一切の資料が提出されたが，調査官の関心は，専ら期末に至るまでの銀行局・国税庁との遣

取りや折衝に集中していた。

　銀行局担当企画官が強調した国税庁非公式見解に対する反論については，渡辺・森両弁護士も加わって追加意見書を提示するなど繰返し詳細に説明したが，調査官側からの反応は「上申する」との返答だけで全く暖簾に腕押しであった。

　また，詳細に聞き取り調査を行った国税庁との折衝についてもその後反応がなく，8月に入ってから特別調査官も殆ど姿をみせず，専担の調査官に尋ねてみても「国税庁の担当課長などは東京国税局の調査第一部長より大蔵省キャリアーとして上席」と呟くのみであった。

　その中にあって，融資二部の担当課長は連日説明に奮闘していた。

　たとえば，興銀が平成8年3月21日に送付した連絡文書は「資産側が平成7年6月30日（金融検査部の第二次立入調査の基準日）で負債側は平成7年12月19日（閣議決定の出状日）でアンバランスであり，不良債権処理に必ずしも精通していない調査官が僅かな期間で理解し事実を解明することは極めて困難であった。

　さらに，難解であったのは債権譲渡担保権の放棄であり，唐傘方式の「担保に関する協定」からの離脱の意味とその法的効果であるが調査官は消化不良に陥ったと思われる。

　一例を挙げると，第一審で国税側は「興銀が担保契約などの書類をJHL社に返還したのは6月であり4月を超えて返還した」と主張したが，興銀は担保権放棄後も引続き幹事の義務を負っていたから担保契約などの書類は6月に返還していない。

　しかし，担保権の有無は本件債権が無価値かどうかを判定する上で極めて重要な要素であるからこの一事を以ってしても調査不足であったことは明白である。

　そもそも国税庁が「住専処理に法人税基本通達9－4－1を適用し寄附金非該当とする」とした意義を，敢えて探せば「母体行は担保権を保留したままで債権全額を放棄する」から寄附金性を有すると考えられなくもない。

　しかし，JHL社では母体ニューマネー回収完了により，第二次再建計画に

基づく弁済が具体的に実行に移されていたから，既に形骸化した担保権を放棄すれば名実ともに全額貸倒れであり，これが平成8年1月に木村税理士が国税庁の専門官に照会した本旨である。

同時並行的に調査を受けていた長銀からは「調査官は更正処分の姿勢を明確に示している」と伝えられていたので，夏休み前に特別調査官と面談したが，先方は「国税庁に上申中で決定していない」と述べるのみであった。

筆者は「この債権は全額貸倒れか否かが核心の問題であり，債権放棄はそれの追認行為に過ぎず，まして解除条件に至っては枝葉末節に過ぎない。るる説明したように"末節だけをみて，全体が黒か白かを判断するのは妥当ではない"，それでも敢えて否認するなら寄附金課税を採るべき」と強調した。

なお，顧問税理士によれば「特別調査官が"興銀の処理や手続は行き届いており，長銀とは違う"と洩らし"連日のように国税庁に呼ばれて参っている"と溢していた」とのことであったが，長銀との違いは漠然としたままであった。

国税調査が夏休みの時期の8月16日に出勤した高木監査役の下に渡辺・森両弁護士が加わって四人で対応を協議し，筆者から調査の結論に悲観的な見通しを述べ，渡辺・森両弁護士の意見も「国税庁に調査の不備を詳らかにして，係争に発展した場合は容易でないことを理解してもらうべき」との意見であったが，監査役は様子をみるべきとの意見で終始した。

平成8年8月22日，特別調査官は沈痛な面持ちで「本日をもって調査は終了し，明日には麹町税務署員が更正通知書を持参する。本件は黒か白かの結論になってしまったが，調査の過程で詳らかに出来なかった国税庁見解の根拠やこれを受けた更正理由の根拠は，審査の過程で解明される」と発言した。

また，国税庁の専門官に対して事前照会に関し尋問した結果は「同氏には記録が無く記憶も曖昧で殆ど無い状況」とするだけであった（第一審に提出した平成8年8月22日「業務日誌」：甲513号証）。後日，特別調査官は過労で2ヶ月入院したと仄聞した。

この調査は1ヶ月で終了したが，従前の調査が半年以上を掛けているのと比べ余りにも短い。JHL社向け債権に限ったと言い訳しても，その後の審査が

1年2ヶ月，第一審が3年4ヶ月，控訴審は1年，最高裁が2年9ヶ月を各々要したことからすれば，「事実の解明」には不十分であったと言わざるを得ない。

これについて国税首脳は「調査が長引くと延滞税が嵩む」と語ったと仄聞したが，納税者の確定申告を否認し行政制裁を課すには慎重かつ十分な「事実の解明」が不可欠である。

また，国税庁専門官の陳述書（乙24号証）は，木村税理士との平成8年1月時点の事前照会から4年6ヶ月が経過して作成されたが，事前照会から5ヶ月が経過した時点で「記憶が殆ど無い状況」にあったのが，4年6ヶ月が経過して「記憶が蘇った」とするのは誰がみても不自然であるしこれを鵜呑みにすることはできない。

しかし，興銀事件の控訴審である東京高裁平成14年3月14日判決は，「専門官の陳述書（乙24号証）の記述からは，木村陳述書（甲326号証）の記述を容易く肯定できず，他に措信するに足る証拠はない」（第二審判決文46頁）としているが，るる述べるまでもなくこの判決文は木村宣誓供述書（甲326号証）を陳述書と記載する初歩的な誤りを犯している位であるから，他は措信するに足りないのである。

## 4 平成8年8月23日更正処分とその影響

この更正処分（原処分）によって，興銀が所得額をマイナス132億円とした申告に対し所得額を3,628億円（プラス3,760億円）と増額し納付すべき法人税額を1,285億円とした上で，行政制裁として過少申告加算税192億円を賦課（第一次賦課処分）した。

この原処分では興銀が33億円と申告した外税控除額を50億円に変更し，差額17億円は法人税額を減少させているが，これは国際税務調査官が専門知識を有する分野として手掛けたものである。

なお，後の平成10年3月31日再更正処分では，外税控除額を当初申告額33億円に組戻し差額17億円が徴税された。のみならず第二次賦課処分として加算税3億円を課したが，過少申告加算税は文字どおり納税者の過少申告行為に制裁

を課すもので，本件には過少申告行為はない。

興銀事件の控訴審である東京高裁平成14年3月14日判決は，「組戻し額は計数上一致する」（第二審判決47頁）とするだけで適法としたが，これは典型的な判断遺脱である。

地方税については，昭和50年の改正で義務修正申告を勧奨しており，これを興銀が実行し東京都税務当局は総額729億円で確定させた。

この制度は，国税の更正処分を是認して納税者に修正申告を履行させ地方税務当局は調査を省略するものであるが，その見返りとして地方税に係る過少申告加算税（本件では108億円）を免除するものである。

なお，東京都は，興銀の常用雇員の割合に応じ支店・保養所が存在する各地方団体に総額729億円を配分するが，東京都自体に451億円（総額の6割）が残った。

興銀は法人税額・加算税額及び地方税額を同年8月30日に仮納付（2,200億円）して直ちに国税不服審判所に審査を請求した。この更正処分の当事者は麹町税務署長であるが，国税調査を行ったのが東京国税局であるから，東京国税局長への異議申立てを経る必要はなく，ダイレクトに国税不服審判所長に審査を請求することになる。しかし，審査請求では原処分庁が東京国税局であるが，訴訟では被告が麹町税務署長であることに一抹の違和感を覚えるのである。

また，仮納付した税額は係争の決着をみるまでは，勝訴により発生する返還請求権が存在するから，その間は損益に反映させず資産（仮払金）に計上する方法を採ったが，その当時，審査や行政訴訟の平均的な勝訴率は1割以下であり，監査法人が一般的に資産計上に極めて慎重であったのは無理からぬ面があると考えられる。

平成8年8月23日に麹町税務署から更正通知書を受取り，興銀は臨時取締役会を開き国税不服審判所に審査を請求すること，代理人は渡辺・森両弁護士に依頼することを決議し，同日に日銀記者倶楽部で発表した。取締役会に先立ち，同日付で中央監査法人から意見書を受領したが，これは経理部の管理会計課長

が中央監査法人の担当公認会計士と徹夜で協議し検討したもので，最終的に仮払金として資産計上するのが相当とするものであった。その論旨は，米国会計基準を参考とし且つ興銀の直近5年間の累計所得が3,800億円であった事実から，「今後5ヵ年累計で3,800億円程度の所得が見込まれるのであれば，本件損失から生ずる欠損金の節税効果と仮払金とが順次相殺され，敗訴の場合でも興銀の損益に重大な影響を及ぼさない」とするものであった。

この意見書は記者会見の資料に添付され配布された。記者からは税制に係る欠損金の「5年繰延べ」や「1年繰戻し」について質問があったが，同席した渡辺弁護士から米国の制度との比較を交えて回答がなされた。

この記者会見は当方にとって薄氷を踏む思いであった。しかし，朝日新聞社の経済問題に精通した山田記者から電話で質問を受けたが，翌日の同紙には「この争いは実質的に過少申告加算税192億円を巡るもの」と報じており（平成8年8月24日朝日新聞朝刊），「仮払金として資産計上したのは損失の先送り」との批判は見当たらなかった。

しかし，現実の推移はその通りにはならなかった。

興銀は，同年10月に株主中間割当増資を実行し赤字決算で減少した資本勘定の増強を果たしたが，その後5ヵ年累計所得は1,000億円に止まったのであり，5年目に当る平成14年3月期をもって興銀の歴史は幕を閉じた。

## 5　本件更正理由の内容とその不備

この更正理由書には次のとおり記されている。
(1)　興銀は，平成8年3月期にJHL社向け貸付金3,760億円を解除条件付で債権放棄したとして，その放棄額を直接償却して損金として確定申告した。
(2)　法人税法22条3項3号の損失の額は「確定した損失の額」と解され，債権放棄による経済的利益が寄附金に該当しない場合，債権放棄による損失は確定を要する。

解除条件付の放棄は条件の成就・不成就が未定であり，条件が成就すると債権が復活するから，経済的実質において不成就が確定した時に債権放

棄が確定する。

(3) 平成8年3月21日連絡文書によれば、ＪＨＬ社には1兆2,103億円の資産があるとされるから、本件債権は全額回収不能（無価値）ではない。

この理由(2)について、放棄された債権が無価値であるか又は有価値であっても対価性がある有償の供与である場合は寄附金に該当しない、そればかりでなく法人税法37条の規定からは寄附金に該当しないものは損金となる。

この点は後の審査請求において提出された新進気鋭の租税法学者の平成9年1月10日意見書にて詳述されている。

次に(3)について、連絡文書に記された1兆2,103億円は、金融検査部の第二次立入調査で査定された平成7年6月30日現在の資産価額であり、期末までの9ヶ月間の資産減損のみならず社外流失額が反映していない。

この1兆2,103億円には「2次ロス」や元利延滞中のローン債権が含まれているなどこれはあくまで"政府案の実現を前提"とした数値である。

現に一般行に対する部分弁済予定額3,714億円は、銀行局が閣議決定を踏まえ割当てた助成金3,407億円が大宗を占めている。

これからは公的資金の投入が未定とすると一般行の部分弁済が不能となり、このスキーム自体が崩壊することになるのである。後の興銀事件の最終審である最高裁平成16年12月24日判決は、このスキームは公的資金の投入を前提とする整理計画であると認定しているのであり、この更正処分の基幹部分に重大な瑕疵があったのである。

さらに、連絡文書に記された1兆2,103億円は資産状態のみを示すに過ぎない。後の審査で興銀が詳細に立論したところであるが、この資産が換価されて弁済資力として機能するには、この資産買取りのために母体・一般・系統の三者が夫々3分の1宛、即ち4,000億円を目処とし低利融資を合意していることが前提となり、一般行の部分弁済額は同時に低利融資額となる。

この低利融資額の要請・画定が閣議決定や連絡文書の重要な目的の一つでもある。それゆえ、低利融資に関する合意が未成立であれば弁済資力としての1兆2,103億円は画餅に帰すことになり、逆に低利融資に関する合意が成立して

いれば, 弁済順序に関する合意も成立しており, 1兆2,103億円は悉く非母体行の金利軽減債権1兆8,646億円の弁済に充当され, 本件債権は全額無価値となるから, 国税当局が冷静に判断していればこの争いは回避されたのである。

## 6　本件原処分の背景と直接の動機

　本件債権が無担保で無価値であることは, 程度の差はあれ調査官や審判官も多分理解していたと思われる。しかし, 国税庁は「本件債権は有価値」であることを与件としていたから, 現場の担当官は事実を直視することを躊躇しかつ憚ったと考えられる。

　国税庁は, 東京国税局と合同調査を行うなどにより「事実の解明」に全力を尽くすべきであり, 何よりも第二次立入調査を担当した金融検査部や助成金の割当てなどスキーム全般を担当した銀行局の協力を得ることが不可欠であった。

　しかし, この「ボタンの掛け違い」は大蔵省内部の分掌に起因する。すなわち, 平成4年秋に国税庁は, 金融機関の子会社等の支援損について寄附金性の事前照会の窓口を設けており, 平成5年住専の第二次再建計画における金利減免を正式に認可したのは国税庁課税部であり, 日貿信の分割放棄を担当したのも課税部審理室である。

　他方, 金融機関の検査や金利棚上げ・不良債権の償却証明は金融検査部が引続き担当することになっており両者の役割は並存していた。しかし, 住専債権の償却については, 第二次立入調査を担当し且つ金融機関の貸倒れの窓口であった金融検査部ではなく, 何故か国税庁が担当することになった。

　前述の通り, 国税庁は母体・一般・系統を一括して法人税基本通達9－4－1を適用し寄附金非該当として取扱う方針を固めたが, これは同時に住専債権を貸倒れとみないとの方針に基づいている（平成8年1月19日「ニッキン」記事）。

　国税庁は金融検査部とは異なり子会社支援損に限って担当するのがその役割であるが, だからといって住専問題を国税庁が担当するから「住専債権は貸倒れではない」とするのは本末転倒の仕儀である。当該債権が貸倒れか子会社支

援損かは一義的に納税者が決めるべきものである。

　そもそも法人税基本通達9－4－1は「子会社等の解散・営業譲渡に伴い，更に大きな損失を蒙ることを回避するため債権放棄や贈与を行うことに，社会通念上，相当の理由があれば寄附金に算入しない」と例示するが，既に(二)の2にて述べたように系統金融機関にこの通達を適用することに無理がある。仮に「資金関係があれば子会社等の等に該当するのであれば，系統に限らずおよそ金融機関の貸付先は悉く子会社等となり，これは拡張解釈として行き過ぎがある。

　しかし，住専処理に法人税基本通達9－4－1を適用する必要性は全くなかった。既に(二)の2にて指摘したとおり，系統は，5,300億円贈与して見返りに5兆5,000億円回収するのであるから，対価性は明白であり，経済的利益の有償の供与として法人税法37条6項の要件を充足し寄附金に該当しない，むしろ有償の供与が「支出の基準」を充足するタイミングのみが課題であったから，対価性が曖昧な場合に限りその適用が検討されるべき法人税基本通達9－4－1の出番は全くなかったと断言できる。

　次に，母体行や一般行は，関係者の合意により無価値となった額を放棄するから寄附金に該当しないし，ここでも法人税基本通達9－4－1の出番は全くない。

　この住専処理スキームは，各住専の「1次ロス」をベースとする債務超過額が貸倒れ総額として画定され三者で分担するものであるから，貸倒れ総額の配分方法の如何によって貸倒れの本質が変容するものと考えることはできない。仮に三者の間で，債権按分（プロラタ）を超える額が経済的利益の移転であるとすると，一般行はプロラタで配分されており，母体行が債権按分を超える額を系統に供与したことになるが，その場合に，系統は同額の受贈益を計上すべきことになる。しかし，系統側にそのような認識や具体的手続きは存在せず，経済的利益が系統に移転したとするのは現実的でない。

　上記の通り，母体行債権や一般行債権が貸倒れであれば金融検査部が窓口と

なり，平成7年8月に住専に対して第二次立入調査を実施した金融検査部は，債務者の実情を知悉しており円滑な対応ができたと思われる。

しかし，実際の窓口であった国税庁は，法人税基本通達9－4－1の適用に拘泥したため「住専処理は母体・一般・系統が一体となった処理である」との理由を持ち出して，母体行の債権処理に系統贈与を包摂する方針であり，国税庁は最大の母体行である興銀債権の無税償却を貸倒れとして認めてしまうとこの方針自体が崩れてしまうことになる。

それゆえに国税庁は，系統贈与を平成8年5月末の申告で自己否認するように指導した以上は興銀の申告を認容できず，これが本件処分の引き金になったと思われる。

系統は民法上の組合で商法上の公開会社でないから，確定申告は期末から2ヶ月以内の5月末であるが（法人税法74条1項），その時点では住専処理法が未成立であったことは確かであり，国税庁は農林中金に対し「住専処理は全債権者一体のスキームで無税の条件が整わない」と強調したと仄聞している。

系統金融機関が実行した期末の5,300億円の供出は，5兆5,000億円の1割に当たり回収を証約する一種の「手付金」ともいえるものであるが，系統グループ内部に保留するのでは「手付金」の役割として十分ではなく，寄附金の「支出の基準」を充足するかについて疑問がある。既に（二）の2にて指摘したとおり系統が外部に供託するか（民法495条）若しくは各住専に贈与するべく預金保険機構に預託しておけば完璧であった。

しかし，系統金融機関に対しその贈与を平成8年3月期に時期尚早として自己否認させるか否かと，最大の母体行である興銀債権の無税償却を認めるか否かとは，全く次元を異にする問題であり，本来は国税庁も割り切るべきであった。

このことが系統からの反発を招き農林系議員に"飛び火"することがあったとしても，非営利法人である組合は当時の法人税率で株式会社に比べ3分の1程度優遇されており自己否認の負担は母体行・一般行とは同列に評価できないのである。また，俗に赤鬼・青鬼と通称される検察や国税に本気で噛み付く農

林系議員など見当らないのであり，国税庁が怖れるべき理由はなかったと思われる。

国税庁首脳が，まさか本音で"行政の筋"として全ての関係金融機関が横一線に足並みを揃えるべきと考えていたとは思われないが，系統との足並みを揃えさせるべく，興銀の申告を否認するには解除条件以外に言掛りの材料がなかったものと思われる。

渡辺弁護士から後に伝えられたことではあるが，某国税庁長官OBは，「納税者の適正な手続を踏まえた申告が，国税庁の方針に沿わない場合でも法令解釈に誤りがない限りこれを認容するのが"行政の筋"を通すことになる」との見解であった。

今回の住専処理スキームにおける税務処理は如何なる思惑が作用したか詳らかでないが，前述(三)の2で触れた国税庁長官の"行政の筋"も何かの磁場によって曲がったといえよう。

また，他の母体行に対し債権償却特別勘定（間接償却）の無税繰入れを国税庁が封じたのは「無税償却は税の免除」とした加藤幹事長の朝日新聞（論壇・平成8年1月30日）の記事が有形・無形に影響したものと思われる。

現にその後の新聞・雑誌の論調の中には「母体行の放棄額3兆5,000億円の無税償却を認めるのは1兆7,000億円の公的資金を追加投入する（税率50％で換算）のと同様」とする乱暴な議論がみられたが，これは論外である。

## (四) 更正処分から平成9年10月27日裁決に至る経緯

### 1 住専処理法の施行から平成8年12月末に至る推移

平成8年6月18日に住専処理法（平成8年法律93号）の成立と同時に住専における根抵当権の確定に関する特別措置法（平成8年法律98号）が成立し同21日に施行された。

これは民法（398条の11及び12）の特別法として住専の解散日をもって一律

に営業貸付金を担保する根抵当権を確定させ営業譲渡を円滑に進める趣旨であった。

また，平成8年7月18日の衆院金融問題特別委員会（閉会中審査）では「住専からの権利移転による登記事件数が2百万件にのぼる」とされ法務省・最高裁判所に対し特別の配慮が強く要請された（同会議録12号）。

当時，住専七社の担保物件数は23万件を超えており（JHL社単独でも5万件を超える），これを政府案に拠らずに処理する場合には一件ごと「個別に換価」することになるが，それに先立ち根抵当権の確定など煩雑な手続を要することになる。

そして膨大な不良債権を「個別に換価」するには担保不動産を裁判所の競売に付すしかないが，当時（平成7年）の東京地裁における競売事件の年配当件数は2,000件弱であったから，住専の規模は競売市場の許容能力を遥かに超えており，数十年の期間を要して費用倒れに陥ることは必至であり「個別の換価」によることは全く非現実的であった。

平成8年7月26日に受皿会社である㈱住宅金融債権管理機構が設立されたが，その時点で全ての関係金融機関が金融安定化拠出基金への出資払込みを完了していた。

同年7月26日までに「2次ロス」対策が完了していたことは，「1次ロス」分担の合意が既に確立していたことを端的に証しており，関係金融機関が「1次ロス」分担の合意をみることなく，見切り発車で「2次ロス」対策を実行することは有り得ない。

平成8年8月31日に住宅金融債権管理機構とJHL社との間で営業譲渡契約が締結され，この営業譲渡に先立ち預金保険機構は既に合意された事項の細目を確認する平成8年8月29日基本協定を提示した。

しかし，提示された低利融資の条件は，①母体行・一般行は15年後一括弁済で金利は東京市場レート（TIBOR）＋0.8％であるのに対し，②系統金融機関は10年据置き5年分割弁済で金利は短期プライムレートとするものであったか

ら（短期プライムレート＞TIBOR＋0.8％），ここに至り地銀・第二地銀は猛烈に反発し且つ紛糾したのである（平成8年9月2日金融経済新聞）。

住専七社の資産（6兆円強）を住宅金融債権管理機構が一括して買取るための低利融資（バックファイナンス）は，母体・一般・系統が概ね3分の1宛て供与するが，その融資条件に再び格差を設けるべき合理性はない。母体行は債権全額を放棄して新規貸付（2兆円強）を実行し，一般行は部分回収した額をそのまま新規貸付（2兆円弱）に振替えるのに対し，系統は2兆円強を新規貸付して贈与差引き後の5兆円を回収するのであるから，誰がメリットを一番受けるかは一目瞭然である。

住宅金融債権管理機構は発足2年後に正常住宅ローンの期限前弁済を解禁したところ，同機構の高金利を嫌ったローン債務者の繰上げ返済が相次ぎ2兆円の余資が生じたので，同機構は金利が割高な系統借入金を繰上げ返済している。

平成5年2月3日大蔵・農水覚書は「金利の高い先から弁済する」と明記しているが，金利に格差を付けることは弁済の優劣を律することになり，翻って第二次再建計画において弁済順序が「金利の高い先から」と合意された段階で母体行の金利ゼロ債権の劣後性が事実上決定していたと評価される。

地銀・第二地銀の抵抗と受入れ先送りで基本協定に対する同意は平成8年12月25日の住専処理の最終日までズレ込んだのである。

この間にJHL社では同年9月1日に解散し清算法人に移行して会田社長は辞任した。

代表清算人に就任した梶谷弁護士は，平成8年3月21日連絡文書にて「一割を目処に変動する」とした各一般行の負担確定を受けて改めて最終額を通知して（甲281号証），9月末には住専七社の殆どの母体行・一般行は債権放棄を実行した。

平成8年12月25日に母体行債権を放棄したのは，住友・住友信託・三菱・富士・一勧の五行だけであったが，これらの母体行はその後，住宅金融債権管理機構から紹介融資の損害賠償を求める訴訟を提起されたが，最終的には全てが

和解で決着した。

　この和解金の総額は平成8年2月の住専国会で論議になった7,000億円の100分の1にも満たない額であった。これは紹介融資額と損害賠償を求めるべき額との間にギャップがあり大蔵・農水作成の住専資料（甲6号証）が杜撰であったことが窺える。

　系統との間で金利格差が付いた低利融資や「2次ロス」補塡のための基金出資（配当ゼロ）については明確な利益供与であるにも拘らず，第二次再建計画における金利減免とは異なり，寄附金性についての議論は皆無であった。この低利融資や基金出資は金融システム安定に資するもので無償供与（寄附金）に該当しないとすれば，同じ閣議決定で要請された債権放棄や贈与のみが寄附金の対象となり法人税基本通達9－4－1云々を問題にするのは奇妙というほかない。

　尚，興銀は，住専向け債権（6,900億円）のうち5,000億円を放棄した上で，低利融資の額として4,000億円（期限：平成23年12月）を供与して，金融安定化拠出基金・新金融安定化基金の合計で1,000億円を出資し，ようやく黒沢前頭取の国会発言の実行を果たした。

## 2　審査請求と平成9年1月からの事態の推移

　この間，平成8年8月末から開始された審査において，興銀は渡辺・森両代理人の下で，審査請求書・反論書など八通を提出し三通の釈明書を提出した。

　これらの反論には，租税法の権威ある大学教授や著名な弁護士・企業会計審議会長を歴任された会計学者らの意見書を副えており，興銀側は約60点の証拠を提出したが，国税側から1点の証拠も提出されなかったから，この審査請求は理論・証拠の両面で興銀側が完全に圧倒していたと考えられるが，国税庁長官OBの評価は，以下の二つに分かれていた。その一方は，更正処分それ自体は当時の事情から止むを得ないとしても審査請求で救済すべきとし，他方は，裁決で国税側が負けると訴訟を提起できないから，裁判で決着すべきとするものであった。

昭和45年5月に創設された審判所は「納税者の権利救済に徹し争点主義的な運営を図る」ことを当時の国会付帯決議は明示している。そのことからすると結論はともかく，国税側に弁明を促して争点を絞込み，不服審査前置主義の実を挙げるよう努めるべきでありそれが独自の権能を擁する準司法機関の使命の筈であった。
　その後の訴訟に備え手の内を晒したくない国税側が保護されるのでは，審判所は国会審議で度々用いられた"同じ穴の狢"との比喩を肯定することになり，準司法機関として公平を欠くとの誇りを免れない。
　平成9年3月期末を間近にして興銀は，系列ノンバンクであるBJS社の処理について担当部署を中心に検討されていたが，同社の債務超過の状態が深刻であり，期末近くに同社は商法上の特別清算を東京地裁に申立てた。BJS社向け債権（300億円）は，特別清算申立てにより法人税基本通達9－6－5（法的整理による形式基準）に沿って債権償却特別勘定の設定（間接償却で債権放棄を伴わず）が認められるが，担当部署からの届出に対して東京国税局審理室から異常なルートを経て論外のクレームが寄せられた。
　このクレームの前から東京国税局審理室は同様のルートを経て反論書の表現などに筋違いの苦言を呈して来ており，今回のクレームの内容も興銀の審査窓口に対する"揺さ振り"であったと思われる。

　平成9年3月中旬に筆者は，予てからの懸案であった米国会計基準の研究とニューヨーク株式上場の可能性を検討するため，シティバンク財務本部・ニューヨーク証券取引所・証券取引委員会（SEC）・内国歳入庁（IRS）を訪問した。
　米国経済は85年から87年の金融危機を完全に脱し巡航速度に乗っておりニューヨーク取引所の株式ダウは8,000ドルを超えたところであった。
　面談した各関係者や租税弁護士・公認会計士は住専問題の余波をうけて「国税庁と大手銀行が貸倒れの年度帰属を巡り争う」ことに一様に驚きを隠さなかった。

米国では，①欠損金を3年間遡及して繰戻す制度（Carry・Back）が定着しておりこれを背景に税効果会計が確立している。また②銀行の貸倒れに関しては金融監督当局（FRB）の判定が税務当局に優先することが当然とされていた。

　加えて，③前述のとおり，85年以降の金融危機では銀行の貸倒れに起因する欠損金に限り10年間遡及して税額を還付する特別措置が採られており，この税還付を原資に損切りされた住宅ローン債権が実質政府保証の下で証券化され，金融革命の契機となったことは公知の事実であり，米国では本件の如き「争い」は起こり得なかった。

　同年6月末に，筆者が(取)経理部長から(取)考査部長に異動となった後に東京国税局は平成9年7月29日減額更正通知書を送達して来た。

　それは本件損失（3,760億円）を平成9年3月期の損金として認めるとする職権による減額更正処分（納税者の請求によらず税務官庁が独自に決定）であった。

　その理由は「平成8年8月31日にJHL社と住宅金融債権管理機構との間で財産譲渡契約が締結され，同年9月1日にJHL社は解散したから，解除条件の不成就が確定した」とする簡単なものであった。興銀は平成9年6月末に確定申告を行ったが，それは本件係争の「勝訴ベース」を前提とするものであり，後に国税勝訴が確定した場合には，興銀の「勝訴ベース」を前提とした申告に基づき徴税を行うと還付利息（当時は年7.3%）を付し返還すべきことになる。

　しかし，興銀の平成9年3月期申告を「敗訴ベース」に組替えさせる訳にもいかず，国税勝訴の場合に還付利息付利を避けるべく，翌年度に職権更正をなし興銀の「勝訴ベース」を前提とした申告を遮断するのがこの減額更正の意図であったと推測される。しかし，この減額更正は様々な問題を孕んでいる。

　先ず，法人税法は昭和25年の制定以来，同法81条に欠損金の一年遡及繰戻し制度を定めて当年度と翌年度との年度通算を認めている（その当時，米国では繰戻し3年・繰延べ15年であったので，我が国にでは3分の1の繰戻し1年・

繰延べ5年とした，その後平成16年改正で脱税の除斥期間である7年に繰延べを変更）。

これは損金の年度帰属による納税者の不利益を救済する趣旨であるが，平成4年より税収不足を理由に租税特別措置法66の14の時限立法によって凍結されていた。

平成8年3月末には時限立法の期限が到来し本来は凍結解除がなされるべきであったが，数多くの日切れ法案と一緒に再延長され現在に至っている。

この施策は姑息であり，同じく税収不足にあったフランスでは「還付金に代えて還付請求権（繰戻し3年）のみを与え企業の黒字化によって順次相殺し，5年後に相殺できない残額は国債を直接交付する制度」が採用されていた（日経新聞平成13年4月17日夕刊）。ちなみに我が国の法人税額は平成7年当時の22兆円から一時7兆円にまで減少しており，税制を歪めた繰戻し停止に果たして効果があったかどうか疑問を禁じ得ない。

本件では仮に法人税法81条が機能していたとすれば係争は生じなかった。何故なら同81条の下では当年度に増額更正し翌年度に同額の減額更正を行うと，減額更正の効果は遡って増額更正を解消することになる。

一時的に同81条が停止していても，法人税法の趣旨や長年の税務慣行から，翌年度に同額減額更正をすべき必然性があれば，原処分となる増額更正を自重すべきであった（商事法務1593号78頁）。

昭和25年以来，「収益は実現した単年度に帰属し，損失は複数年度に通算される」のが税制の基本であるから，この減額更正処分は前例をみない異常なものであり，制度の歪みの間隙を縫ったものである。この減額更正は平成8年8月末日に解除条件の不成就が確定したとするが，ＪＨＬ社の解散登記日は平成8年9月2日であり，営業譲渡実行日は同年10月1日であるから，同年10月1日に不成就が確定したとするのが普通である（甲4号証：本約定書2条）。しかし，①預金保険機構から合意の細目を定めた平成8年8月29日基本協定が提示され，②各住専の営業譲渡日を待たずに9月末には殆どの母体行・一般行が債権放棄を実行した事実から，国税側は同年10月1日に確定したとすると訴訟

上は不都合が生じ不利とみたと思われる。

　他方，国税側は，なんとしても③平成8年6月末日（休日に当る場合は翌日）の申告期日をもって不成就が確定していた事実を曖昧にする必要に迫られていた。

　そのような「限られた幅」の中で模索したのが平成8年8月末日であり，これが訴訟を有利に運ぶ期日として採られたと推認される。しかし，これは前述のとおり，「2次ロス」対策が同年7月26日までに完了した事実と辻褄が合わない偏頗なものである。

　さらに，平成9年7月時点で減額更正処分を行うことは裁決における国税勝訴を与件としなければ意味がない。この減額更正が行われたことを興銀から伝えられた東京国税不服審判所の担当審判官は顔を真っ赤にして「何故，この時期に」と声を荒げたが，審判所の面子はともかく，審判の渦中にありながらその結論を待つことなく勝手に請求棄却を前提に次の行動に移るのは常軌を逸している。

## 3　審査の決着と平成9年10月27日裁決の内容

　審査請求も最終段階とみられた平成9年8月に入って早々に，高木監査役から筆者に対して国税不服審判所の首脳（大蔵省から派遣）に会うようにと伝えられたので，平成9年8月4日に国税不服審判所を訪れ面談した。

　面談に先立ち審査請求の代理人から，国税不服審判所内に「興銀の立論に対して国税の答弁は僅かでしかも証拠の提出が皆無であるから，裁決を書く上で障害がある」との意見があると仄聞していたのでこの点などを踏まえ，当方から以下の意見を述べた。

① 　国税庁は，解除条件について「住専に限らず一般に課税上の弊害」としていたのを再答弁書では「良い場合も悪い場合もある」と論理を変更しているが，両者を"線引きする基準が不明"でありそれについて釈明を求めたが，いまだ答弁がない。

② 　本件債権が貸倒れに該当せず，また本件解除条件が課税上の弊害を招く

のであれば，寄附金課税がなされるべきで，それが税法の首尾一貫した適用であり行政の方針であったと考えられるが，その点についても一切の弁明を受けていない。

審判所は納税者の権利救済と不服審査前置主義によって争点を明確にし後の訴訟における真実解明に資するべきであるから，この二点の解明と審理の深耕を強く要望した。

これに対し審判所首脳の反論・意見は次の通りであった。
① 権利救済を旨とすることはその通りであるが，全て救済する必要はない。
　納税者は裁決に納得できない場合は訴訟を提起する途があるが，課税庁にはその途が閉ざされており，国税の肩を持つ訳ではないが，その辺も配慮が必要である。
② 興銀が期日を順守し真摯に取組んでいると認められ，反面，国税の答弁は手数が少ない様にもみえる，しかし国税の肩を持つ訳ではないが原処分庁として必要な役割を果たしており争点は絞られたと考える。裁判官と異なり審判官は，職権調査権を有し双方の立論が十分かどうかを独自に判断する。それに不満があれば訴訟を提起し次のステップに進めばよい。
③ 審判所は最高裁判例などを踏まえながら粛々と審査を進めている。本件は貸倒れの問題ではなく現に多くの母体行が有税償却をしており，国民が納得する課税の公平の観点から判定される。興銀の求釈明に付合っていると100年を要するかもしれず，また屋上屋を重ねることになりかねないから，ここは「次のステップ」に進むべきである。

しかし，審判所首脳のいう審判官の職権調査権（国税通則法97条）は，納税者が専門的で強力な行政組織を有する税務官庁との審理を進める上で，納税者の権利救済を図り事実解明に資するべく，審判所に調査権行使を認めるものである。

後の訴訟に備え手の内を晒したくない国税側に代行して，審判官が調査権を行使するのでは"行司が廻しを締めて土俵に上る"のと同様で明らかに権利の

濫用である。

　因みに審判所が調査権を興銀に行使したのは平成8年3月末のJHL社からの預金残高だけであり，当方は59億円であると記載した書面を提出した。

　本件第一審の冒頭で国側指定代理人は「裁決は別の機関の判断であり，被告・国側がこれに拘束される所以のものではない」と言い放っていたから，審判所の役割は何であったのか疑問を禁じ得ず"同じ穴の狢"との比喩を否定できないと考えられる。

　本件裁決は，法人税基本通達9－6－2を引用して「債権の全額が事実上回収不能かは，債務者の資産状況・弁済資力，債権者の回収努力の有無，担保の設定状況などを総合的に勘案する」として規範を設けて判定している。

　その上で先ず，「債権放棄に解除条件を付したこと自体，興銀は，住専法や予算の帰趨いかんによっては最終的な負担額が確定せず，本件債権が回収不能であることに疑義を持ち，あるいは確定していないと認識していたものと認められる」として「法人税基本通達9－6－2は法人自らがその債権の全額が回収不能と認識して損金経理をすることが適用要件である」としている。

　しかし，この判定は意思解釈を伴うものであるから，「内心の意思の推定だけでは足りず真意と矛盾する意思表示がなされたことの証明を要する」ことになるが，「真意と矛盾する意思表示がされたことの具体的な証明を欠くときには虚偽の証拠による事実認定」として排斥されるが民事訴訟法の定説であり，複数の最高裁判決で確立した判例法理である。しかも，興銀は，自然人でなく法人であって，取締役会議事録に記載された事実が真意であるから，矛盾など生ずる筈がない。

　更に裁決は次のように記載している。

・本件連絡文書にはJHL社に1兆2,103億円の資産があるとされていること。
・興銀が直接償却したJHL社債権額は，第二次再建計画で平成5年4月以降10年間に亘って元利払いが凍結された金利ゼロ債権であること。
・興銀が第二次再建計画に際して母体ニューマネーを300億円融資し平成7

年12月29日に全額回収を完了していること。
- 興銀はＪＨＬ社から平成 8 年 3 月末に59億円の預金を預かっておりその運用益が生じていると認められること。

以上からすれば，平成 8 年 3 月末に本件債権が全額回収不能といえず，回収不能が確定していたとは認められないとしている。

しかし，このように本件裁決が無意味な事柄を並べたのは長銀の否認理由に引摺られたからと思われる。このことは，長銀との裁決についての資料交換や後の長銀の第一審における国側主張の閲覧によって判明したことであるが，既に(三)の 3 にて触れたとおり平成 8 年 8 月の国税調査で，特別調査官が顧問税理士に"興銀の処理や手続は行き届いており長銀とは違う"と洩らした意図がこの時点で漸く明らかになる。

その長銀に対する審判所裁決の否認理由（平 9 ．10.27東裁（法）平 9 第48号）及びこれを引き継いだ訴訟における国側の立論は次のとおりである。すなわち，

① 長銀よりの平成 8 年 3 月21日連絡文書によれば，第一住金は正常資産6,896億円及び不良資産のうち回収見込のある額4,355億円を有していること。

② 長銀が直接償却した額（2,360億円）は，第一住金向け債権の全額ではなく期末に17億円が残っていること。

③ 長銀は，平成 7 年12月29日に母体ニューマネーとして17億円を第一住金に新規供与し期末までに回収されず放棄もされていない。

④ 長銀は，第一住金から期末現在においても"現在及び将来負担する一切の債務の根担保として預金157億円"を受け入れており全額回収不能とは認められない。

⑤ これら貸付金に係る債権譲渡担保権を引続き保留したままであり，解除条件が成就して債権が復活すると有担保債権となるから，期末の債権放棄は"見せ掛け"である。

⑥ 長銀は債権放棄に解除条件を付して当該債権の回収可能性を残すと共に，担保権を放棄せず優先弁済権を確保していたから，当該債権の回収を行う

ことが"他の金融機関に対する背信行為"とは考えていなかった。

　期末の時点で，長銀が担保権放棄に消極的であったが，根担保として預金を質入させ保全すべき意図が不明である。また，平成7年12月29日に母体ニューマネー17億円を新規供与すべき事情があるならば預金を同額解除すべきである。同じ平成7年12月29日に興銀が母体ニューマネーの回収を完了しているから尚更に対照的である。

　長銀の訴訟代理人は，「担保権を期末に保有してはいるが，何れも行使できない名目上のものであり貸倒れを阻却する理由にならない」と強調したが，行使できない名目的な担保権であれば，予め解除しておくのが貸倒れ処理の基本であると考えられ，これを放置したままで貸倒れを巡る係争を推進することは致命的な弱点を抱えることになる。

　したがって，国税調査や審査では興銀の担保権放棄の事実に触れると興銀認容・長銀否認と分かれるからこれは出来なかったと思われる。

　後に長銀訴訟の代理人と興銀訴訟の代理人とが情報交換したところによれば，長銀の訴訟戦略は「国際基準からプロラタが妥当と理解して，第一住金からの債権回収を断念していなかったが大蔵省の強い要請により債権放棄に踏み切った」のであるから「これを否認するのは"二階に上げ梯子を外す"不条理な行為で信義則に反する」とするものであった。長銀は，平成9年10月30日に東京地裁に訴訟を提起し粛々と弁論を重ねていったが，裁決から1年が経過しない平成10年10月23日に国有化され，その後の平成12年1月に訴訟を取り下げるに至った。

## 4　裁決から派生する問題と平成10年3月末に至る経過

　興銀は審査敗訴を受けて平成9年10月30日東京地裁に訴訟を提起したが，先の審判所の裁決においては「興銀の本件債権は，平成9年3月期には全額が貸倒れである」と明示して国税庁の方針とは一線を画していた。

　本件債権が貸倒れであれば，法人税法52条1項及び同施行令96条2項（既往

3ヵ年の実績貸倒率による貸倒引当金繰入限度の算定）の規定が適用されることになり、この当時、母体行・一般行を構成した各金融機関は押しなべて不良債権の早期処理に呻吟していたから、貸倒引当金の繰入限度拡大は各金融機関が不良債権の早期処理を図る上で有効な手段であることは論を俟たない。この一般貸倒引当金の繰入限度拡大は、個別に債権償却特別勘定（間接償却）を設定するのとは異なり汎用性の高いもので法令によるものである（なお、平成10年の税制改正で債権償却特別勘定が廃止され、この一般貸倒引当金と並列して個別貸倒引当金が法人税法52条1項に新設された）。

因みに、母体行・一般行の債権放棄額は合計5兆2,000億円であるから、平成10年3月期から平成12年3月期までの3ヵ年の貸倒引当金繰入限度は年1兆7,000億円（5兆2,000億円÷3）あて拡大することになる。

このような認識から訴訟と平行して、森弁護士に依頼して「平成10年3月期における貸倒引当金の無税繰入限度拡大」について国税当局との折衝を開始した。

本件に限らず事実認定では、不服審判所長が最終判断の権限を有すると定められているから（国税通則法99条1項、武田昌輔監修「DHCコンメンタール国税通則法」4752頁）、国税庁長官は本件裁決を受けて従前の方針を撤回し、住専の母体行・一般行の債権放棄を遅くとも平成9年3月期の貸倒損失と認め、一般貸倒引当金の繰入限度拡大を認めるべきであった。しかしこの折衝は難航した。

森弁護士が東京国税局長と面談し趣旨を伝えた上で、平成9年11月13日に東京国税局の調査一部審理課と折衝を開始した。

先方は「住専処理は、債権が貸倒れに至る前段階で法人税基本通達9－4－1を適用し寄附金非該当として取扱うから貸倒れではなく、貸倒引当金の繰入限度の基礎には出来ない」とした。この論旨は平成8年6月前後における国税庁専門官の講演要旨と同じであるが（前記（三）の2参照）、これは本件裁決の内容と辻棲の合わないものである。

また，平成9年3月期においても「貸倒れに至る前段階」とするのは完全に誤りである。ＪＨＬ社は深刻な債務超過の状態が長年に亘り継続し遂に事業閉鎖を余儀なくされ，平成8年9月1日に解散し東京地裁に清算人就任などの届出（商法418条）をなしており，この明白な事実から裁決が時期はともかく本件債権を貸倒れとした。

　一般に，解散会社が清算結了に至る上で，先ず①清算人が各債権者に譲歩を求め個別に和解して債務超過を解消する方式があり，次に②裁判所の後見下で清算人が債権者集会を開催し法定多数（4分の3以上）で損失分担を協定する方式がある。②の場合に少数反対者は協定に拘束され（商法450条），これにより法定多数の利益が守られる。

　①②いずれの場合も衡平の観点から格差を設けることは是認され（商法432条2項），主力債権者が帰責事由を考慮して重い負担を負うことは他の債権者の利益を害することはなく有効である。

　大阪銀行は系列ノンバンクの特別清算で修正母体行主義に則して債権全額を先行放棄し後に協定が否決された場合に解除条件が成就し債権が復活する法形式を採ったが，大阪地裁はこれら全てを適法としている。

　住専処理は，政府・大蔵省が関与し斡旋した方式であるが，これを貸倒れ通達に該当しないとして排除するのは条理・社会通念を弁えないものであり，国税庁職員が倒産法の理念を看過し且つ自らに都合良く解した典型として残るものである。

　森弁護士は東京国税局調査一部審理課では埒が空かず，平成10年3月18日から国税庁と折衝したが，窓口となった調査査察部の幹部は次のような見解を示した。

①　住専は前例のない処理で住専債権を利益供与の部分と貸倒れ部分とに分別するのは現実的でなく母体・一般・系統を一括し法人税基本通達9－4－1を適用して寄付金非該当として取扱うもので，この方針は"当時の日高国税庁長官が承認し決裁した"ものである。

②　幾つかの銀行からも既に同趣旨の問合わせを受けたが，住専債権は貸倒れではなく一般貸倒引当金の繰入限度計算の基礎とはならないと全て回答済みであり，興銀のみを異なる扱いとは出来ない，などの理由を挙げた。

しかし，法人税法52条所定の「貸金」を構成していた債権が，直前期まで資産に計上され，当期に償却されて損金に算入された場合には繰入限度の計算基礎となる。

その際に，如何なる通達を用いて損金と認定したかによって貸倒れの事実が変わるものではなく，かつ通達は租税法令の解釈に過ぎないから，この国税庁の見解は本末転倒である。森弁護士から，「裁決の判断は国税庁長官の方針に優先する」と指摘された調査査察部の幹部は「本件裁決書からは平成9年3月期の貸倒れであるとは読めない」と反論したが，これは白を黒とする詭弁である。

森弁護士は同年3月25日に国税庁首脳と面談し今迄の経緯を説明した。それによると先方は「裁決書には平成9年3月期の貸倒れと書いてある」ことは確認した。

この間に東京国税局は平成10年3月31日再更正通知書（甲7号証）を提示して来たが，この中でBJS社の形式基準による平成9年3月期の間接償却を否認している。

この処分では，BJS社に対する興銀債権（300億円）について，貸付時点（平成7年3月期）に遡って概ね2分の1相当を無償の利益供与であると認定して寄附金に算入しており，残額を貸倒れとして損金に算入している。BJS社の処分が係争年度である平成8年3月期に与える影響自体は僅かであるが，これには明らかに訴訟に揺さ振りをかける意図が垣間見える。これを受けて興銀は，平成10年4月13日に東京地裁に対し「訴えの交換的に変更」を申立てたが，東京地裁は「訴訟中に対象金額が動くことに疑問」を示すと共に興銀の変更申立てを直ちに受理したのである。

平成10年5月19日，国税庁首脳に再度確認のため訪問した森弁護士は，BJS社の処分に言及して「平成10年3月31日再更正処分ではBJS社債権を利益

供与の部分と貸倒れ部分に分別して前者は寄附金としているが,"利益供与の部分と貸倒れ部分とに分別するのは現実的でない"との住専処理の方針と矛盾するのではないか」と指摘したのに対し,国税庁首脳は「東京国税局に確認してみる」と述べるにとどまった。

　その上で,国税庁首脳は「貸倒引当金の限度計算について庁内で相談したが,裁決は確かに貸倒れと認めているが,本件は訴訟中であり最終判定を待つべき」とし,曖昧な返答しか得られなかったのである。

　このような経緯にて多くの母体行・一般行は,年1兆7千億円を上限とする節税効果を享受できないままの状態で時が経過してしまい,貸倒れが確定した最高裁判決（平成16年12月24日）の時点では引当金の限度拡大はもはや完全に時期遅れであった。

## ＜総　括＞

　この事案の本質は,住専向け母体行債権が貸倒れの状態にあったか否かを問うものであるが,本係争では,①平成8年3月末で本件債権が全額回収不能であるか否か,②本件解除条件付の債権放棄に効力発生が直ちに認められるか否かが争点となっている。本来②は副次的であるが,順序を変えてこれから先に触れてみる。

　本件債権放棄に解除条件を付した経緯については,前記（一）の6のとおりであり,国税庁が興銀・長銀の確定申告を否認した理由は「解除条件が付されている」とするものである。しかし,これは同時期に行われた日貿信の解除条件付債権放棄やだいぎんファイナンスの解除条件付債権放棄を平成8年3月期の損金として認容したのとは辻褄が合わないのである。

　審査請求における最終段階にて,国税不服審判所の担当審判官が「裁決に日貿信の固有名詞を記載することは回避したい」と了承を求めてきたことがあった。国税不服審判所は国税通則法126条・同127条に基づく強力な質問・調査権を有しており,日貿信の内容も当然に調査済みと考えられたので,当方からは

「両者の権衡を十分に審査頂けるのであれば固有名詞に拘らない」と返答している。

　この日貿信との権衡は，東京地裁の審理の中で興銀代理人及び長銀代理人（長島大野法律事務所）からもしばしば指摘され，被告・国税側の抗弁は極めて歯切れが悪かった。

　訴訟に先立つ国税庁の非公式見解（前記(三)の2参照）では「解除条件付の債権放棄は，住専処理に限らず一般に……課税上の弊害」と断言しているのであるから，日貿信を是認し住専処理を否認する理屈などある筈がなく，本件の東京高裁平成14年3月14日判決が「殊更に恣意的に不公平に取り扱ったと認めるに足る特段の事情が認められない」（同判決文44頁）とするのは事実を見誤っており判断遺脱である。

　なお国税側は，本件債権放棄が寄附金に該当しない理由として，「解除条件付で不確実な債権放棄であり，寄附金の支出の基準に該当しないから」としていたが，そもそも寄附金は非可逆的であるから条件の成就に左右されない。現に横浜地裁平成5年4月28日判決が「撤回条件が付された債権放棄を寄附金に算入している」（前記(一)の6参照）のと矛盾している。

　また，前記(四)の4にて述べたＢＪＳ社の一部寄附金算入とも辻褄が合わない，興銀はＢＪＳ社向け債権を特別清算の申立てに伴い間接償却したが債権放棄は留保している。この間接償却にて損金計上した額が確実であるとは到底いえないのであり，国税当局の法令の適用は一貫性を欠き妥当ではない

　平成12年2月15日に筆者に対する「証人尋問」が東京地裁民事3部で開催されたが，被告側の反対尋問において，国側指定代理人である訟務検事が採り上げた幾つかの命題の中に日貿信の解除条件付債権放棄に関する興銀の認識を質すものがあった。

　筆者は既に提出した平成10年8月18日宣誓供述書（甲249号証）に記載された内容に沿って返答したが，訟務検事の質問の意図が今一つ攫めず，被告側にとって"却って薮蛇になるのでは"と思われた。

平成12年２月の証人尋問が終り同年４月に東京地裁民事３部では青柳薫裁判長から藤山雅之裁判長に交代した。裁判長の交代に伴って第三回準備手続が開かれ，原告弁護団から「争点要約表」（平成11年７月に開かれた第一回準備手続で既に裁判所が受理）に基づいて，藤山裁判長・加藤陪席裁判官に説明を行ったところ，席上「本件と日貿信の解除条件付債権放棄との異なる扱い」が話題に上ったとのことであった。

　翻って①の論点であるが，金融機関の貸倒れについては，金融当局が窓口となるのが従来からの行政上の慣習であり，先進国における常識というべきものである。

　現に本件では，大蔵省銀行局は「住専向け債権は貸倒れとして処理すべき」旨を申し入れたが，国税庁は「貸倒れではなく寄附金不算入の問題である」としたことは既に述べたところである（前記（一）の５参照）。

　金融機関の貸倒れは銀行局と金融検査部が窓口であり，子会社整理などに伴う撤退損（法人税基本通達９－４－１，９－４－２の適用局面）では国税庁が窓口とする大蔵省内部の仕切りがあるが（前記（三）の６参照），このような大蔵省内部の仕切りは納税者が法令を解釈して確定申告を行う上で何等の制約にもならない。因みに，大蔵省内部の分掌・仕切りについて，「税務上の取扱いについて大蔵省の銀行局と国税庁とは権限の分掌を異にするなどと抗弁しても，国民一般に対して到底納得性を有するものでなく，却って信義則に違背する」との意見が最高裁平成15年12月19日第二小法廷判決（民集57巻11号2292頁）に付されていることを指摘しておく。

　上記の当証人尋問において，筆者が強調したのは「興銀のＪＨＬ社向け債権は手形貸付と証書貸付から構成されているが，前者は既に無担保であり平成８年３月末に手形期日が到来して債権放棄されている。後者は形骸化した担保権を期末に無条件で放棄し且つ債権も放棄されている」とし「興銀の黒沢頭取は平成８年２月15日の国会喚問にて母体行債権の全額放棄を年度内に実行すると明言し退路を断っている」として「本件債権は全額貸倒れに該当する」とする点であった。

このように, 国税庁が, 護送船団方式の旧弊にとらわれて一部母体行の抜き駆けは許さないとして本件更正処分に及んだと認められる。しかし, この考え方は前記(一)の2にて摘示した「金融機関が不良債権処理において横並び意識に固執することなく夫々の実態に即応すべき」旨を促した政府の方針に反することになる。本事案では, 解除条件云々のような瑣末的な事柄ではなく, 国税庁長官がいう申告納税制度の下で「行政の筋を通す」とは一体何であるかについて, 正面から争うべきであった。

東京高裁平成14年3月14日判決では依然として「行政行為に適法性の推認」が働いたのか更正処分を是認している。この判断は「およそ銀行は臆病であって国税庁の方針に逆らうのは解せない」とか「納税者が勝訴し巨額の利息が付されるのは社会正義に反する」などの憶測や風説に左右されたものと推認される。その点は措くとして, 納税者が, 審査請求から最高裁(実質的に四審制)までの長丁場の係争を追行する上では, 途中で惰性に陥らないこと, 不測の事態が生じても悲観的にならないことが重要である。

筆者は, 平成11年2月に「根岸重治弁護士(元最高裁判事)の筆頭代理人就任と東京地裁における審理の状況」を興銀役員会に報告した。その際に「診療報酬の債権譲渡契約の効力をめぐる金融法人と国税当局との係争」について紹介し, 第一審・控訴審ともに国税当局の判断を是認したのに対して, 最高裁平成11年1月29日第三小法廷判決(民集53巻1号151頁)は,「債権譲渡契約にあっては, 目的債権の発生原因や譲渡される額の始期と終期を明確にすべきであるが, 契約時に目的債権の発生の可能性が低いことは契約の効力を左右するものではない」旨を示し, 最高裁が第一審・控訴審ともに違法として破棄し自判(国税当局が逆転敗訴)したことを披瀝した。

この報告を受けて西村頭取は「本件訴訟は, 如何なる事態が起きようとも必ず最高裁まで争う覚悟であり, 勝訴の可能性が僅かどうかで右顧左眄すべきでない」と強く言明された。納税者が税務訴訟を遂行する上では, 最高経営責任者の「不撓不屈の精神」が全てに優先するというべきである。

## 著者紹介

中井　稔（なかい　みのる）

昭和43年富山大学経済学部卒業。株式会社日本興業銀行入行。同取締役経理部長，取締役考査部長を経て，平成11年参与就任。
平成14年株式会社みずほホールディングス常勤監査役・株式会社みずほ銀行監査役。
平成15年1月株式会社みずほファイナンシャルグループ常勤監査役。
同年7月興和不動産株式会社常勤監査役を経て，平成18年4月より京都大学経営管理大学院寄附講座助教授。

【主要論文】「退職金給付の会計処理に関する諸問題」税経通信61巻9号49頁
「法人税法22条4項に関する一考察」税務事例38巻2号1頁
「金融機関の不良債権と適切な処理」企業会計58巻3号117頁
「受取配当及び負債利子の控除に関する一考察」税務事例38巻7号1頁
「会計情報と不確実性に関する諸問題」企業会計58巻7号88頁

著者との契約により検印省略

平成19年2月20日　初版第1刷発行

### 銀行経営と貸倒償却

| | | |
|---|---|---|
| 著　者 | 中　井　　　稔 | |
| 発行者 | 大　坪　嘉　春 | |
| 印刷所 | 税経印刷株式会社 | |
| 製本所 | 株式会社　三森製本所 | |

発行所　東京都新宿区下落合2丁目5番13号　株式会社　税務経理協会
郵便番号 161-0033　振替 00190-2-187408　電話(03)3953-3301(編集部)
FAX(03)3565-3391　　　　　　　　　　(03)3953-3325(営業部)
URL http://www.zeikei.co.jp/
乱丁・落丁の場合はお取替えいたします。

© 中井　稔 2007　　　　　　　Printed in Japan

本書の内容の一部又は全部を無断で複写複製（コピー）することは，法律で認められた場合を除き，編著者及び出版社の権利侵害となりますので，コピーの必要がある場合は，予め当社あて許諾を求めて下さい。

ISBN978-4-419-04900-3　C3032